Lernkrimi Italienisch

D1866676

I casi del commissario Nicoletti

Il gondoliere scomparso

La maschera del terrore

Pericolo sul Ponte Vecchio

compact

Weitere Informationen zu Compact Lernkrimis finden Sie am Ende des Buches und unter www.lernkrimi.de.

Baierbrunner Straße 27, 81379 München
Ausgabe 2013
2. Auflage

Chefredaktion: Dr. Matthias Feldbaum
Redaktion: Isabella Bergmann
Fachkorrektur: Giulia Covezzi, mazzetti & mazzetti GmbH, Caterina Pietrobon,
Tiziana Stillo
Produktion: Frank Speicher
Titelabbildung: Karl Knospe
Lernkrimi-Logo: Carsten Abelbeck
Gestaltung: Maria Seidel
Umschlaggestaltung: EKH-Werbeagentur GbR, Hartmut Baier

ISBN 978-3-8174-8381-5
381748381/2

www.compactverlag.de, www.lernkrimi.de

Vorwort

Mit dem neuen, spannenden Compact Lernkrimi-Sammelband können Sie Ihre Italienischkenntnisse auf schnelle und einfache Weise vertiefen, auffrischen und überprüfen.
Kommissarin Rosa Nicoletti ermittelt in drei fesselnden Fällen und erleichtert das Sprachtraining mit Action und Humor.
Jeder Krimi wird durch abwechslungsreiche und kurzweilige Übungen ergänzt, die das Lernen unterhaltsam und spannend machen.
Prüfen Sie Ihr Italienisch in Lückentexten, Zuordnungs- und Übersetzungsaufgaben, in Buchstabenspielen und Kreuzworträtseln!
Dieses umfassende Sprachtraining zum italienischen Wortschatz und Grammatik bietet die ideale Trainingsmöglichkeit für zwischendurch.
Schreiben Sie die Lösungen einfach ins Buch!
Die richtigen Antworten sind in einem eigenen Lösungsteil am Ende des Buches zu finden.
Das ausführliche Glossar im Anhang erleichtert das Verständnis der Krimis. Es umfasst die schwierigsten Wörter, die im Text kursiv markiert sind.

Und nun kann die Spannung beginnen ...

Viel Spaß und Erfolg!

Inhalt

Il gondoliere scomparso 5

La maschera del terrore 141

Pericolo sul Ponte Vecchio 277

Gemeinsamer Abschlusstest 414

Lösungen gemeinsamer Abschlusstest 438

Glossar 439

Lernkrimi Italienisch
Grammatik

Il gondoliere scomparso

Story: Anemone Fesel
Übersetzung:
Alessandra Felici Puccetti

Inhalt

Lernkrimi 7
Abschlusstest 137
Lösungen 420

Story

Kommissarin Rosa Nicoletti ist in Venedig eine von allen Verbrechern gefürchtete Kriminalistin. Sie wird von der Polizei immer dann eingesetzt, wenn alle anderen Ermittler vor unlösbaren Rätseln stehen und Verbrecher ihr undurchsichtiges Spiel treiben.

In Venedig steht ein großes Ereignis bevor: die berühmte historische Gondel-Regatta. Kurz vor dem Einzelrennen verschwindet einer der Favoriten spurlos: Davide Mondolino. Kommissarin Nicoletti muss noch vor dem Rennen herausfinden, was es mit seinem Verschwinden auf sich hat. Anscheinend hat der Bruder des Gondoliere allen Grund zur Eifersucht auf ihn. Aber es gibt noch einen weiteren Verdächtigen: Auch dem zweiten Favoriten der Gondel-Regatta kommt die kurzzeitige Ausschaltung seines größten Konkurrenten sehr gelegen. Oder ist etwa ein geheimnisvoller Sponsor im Spiel?
Zu allem Übel ist auch Nicolettis Nachbar Dottor Lombardo nicht zu seiner Verabredung mit ihr aufgetaucht – ist ihm auf der Suche nach einem wertvollen antiquarischen Buch etwas zugestoßen? Kommissarin Nicoletti gerät unter Zeitdruck und stößt in letzter Minute auf eine interessante Verbindung ...

Capitolo 1: Un libro prezioso

Il dottor Ludovico Lombardo era di ottimo umore.
Aveva un giorno libero: nessuna lezione di storia, nessuno studente annoiato, non doveva nemmeno andare nel suo ufficio piccolo e buio all'università.
Aveva tutto il tempo di dedicarsi ai propri studi. Per questo motivo si era alzato presto, aveva fatto colazione *in fretta* con un cornetto e un cappuccino al bar dell'*angolo* e ora era in cammino verso la Biblioteca Marciana.

Übung 1: Wie heißt die Mehrzahl der folgenden Wörter?

! ÜBUNG 1

1. giorno ____________
2. ufficio ____________
3. biblioteca ____________
4. tetto ____________
5. uovo ____________
6. università ____________

Era una giornata meravigliosa. Il sole splendeva dolcemente sui tetti di Venezia e *immergeva* i vicoli in un mare di luce ed ombra. L'acqua dei canali *scintillava* e le gondole al molo di Piazza San Marco *dondolavano* toccandosi leggermente. Lombardo però non aveva occhi per tanta bellezza. Con *passo* deciso oltrepassò gli ex Giardini Reali ed entrò nella piazzetta. Mentre camminava *rivolse* brevemente lo *sguardo* verso le due colonne con il *leone* di San Marco e San Teodoro sul *margine* meridionale della piazza.

Übung 2: Unterstreichen Sie die richtige Variante!

Molto tempo prima, tra quelle colonne si svolgevano (1.) le/gli esecuzioni a morte e tuttora sembrava portasse sfortuna passarci in mezzo.
Oggi però sarà un giorno fortunato per me, pensò Lombardo.
Si fermò solamente davanti alla Libreria Vecchia *rivolgendo* (2.) un/uno *sguardo* amorevole allo stupendo palazzo.
"Sempre *dedito agli* studi?" chiese (3.) una/un voce alle sue *spalle* mentre Lombardo attraversava (4.) lo/l'ingresso della biblioteca.
"Certo!", rispose Lombardo sorridendo al bibliotecario.
Dopo tutte (5.) gli/le ore trascorse in biblioteca erano diventati amici. Entrarono insieme nell'ufficio del bibliotecario, dove Lombardo aveva il permesso di lavorare. Lì poteva bere una tazza di tè mentre studiava e anche, *di nascosto*, mangiare un panino.

"Hai trovato i due libri sulla storia della costruzione della gondola?" chiese Lombardo tirando già fuori *fogli* e penna.
"C'è un piccolo problema," disse il bibliotecario. "Abbiamo solo il primo *volume*. L'altro *è scomparso* da decenni."
"Che peccato!" esclamò Lombardo. "Il secondo *volume* tratta di famosi costruttori di gondole del diciottesimo secolo. È molto emozionante. Il primo *volume* ha invece per oggetto la costruzione della gondola. I due libri hanno una notevole importanza storica."

Übung 3: Ist die feminine Form immer richtig? Markieren Sie mit richtig ✔ oder falsch –!

1. bibliotecario/bibliotecaria ☐
2. dottore/dottora ☐

3. farmacista/farmacista ☐
4. presidente/presidentessa ☐
5. attore/attoressa ☐
6. avvocato/avvocatessa ☐
7. figlio/figlia ☐
8. uomo/donna ☐
9. medico/medica ☐
10. ingegnere/ingegnera ☐
11. cantante/cantrice ☐
12. giardiniere/giardiniera ☐
13. giornalista/giornalista ☐

Il bibliotecario *annuì* con aria annoiata. Conosceva bene la 'notevole importanza storica'. I libri ordinati da Lombardo non erano stati richiesti per anni da nessun altro.
Lombardo prese a *sfogliare* eccitato il primo *volume* e iniziò la lettura. Non *si accorgeva del* passare del tempo.

Era già primo pomeriggio quando il bibliotecario ritornò nel suo ufficio. Lombardo era ancora *chino* sul libro.
"Io ho finito per oggi," disse il bibliotecario. "Guarda fuori della finestra. È una giornata meravigliosa. Esci, prendi un po' di sole! *Goditi* il fine settimana! Io comunque chiudo."
"Questo non puoi farmelo!" Lombardo era agitato. "Non ho letto nemmeno un quarto del libro e *si tratta di* un *volume* che non *viene dato in prestito*. Ora col fine settimana ..."
"Già, cosa facciamo?" si chiese il bibliotecario.
I due si guardarono senza dire una parola.
"Se mi *prometti* di stare ben attento al libro...", cominciò poi il bibliotecario alzando le *sopracciglia*, "allora..."
"Sì, sì!" esclamò Lombardo.

Übung 4: Wie lautet die Grundform der Verben?

“Se mi (1.) *prometti* (promettere) di stare ben attento al libro”, ripeté il bibliotecario, “allora (2.) puoi (______________) portarlo a casa.”

“Mi (3.) dai (______________) il permesso?” domandò Lombardo tutto contento.

“Beh, io non posso né (4.) devo (______________) *ostacolare* un lavoro importante”, rispose il bibliotecario (5.) ridendo (______________). “Tu però (6.) sai (______________) quanto (7.) è (______________) prezioso quel libro. (8.) Sei (______________) uno storico, tu.”

“Ma certo!” disse *in fretta* Lombardo.
“Lunedì lo riporto subito in biblioteca. Te lo *prometto*!”
“D’accordo!” concluse il bibliotecario.
Lombardo attraversò piazza San Marco, l’unica grande piazza di Venezia. Tutti gli altri *slarghi* erano *campi* o campielli.
Dei bambini con le loro grida facevano alzare in volo gli innumerevoli *piccioni* che, insieme ai turisti e ai veneziani, *affollavano* la piazza. La chiesa di San Marco risplendeva al sole pomeridiano.
L’edificio più bello del mondo, pensò Lombardo con orgoglio veneziano.
Per la centesima volta osservò le sculture della porta principale: *muratori*, *calzolai*, pescatori e *operai* dei *cantieri* navali. La vita dei veneziani più semplici era tutta lì. Lombardo si chiese se entrare brevemente in chiesa.
4000 metri quadrati di mosaici: *scoprirò* ancora qualcosa di nuovo, pensò. Poi, però, tastò il libro che aveva in tasca.

Forse da un antiquario riuscirò a *scovare* il secondo *volume*, rifletté. Con un po' di fortuna sarò anche in grado di pagarlo.
Lombardo decise di passeggiare dalla Torre dell'Orologio fino al Ponte di Rialto e di cercare il *volume* mancante presso alcune librerie antiquarie.

Übung 5: In einige Ordinalzahlen haben sich Fehler eingeschlichen. Korrigieren Sie die Angaben wenn nötig!

ÜBUNG 5 !

1. 1° = primo ______________
2. 100° = centesimo ______________
3. 2° = secondo ______________
4. 5° = cinquesimo ______________
5. 1000° = millesimo ______________
6. 10° = decimo ______________
7. 9° = novesimo ______________

Rosa Nicoletti *sbadigliò*. Aveva trascorso la notte studiando i suoi *incartamenti* ed era tornata a casa soltanto alle dieci del mattino.
Avevano bussato alla porta? Sì, era proprio così.
Rosa si alzò e allontanò impaziente una *ciocca* di capelli dal viso. Quei capelli rossi non le piacevano particolarmente.
Chissà perché i suoi genitori avevano avuto la *sciocca* idea di chiamarla Rosa? Già non aveva vita facile come unico commissario donna tra tanti colleghi di sesso maschile. E per di più i suoi colleghi la chiamavano sempre 'Rosa la rossa'. Rosa odiava quel soprannome. Il rumore alla porta si fece più forte.
"Arrivo!" esclamò il commissario Nicoletti.

ÜBUNG 6 !

Übung 6: Setzen Sie die passende Präposition ein!
(a, su, in, al, di, nello)

Aprì la porta e diede una *cauta occhiata* (1.) ________ *corridoio.*

"Ah, sei tu," disse poi. "Entra."

Lombardo seguì Rosa (2.) ________ cucina. Teneva (3.) ________ braccio Giuseppe, il gatto (4.) ________ Rosa.

"Cosa c'è?" domandò il commissario guardandolo negli occhi. "Giuseppe ti *ha graffiato*?"

"*Macché*. Mi *è accaduta* una cosa terribile," rispose Lombardo mentre si sedeva (5.) ________ piccolo tavolo.

"Vuoi un caffè?" gli chiese Rosa prendendo una tazzina dalla credenza in *legno* chiaro.

"(6.) ________ quest'ora non prendo più caffè," disse Lombardo *scuotendo* la testa.

"Io mi sono appena alzata," *spiegò* il commissario. "Ho proprio bisogno di un caffè. Poi mi racconterai tutte le tue disavventure."

"Naturalmente," rispose Lombardo sempre *distratto*. "Scusa."

Osservò Rosa mentre si faceva il caffè. La trovava sempre meravigliosa. Lombardo e il commissario Nicoletti abitavano nello stesso palazzo e si erano conosciuti durante le *indagini* su un caso piuttosto complicato.

Übung 7: Unterstreichen Sie das richtige Hilfsverb!

In quella *occasione* Lombardo si (1.) aveva/era innamorato di Rosa. Poiché era molto timido, però, da quando il caso (2.) era/aveva stato risolto non (3.) aveva/era più *osato* invitarla a cena. "Allora, che cosa (4.) ha/è successo di così terribile?" chiese Rosa sedendosi al tavolo.
"Mi *hanno derubato*," rispose Lombardo.
Ora Lombardo (5.) era/aveva seduto in cucina accanto al commissario e si sentiva già meglio. Mentre guardava il viso grazioso di Rosa *accarezzava* il gatto.
"*Derubato*?" Rosa era sorpresa.
Sapeva che Lombardo lavorava all'università ed *era* sempre *a corto di* soldi. Cosa mai poteva avere di prezioso in casa?
Probabilmente un libro, pensò.
"Mi (6.) sono/hanno rubato un libro," disse infine Lombardo.
"Naturalmente." Rosa sorrise.
"Non è il momento di scherzare, Rosa," rispose Lombardo. "Quel libro è davvero prezioso."
"Come fai a sapere che il libro (7.) ha/è stato rubato?" domandò Rosa. "Voglio dire, ne sei proprio sicuro?"

Il commissario bevve un *sorso* di caffè e pensò all'appartamento di Lombardo. Il professore era molto disordinato. Forse il libro era soltanto fuori posto.
"Al cento per cento," *asserì* Lombardo. "È questo il brutto."
"Racconta!", lo invitò Rosa.
"*Ho preso* il libro *in prestito* dalla biblioteca," *spiegò* Lombardo. "*A dire il vero* non avrei potuto averlo in *prestito*, perché *si tratta di* un *volume* molto prezioso. Ma il bibliotecario è mio amico. Dio mio, se gli dico del *furto*… Una tragedia! Perderà il posto!"

Lombardo *inghiottì*. Poi *illustrò* a Rosa in ogni dettaglio il contenuto del libro. Il commissario lo ascoltò pazientemente *sorseggiando* il caffè. Infine *nascose* uno sbadiglio dietro la tazzina e, interrompendo Lombardo, domandò:
"Ma insomma, com'*è scomparso* il libro?"

! ÜBUNG 8

Übung 8: Lesen Sie weiter und ersetzen Sie die Grundform der Verben durch das Passato Prossimo!

"Non (1. scomparire, 3. Pers. Sing.) ______________, è stato rubato," *rettificò* Lombardo. "Dopo la mia passeggiata nel quartiere di San Marco, (2. andare, 1. Pers. Sing.) ______________ a casa. Lì *mi sono accorto* di avere il frigorifero vuoto e così (3. uscire, 1. Pers. Sing.) ______________ di nuovo per fare la spesa. Al mio ritorno (4. trovare, 1. Pers. Sing.) ______________ la porta d'ingresso *spalancata*, i libri tutti sottosopra e il *volume* in questione *era scomparso*!"

"Vuoi dire rubato," lo corresse Rosa.

"Sicuro. E Giuseppe era disteso tutto tranquillo sul mio divano e (5. lasciare, 3. Pers. Sing.) ______________ *scappare* il *ladro*!"

"Allora il mio gatto è l'unico *testimone*!" esclamò Rosa. "Forse ha bisogno di una scorta?"
"Senti, Rosa, se non mi prendi sul serio posso anche *rivolgermi* alla polizia." Lombardo era un po' offeso.

"La polizia sono io," rispose Rosa. "E non *offenderti*. Dimmi piuttosto: chi sapeva del libro?"
Lombardo *rifletté*.
"Allora: io, il bibliotecario e … sì, una dozzina di antiquari tra San Marco e San Polo."
"Come?" chiese Rosa *sconvolta*. "Eri così *fiero* del tuo libro? Dovevi proprio mostrarlo a mezza città?"
"Ero alla ricerca del secondo *volume*," si giustificò Lombardo. "È chiaro che ho fatto vedere anche il primo!"

Übung 9: Unterstreichen Sie die Adjektive!

"Ma certo!" commentò Rosa ironica.
In quel momento squillò il telefono.
"Scusami," Rosa *fece un cenno* a Lombardo e *afferrò* il *ricevitore*.
"Pronto?"
"Sono Paolo Cortopassi."
"Salve, capo," disse Rosa.
"Rosa, ho un caso importante per Lei. Ha la massima priorità."
"La ascolto, mi dica," rispose il commissario.
"Domenica ha luogo la grande regata storica."
"Certo, avevo intenzione di andarla a vedere anch'io."
"Che cosa sa *in proposito*?"
"La regata storica si ripete dal *Medioevo*. Prima era una gara tra i contadini che portavano a Venezia la loro *merce* in gondola," *riferì* Rosa. "Oggi la regata è una grande festa."
"Benissimo, Rosa," commentò Cortopassi. "E che cosa sa dirmi della regata in sé?"
"La regata è suddivisa in diverse classi." Rosa aveva l'impressione di essere di nuovo a scuola.

"Di che classi *si tratta*?"

"Senta, Cortopassi, dove *vuole andare a parare*?" domandò Rosa *spazientita*.

Lombardo le si era avvicinato e cercava di *origliare* la conversazione. In quei giorni le gondole erano al centro del suo interesse.

"Ci sono quattro gare," *spiegò* Cortopassi con pazienza. "La prima è riservata ai giovanissimi, la seconda alle donne, la terza alle squadre e la quarta ai partecipanti singoli."

"Questo lo sanno anche i bambini," *ribatté* Rosa. "Perlomeno a Venezia."

"Il nome Davide Mondolino Le dice qualcosa?"

"Davide Mondolino?" *rifletté* Rosa.

"Uno dei favoriti nella regata singola!" le *sussurrò* Lombardo.

"Silenzio!" lo *azzittì* Rosa a bassa voce.

Lombardo *arrossì* un poco.

ÜBUNG 10 !

Übung 10: Wie lautet die Mehrzahl?

1. il cuoco esperto ______________________
2. l'albergo economico ______________________
3. lo zio simpatico ______________________
4. la città interessante ______________________
5. l'ananas maturo ______________________
6. la strada lunga ______________________
7. il capello grigio ______________________
8. il nuovo problema ______________________

"Davide Mondolino? Il favorito nella regata singola?" domandò poi Rosa *stringendo* il *ricevitore* lanciando un *sorriso* a Lombardo.
"Rosa," rispose contento Cortopassi, "Lei è evidentemente la persona più adatta per questo caso. Davide Mondolino *è sparito* da ieri. Voglio che Lei lo ritrovi."
"Da ieri?" chiese Rosa. "Ma …"
"Lo so, lo so, Rosa," cercò di *ammansirla* Cortopassi. "In effetti è un po' presto per cominciare a cercarlo. Ma sua madre è una mia amica. E io *ho promesso* alla famiglia Mondolino di *occuparmi* della scomparsa del figlio. Senza *mettere di mezzo* la burocrazia. Allora, non è il caso che fa per Lei?"

Übung 11: Welche Sätze enthalten einen Fehler? Verbessern Sie!

ÜBUNG 11 !

1. Hai visto i mii occhiali?

____

2. Conosci il figlio di Lea? No, conosco solo sua figlia.

____

3. Siamo stati a trovare i nostri genitori.

____

4. Marco e Lisa mi hanno invitato al suo matrimonio.

____

5. Mi presti i tui dischi per favore?

____

"Non so, capo." Rosa, *arrabbiata*, fece una *smorfia*. "*Pregustavo* già un tranquillo fine settimana."
"Trovi Davide Mondolino e poi passerà un fine settimana tranquillo," *ribatté* Cortopassi con aria allegra. "Lo trovi prima di domenica. In confidenza: *ho scommesso* su di lui!"
"Capo!" esclamò Rosa. "Lei *scommette*?"
"Una mia piccola debolezza," *confessò* Cortopassi.
"Qualche indizio?" domandò Rosa.
"Nessuno," rispose Cortopassi. "Ma *ce la farà* ugualmente."
Rosa *sospirò*.
"Certo, capo," concluse.
"Purtroppo devo uscire," annunciò Rosa a Lombardo dopo la telefonata.
"Davide Mondolino *è scomparso*? Non è possibile!" esclamò Lombardo eccitato. "Posso aiutarti nella ricerca?"
"Tu pensa piuttosto a ritrovare il tuo libro," gli rispose Rosa.
"Hai ragione." Lombardo si fece di nuovo *pallido*. "Ma che cosa devo fare?"

ÜBUNG 12 !

Übung 12: Übersetzen Sie!

1. Welches Auto magst du lieber?

____

2. Gibt es irgendwelche Hinweise?

____

3. Welche Bücher habt ihr bestellt?

____

4. Welche Art von Malerei sammelt Herr Rossini?

____

5. Welche Platten haben Sie ausgesucht?

____

6. Was ist deine Lieblingsfarbe?

____

"Cerca di ricordare bene tutte le persone che hanno visto il libro. Sono tutte sospette! Anche il tuo amico, il bibliotecario."
"Ma non certo Federico!" Lombardo era *indignato*.
"Tutti sono sospetti, Lombardo, tutti." Rosa andò in camera sua per cambiarsi.
"Se lo dici tu," *si arrese* Lombardo senza entusiasmo.

Übung 13: Ergänzen Sie die Sätze durch die passenden Objektpronomina!

ÜBUNG 13 !

1. Le ho detto di non venire. (a lei)

2. Non ________ hanno raccontato niente. (a noi)

3. Purtroppo non ________ scrive più. (a me)

4. ________ passiamo a prendere alle sette. (voi)

5. ________ hai già parlato? (a lui)

6. ________ auguro buon viaggio! (a voi)

7. Non ________ ha detto la verità. (a te)

"Ci incontriamo stasera per discutere il tutto?" Rosa *infilò* un pullover. "Penso che alle nove e mezzo avrò tempo."
"Benissimo!" esclamò Lombardo dalla cucina. "Meraviglioso!"
Perlomeno il *furto* aveva dei *lati* positivi, pensò.
Lombardo e Rosa si diedero appuntamento in un piccolo ristorante vicino casa, non lontano dalla chiesa di San Polo.
Nel suo appartamento Lombardo si sedette alla scrivania e *rifletté*.
Poi prese un *foglietto* e iniziò la lista dei sospetti.
Federico (bibliotecario), scrisse Lombardo.
Mordicchiò la matita.
Lombardo non sapeva più con *esattezza* in quali librerie antiquarie era andato alla ricerca del secondo *volume*.
Ne aveva visitate tante.

ÜBUNG 14 !

Übung 14: Übersetzen Sie!

1. Es ist drei Uhr. ____________________
2. Es ist fünf vor drei. ____________________
3. Es ist halb vier. ____________________
4. Es ist Viertel nach neun. ____________________
5. Es ist Mitternacht. ____________________
6. Es ist zehn nach drei. ____________________
7. Es ist Mittag. ____________________

Poi però gli venne in mente una cosa. Soltanto un'antiquaria nei pressi del cinema Rossini aveva il secondo volume! L'antiquaria era apparsa molto interessata e voleva ad ogni costo che Lombardo le

vendesse il primo *volume*. Non voleva più lasciarlo andar via. Lombardo invece non aveva abbastanza denaro per acquistare il *volume* mancante.
L'antiquaria gli aveva dato il suo biglietto da visita. Dove l'aveva messo? Lombardo *rovistò* nella sua cartella.
Eccolo! Anna Giannini, antiquaria, Calle di Andrea.
È stata lei, pensò. Sicuramente! Mi ha seguito, ha aspettato che uscissi di casa e poi ha rubato il libro.
Lombardo si guardò intorno. Nel suo appartamento *regnava* il caos più assoluto.
Metterò in *ordine* più tardi, decise. Prima vado a dare un'*occhiata* più attenta alla signora.
Guardò l'orologio. Erano le sei passate da poco.
Forse riesco ancora ad *acciuffarla*, pensò Lombardo *cupamente*.
Lasciò *in fretta* l'appartamento.

Übung 15: Bilden Sie Adverbien aus den Adjektiven!

ÜBUNG 15 !

1. semplice ______________________
2. violento ______________________
3. certo ______________________
4. naturale ______________________

Capitolo 2: Segreti di famiglia

Rosa Nicoletti percorreva il Canal Grande a bordo di un vaporetto. I vaporetti sono il mezzo di trasporto più diffuso a Venezia. Quelli della linea 1 all'interno sono simili agli autobus. I canali attraversano l'intera città e il Canal Grande è la via principale di *traffico*. Rosa guardava le *facciate* dei palazzi lungo il canale. Il vaporetto si fermò davanti al Ponte di Rialto. Alcuni ragazzi scesero ridendo ad alta voce. Vanno sicuramente a Campo San Bartolomeo, pensò Rosa. A quel pensiero provò un po' di nostalgia. Da sempre Campo San Bartolomeo era, nel tardo pomeriggio, il punto d'incontro della gioventù veneziana.

Rosa scese alla fermata di San Marcuola.

Visitava *di rado* il quartiere di Cannaregio. Ma tutte le volte ci tornava con piacere. Era rimasto ancora un quartiere popolare e a Rosa piaceva l'*odore* di pesce negli stretti vicoli. Il commissario attraversò un piccolo ponte.

Una *fruttivendola*, gridando, faceva conversazione con una signora *affacciata* al secondo piano. Davanti alla finestra era stesa della biancheria ad *asciugare*. I panni sventolavano all'aria.

Rosa sorrise.

Si fermò davanti ad un edificio di quattro piani.

È il numero 14, pensò. Sono arrivata.

ÜBUNG 16 !

Übung 16: Lesen Sie weiter und ersetzen Sie die Grundform der Verben durch die passende Form des Imperfetto!

Al terzo piano suonò un campanello. 'Mondolino' (1. dire) ______________ la *targhetta* accanto alla porta.

Rosa (2. sapere) ______________ che Davide Mondolino (3. avere) ______________ 26 anni. Il ragazzo (4. lavorare) ______________ come gondoliere, ma (5. abitare) ______________ ancora con i genitori. Un'abitudine abbastanza comune in Italia, dato l'alto costo della vita. Gli appartamenti a prezzo *accessibile* (6. essere) ________ sempre più rari. E poi non (7. essere) ________ un *segreto* che, specialmente ai ragazzi, (8. piacere) ________ mangiare dalla mamma.

"Cosa desidera?" chiese l'uomo sulla *soglia*.
"Signor Mondolino? Sono Rosa Nicoletti," si presentò Rosa.
Mostrò il tesserino di riconoscimento.
"Sono commissario di polizia," *aggiunse*.
"Davvero?" chiese scettico il signor Mondolino.
Rosa *era abituata* alla diffidenza. I commissari di polizia di sesso femminile non erano molti in Italia.
"Il nostro amico Paolo Cortopassi non poteva venire di persona? Doveva mandare una donna?"
Il signor Mondolino fece una *smorfia*.
"Il signor Cortopassi ha cose più importanti da fare," *spiegò* Rosa.
"Io, comunque, posso anche andarmene subito, signor Mondolino."
"Commissario!" esclamò la signora Mondolino tutta agitata.
"Finalmente è arrivata! Siamo davvero molto preoccupati per nostro figlio Davide!"

Übung 17: Wo fehlt der Artikel vor dem Possessivpronomen? Markieren Sie die entsprechenden Sätze und tragen Sie den richtigen Artikel ein!

ÜBUNG 17 !

1. Emma abita con ____ sua sorella in via Garibaldi. ☐
2. Siamo stati a trovare ____ nostri zii. ☐

3. Questa è _____ loro insegnante d'inglese. ☐

4. Abbiamo incontrato _____ vostro cugino in spiaggia. ☐

5. Clara è andata a prendere _____ suo figlio a scuola. ☐

6. Purtroppo _____ miei genitori sono molto severi. ☐

7. _____ mio padre lavora in banca. ☐

8. Da due anni _____ mie sorelle vivono a Milano. ☐

9. _____ mia casa è troppo grande per me. ☐

La signora Mondolino era piccola e grassa con dei grandi occhi castani. Rosa vide che aveva pianto.
"Signora Mondolino, Si calmi," disse Rosa. "Non vogliamo sederci?"
Insieme entrarono nel piccolo soggiorno.
La signora Mondolino portò caffè e cioccolatini.
"Ieri avete visto Davide?" chiese Rosa ai genitori.
"Ieri mattina è andato ad *allenarsi*, come tutti i giorni," rispose il padre del ragazzo.
"È molto ambizioso. Normalmente ritorna per pranzo. Poi riprende l'allenamento. Ieri però non è venuto a mangiare. E da allora non *si è* più *fatto vivo*."
"Ma all'allenamento c'è stato?" domandò Rosa.
"Sì," *asserì* il signor Mondolino. "Me lo *ha confermato* l'allenatore, il signor Tognetti."
"*È stato rapito*," scoppiò a piangere la signora Mondolino. "O gli è successo qualcosa di peggio."
"Che cosa *intende* dire, signora?" chiese Rosa. "C'è stata una telefonata o una lettera *ricattatoria*?"
"Ma no," disse il signor Mondolino. "Noi non siamo ricchi."

"C'è qualche altra spiegazione per la sua scomparsa? Avete telefonato agli ospedali?"
"Naturalmente!" esclamò la signora Mondolino. "Davide *è* semplicemente *sparito*! Senza lasciare *tracce*! Non c'è più! Oh, Davide!"
Singhiozzò forte.

Übung 18: Unterstreichen Sie die falschen Pluralformen und tragen Sie unten die Verbesserungen ein!

ÜBUNG 18 !

1. valigia/valigie
2. film/film
3. caffè/caffè
4. crisi/crise
5. re/re
6. banconota/banconote
7. altoparlante/altoparlanti
8. cassaforte/cassaforti
9. dubbio/dubbii
10. spiaggia/spiaggie

"Avete notato qualcosa di strano negli ultimi giorni riguardo a vostro figlio?" chiese Rosa.
Il signor Mondolino giocherellava nervosamente con l'accendino. Aprì la bocca. Poi la richiuse.
Come un pesce, pensò Rosa.
"Ha qualche idea, signor Mondolino?" chiese di nuovo.
"Sì," rispose Mondolino. "Anzi no, però mi *è venuta in mente* una cosa. Ma *si tratta di* una storia imbarazzante."
"Signor Mondolino, deve raccontarmi tutto! Non sono qui per scherzare! Pensavo che avesse bisogno d'aiuto."
Rosa stava cominciando a *spazientirsi*. Il signor Mondolino non le stava particolarmente simpatico.

"Mio figlio ha una ragazza," cominciò il signor Mondolino.
"Una ragazza?" intervenne sua moglie. "Non lo sapevo!"
"Sì," il signor Mondolino diede un'*occhiata* alla moglie. Poi *puntò* lo *sguardo* sull'accendino che aveva in mano.
"Davide ha una ragazza," ripeté lentamente. "Ma c'è un problema: *si tratta della* ragazza del fratello!"
"Come?" esclamò la signora Mondolino. "Spero che tu non stia parlando di Franca! La ragazza di nostro figlio Enrico?"
"Proprio così," *confermò* il signor Mondolino. "Qualche giorno fa ho visto Davide e Franca insieme. Qui, in questa casa. Che vergogna! E vogliono *sposarsi*!"

ÜBUNG 19

Übung 19: Welches Wort passt zu welchem Satz?

1. Portami … dischi!	☐ a) quell'
2. Conosci … attore ?	☐ b) quegli
3. Quanto costa … computer?	☐ c) questa
4. Non voglio questo libro, voglio ….	☐ d) quei
5. È … la tua ricetta preferita?	☐ e) quelle
6. Non uscire più con … amici!	☐ f) quel
7. Secondo me … ragazze parlano troppo.	☐ g) quello

"Chi? Suo figlio Enrico e Franca?" domandò Rosa.
"Ma no! Mio figlio Davide e Franca. Io mi sono *arrabbiato* moltissimo. *Ho minacciato* di raccontare tutto a Enrico. Ho detto a Davide che è uno *svergognato* e che non si facesse più vedere a Venezia." Il signor Mondolino *deglutì*.

"E ora *è scomparso*. Speriamo che non si sia fatto niente, quel *cretino*."
"Lo crede capace di *suicidarsi*?" chiese Rosa.
Il signor Mondolino *si strinse* nelle *spalle*. Ora *lottava* anche lui per *trattenere* le lacrime.
Il viso della signora Mondolino era bianco come un lenzuolo. *Fissava* il marito a bocca aperta.
"Perché non mi hai detto niente?" *mormorò*.

Übung 20: Beantworten Sie die Fragen, indem Sie die kursiven Wörter durch Personalpronomina ersetzen!

ÜBUNG 20 !

1. Ha mostrato la foto *a Luca*? No, non gli ha mostrato la foto ________.
2. Hai comprato *le scarpe*? Sì, ________.
3. Hai visto *Mario*? No, ________.
4. Hai letto *i libri*? No, ________.
5. Hai scritto *ai nonni*? No, ________.
6. Hanno invitato *Lea e Paola*? Sì, ________.
7. Ha vinto *la regata*? No, ________.

"È una vergogna!" esclamò il signor Mondolino.
Si alzò *di scatto* dalla *poltrona* e cominciò a camminare per il soggiorno.
"Ha raccontato ad Enrico di Davide e Franca?" gli domandò Rosa.
"No!" esclamò il signor Mondolino. "Volevo pensarci ancora un po'."
"E con Davide ha parlato ancora della questione?"

"No. Dal giorno del litigio ci siamo evitati."
"Posso vedere la stanza di Davide?" domandò Rosa.
"Certamente," disse il signor Mondolino. "Mi segua."

ÜBUNG 21 !

Übung 21: Ersetzen Sie die Adverbien durch eine Kombination von Präposition und Substantiv bzw. Adjektiv!

1. certamente di certo
2. raramente ______
3. improvvisamente ______
4. personalmente ______
5. sicuramente ______
6. fortunatamente ______
7. pubblicamente ______
8. seriamente ______

La stanza di Davide era molto piccola: un letto stretto, un tavolino, un *armadio*. Alle *pareti* erano appese dappertutto foto di Venezia, di gondole e del mare. Sul *davanzale* della finestra erano disposti ordinatamente *parecchi* occhiali da sole.
Rosa si avvicinò all'*armadio* e lo aprì.
"Signora Mondolino, manca qualcosa?"
La signora diede un'*occhiata* alle camicie, ai pantaloni e alle magliette accuratamente stirati.
"No," rispose un po' insicura, "non credo. Ma non posso dirlo con *esattezza*."

"Controlli se mancano borse o valigie, per favore," disse Rosa. "Forse suo figlio *è scappato* con Franca."
La signora Mondolino lasciò *in fretta* la stanza.
Rosa rimase ad osservare le foto alle *pareti*.
"Questi sono Franca ed Enrico?" domandò indicando una foto.
Una donna sorridente con i capelli neri e gli occhi azzurri era su un ponte in compagnia di un uomo alto e grosso. Sullo sfondo si riconosceva il Ponte dei *Sospiri*.

Übung 22: Lesen Sie weiter und unterstreichen Sie die Synonyme der Wörter in Klammern!
(1. stanza, 2. comprendo, 3. domandò, 4. arrabbiato, 5. in ogni caso, 6. per piacere, 7. crederà)

"No," rispose il signor Mondolino. "No, naturalmente. Davide non può certo tenere in camera una foto di Franca! No, questa è sua sorella col marito."
"Capisco," *annuì* Rosa. "Ma lei quanti figli ha?"
"Tre," rispose il signor Mondolino. "Una femmina e due maschi."
"C'è una foto di Enrico qui?" chiese Rosa.
"No," disse Mondolino. "I due non *vanno* molto *d'accordo*."
"Ah," commentò Rosa.
Il signor Mondolino la guardò irritato.
"Borse e valigie sono tutte al loro posto," *riferì* la signora Mondolino rientrando nella stanza.
"Bene," disse Rosa. "O forse male. Mi dia comunque l'indirizzo di suo figlio Enrico e quello di Franca, per favore."
"Non penserà che Enrico …?" chiese la signora Mondolino.
"Enrico non ha fatto niente a Davide!"
Tremava tutta.

"Enrico non sapeva niente di Franca e Davide! Lo lasci fuori da questa storia!" esclamò il signor Mondolino.
"Io non penso niente," rispose Rosa *rivolta* verso la signora, "ma devo seguire tutte le *piste*. Lo capisce, no?"

ÜBUNG 23 !

Übung 23: Setzen Sie die passende Form des Passato Remoto ein!

La signora Mondolino (1. annuire) ____________ tristemente.
I tre (2. avviarsi) ____________________ verso la porta d'ingresso.
"Vi farò avere mie notizie. Arrivederci," (3. salutare) ____________ Rosa richiudendosi la porta alle *spalle*.
Nel *corridoio trasse un profondo sospiro*. Nel corso delle sue *indagini* venivano continuamente alla luce *segreti* piccoli e grandi. Quando *si trattava* di *segreti* di famiglia, però, Rosa si sentiva sempre un po'a disagio. Certi *segreti* dovrebbero rimanere tali, si disse.
Con aria assorta (4. ritornare) __________ verso il Canal Grande.
Ora andrò a far vista a Franca Bonanno, (5. pensare) __________ .
Ma probabilmente non ci sarà. Probabilmente la ragazza ha lasciato Venezia insieme a Davide. E io non avrò più bisogno di andare da Enrico Mondolino. Il caso è praticamente risolto: Davide e Franca *sono fuggiti* insieme. Una storia semplice. A questo punto potrà *rintracciarli* la famiglia.
Rosa (6. pregustare) ____________ il fine settimana.

Il vaporetto passò lentamente sotto il Ponte di Rialto. Il ponte collegava il quartiere di San Polo con quello di San Marco nel punto più stretto del canale. *Era stato costruito* 400 anni prima da Antonio da Ponte. A quel tempo il Ponte di Rialto era considerato un *miracolo* della tecnica. Per Rosa lo era tuttora.

Übung 24: Schreiben Sie die Zahlen aus!

ÜBUNG 24 !

1. 330 ______________________
2. 27 ______________________
3. 1895 ______________________
4. 1/3 ______________________
5. 76 ______________________
6. 14515 ______________________
7. 2004 ______________________
8. 4/5 ______________________
9. 82 ______________________

A destra e a sinistra del canale *si allineavano* i palazzi.
Come le perle di una *collana*, pensò il commissario.
Rosa, come tutti i veneziani, era molto orgogliosa della sua città.
All'estremità del quartiere di Dorsoduro Rosa scese dal vaporetto.
Qui l'atmosfera era del tutto diversa da quella di Cannaregio. Le strade erano silenziose e *pulite* e le case molto curate. Franca deve essere di famiglia ricca, pensò il commissario.

ÜBUNG 25 !

Übung 25: Wie lautet das Passato Remoto der folgenden Verben?

1. andare, 1. Pers. Sing. ______________
2. fare, 3. Pers. Sing. ______________
3. chiudere, 1. Pers. Plur. ______________
4. dire, 1. Pers. Sing. ______________
5. andare. 3. Pers. Plur. ______________
6. fare, 2. Pers. Sing. ______________
7. dire, 2. Pers. Sing. ______________

Quando suonò il campanello della famiglia Bonanno, si aprì una finestra. Una donna *si affacciò* sulla strada.
"Franca Bonanno?" gridò Rosa.
"No, sono sua madre!"
"Franca è in casa?" domandò il commissario.
"No, è uscita di nuovo."
"Allora oggi è stata in casa?" volle sapere Rosa.
"Certo," rispose la signora Bonanno. "Perché me lo chiede?"
"Sua figlia deve chiamarmi urgentemente. Sono Rosa Nicoletti della polizia."
"Scendo!" La signora Bonanno chiuse *in fretta* la finestra.
"Lei è della polizia? Franca *ha combinato* qualcosa?" chiese la donna una volta scesa, guardandosi *con fare spaurito* a destra e a sinistra.
"No, no. Ma devo parlarle urgentemente!"
Rosa diede alla signora il suo biglietto da visita. La Bonanno lo studiò con curiosità.
"Lei è un commissario di polizia!" esclamò. "Dio mio! Ma c'è stato un assassinio?"

"Speriamo di no, signora Bonanno," rispose Rosa.
La signora *assunse* un'espressione terrorizzata.
"Franca La chiamerà appena torna," promise.
Rosa si avviò lentamente per il Rio della Fornace.
Era stata una visita breve, *rifletté*. Ma una cosa era sicura: Franca si trovava ancora a Venezia. I due, allora, non *erano fuggiti* insieme.
Rosa *sospirò*. Dovrò passare anche da Enrico Mondolino, pensò.

Capitolo 3: L'antiquaria misteriosa

Übung 26: Lesen Sie weiter und unterstreichen Sie in diesem Textabschnitt die Verbformen im Futur!

Lombardo era più che deciso.
Mi riprenderò il libro, pensò. Andrò da Anna Giannini, la affronterò e le dirò: "Mi ridia il libro!"
Il professore fece una faccia cattiva.
Passò oltre la chiesa di San Giacomo di Rialto. Dato che *si trattava di* una chiesa molto piccola, veniva spesso chiamata San Giacometto.

Lombardo sostò un momento. Gli riusciva difficile oltrepassare *in fretta* una chiesa o un palazzo. Dopotutto la storia era la sua materia!
Il dottore diede una breve *occhiata* alla chiesa del sesto secolo. Era la più antica di Venezia ed *era stata costruita* per i commercianti di Rialto. Un'*iscrizione esortava* i commercianti all'onestà.
Quest'*iscrizione* dovrebbe leggerla anche Anna Giannini, pensò Lombardo.
Mentre si avvicinava al negozio dell'antiquaria, i suoi *passi* si facevano più lenti.

Forse è meglio attendere la cena con Rosa, pensò.
La cosa può farsi pericolosa. Anna Giannini non avrà rubato di certo per la prima volta. Forse alle sue *spalle* c'è un'intera banda di *ladri*.
La cosa migliore è telefonare subito a Rosa. Lombardo portò la mano alla tasca della giacca.
Oh, no! Aveva dimenticato il *cellulare* sulla scrivania!
Lombardo *imprecò* a bassa voce. Ma perché era tanto *distratto*?
Sto assomigliando sempre più al cliché del classico professore, pensò e *rifletté* poi sul da farsi.
In fondo non sono più un bambino! Lombardo *strinse* i *pugni* con decisione. Non ho bisogno di Rosa! *Ce la faccio* anche da solo! Mi riprenderò il libro! E dopo andrò a cena con Rosa. Il mio racconto la impressionerà.
Con *cautela* il dottore si avvicinò alla piccola libreria antiquaria. Il suo interno era buio.
È già chiuso, pensò Lombardo. *Accidenti*!
Allora guardò attraverso la vetrina.

ÜBUNG 27 !

Übung 27: Imperfetto oder Passato Remoto? Lesen Sie weiter und tragen Sie die passende Zeitform ein!

Ah! Anna Giannini (1. essere) ____________ ancora lì. (2. stare) ____________ in piedi dietro il *banco*. Nel locale era accesa soltanto una piccola luce. L'antiquaria, che (3. *voltare*) ____________ le *spalle* a Lombardo, (4. aprire) ____________ una borsa. Poi (5. andare) ____________ verso uno *scaffale* di libri. *Si chinò* e, da sotto lo scaffale, tirò fuori una mantella e un cappello che (6. infilare) __________ nella borsa.

La cosa è molto sospetta, pensò Lombardo. *Si tratta* sicuramente *del* travestimento che la donna usa durante i *furti*.

Lombardo ebbe un'idea.
La seguirò, si propose. Forse porterà il libro in un *nascondiglio*, dove ci saranno anche altri oggetti rubati.
Lombardo vedeva già i titoli sulle prime pagine dei giornali: SENSAZIONALE! DOTTORE IN STORIA FERMA *LADRA* D'OGGETTI D'ARTE!
Lombardo sorrise.
Dall'altro *lato* della strada teneva *d'occhio* l'ingresso del negozio. Anna Giannini uscì. Cercò la chiave *rovistando* nella borsa. Persino dal suo posto d'osservazione Lombardo poteva *accorgersi* che era molto nervosa.
Forse non è una professionista come pensavo, constatò Lombardo con una *punta* di delusione.
Anna Giannini chiuse il negozio. Poi si girò e attraversò la strada.
Oh Dio! *Sta dirigendosi* proprio *verso* di me! Lombardo si spaventò molto.

Übung 28: Bilden Sie den Superlativ der Adjektive!

ÜBUNG 28 !

1. nervosa nervosissima
2. chiaro __________
3. abile __________
4. simpatici __________

5. divertente ____________

6. celebre ____________

Entrò rapidamente in un piccolo bar.
Anna Giannini lo seguì. Lombardo si portò allora dalla parte opposta del *banco*, dove si trovavano *tramezzini* e panini. *Si chinò* e *fece finta* di osservare la vetrina. Ogni tanto, con *cautela*, spostava lo *sguardo* dai panini al pomodoro e mozzarella in direzione di Anna Giannini.
"Tre *tramezzini* al *tonno* e pomodoro e due panini al prosciutto, Stefano," disse l'antiquaria.
"Hai già chiuso?"

ÜBUNG 29 !

Übung 29: Lesen Sie weiter und setzen Sie die Adverbien in Klammern in die richtigen Lücken ein!
(a) perlomeno, b) eccezionalmente, c) comunque, d) purtroppo, e) naturalmente, f) rapidamente, g) troppo)

"Sì, (1.) ____________," Anna Giannini sorrise *imbarazzata*.

L'eccezione è il mio libro, pensò Lombardo.

"Ti va un bicchiere di vino? (2.) ____________ offre la *ditta*."

"(3.) ____________ ho fretta," rispose Anna Giannini. "Ma grazie (4.) ____________."

"Hai in programma un picnic?" chiese Stefano mentre incartava i panini.

Anna Giannini *scosse* il capo.

No, no, pensò Lombardo. I *tramezzini* sono per *festeggiare* il *furto* riuscito.

"Buona serata," augurò Stefano all'antiquaria che usciva dal bar.

Lombardo seguì Anna Giannini tenendosi a distanza di sicurezza.

Anna Giannini *si diresse* (5.) ______________ *verso* il canale più vicino. Sul molo *erano ancorati* i *motoscafi* del servizio taxi.

Speriamo che l'*avventura* non mi costi (6.) __________. Lombardo tastò il portafogli che aveva in tasca.

Quello (7.) ____________________ non l'aveva dimenticato!

Lombardo attese che Anna Giannini si sedesse in un taxi e poi salì sul *motoscafo* vicino.
A quell'ora i tassisti non avevano molto da fare.
"Segua il taxi davanti a noi," disse Lombardo. "Ma senza *dare nell'occhio*, per favore."
Il tassista si girò verso di lui.
"È della polizia?" domandò studiando Lombardo con attenzione.
"No. Lei sta seguendo Sua moglie," continuò l'uomo senza attendere una risposta. "È *geloso*? Crede che Sua moglie…"
"*Forza*, metta in moto!" ordinò Lombardo con impazienza.
I due *motoscafi procedevano* lungo i canali. Vista dall'acqua, Venezia *appariva* sempre molto diversa, più romantica, più *trasognata*, più silenziosa.
Dai canali di San Marco i taxi passarono nel Canal Grande. La chiesa di Santa Maria della Salute si trovava ora dietro di loro. Lombardo ne osservò *estasiato* la *sontuosa facciata*.

Übung 30: Beantworten Sie die Fragen, indem Sie ***ne*** *verwenden!*

1. Vuoi del gelato? No, non ne voglio.
2. Hai mangiato il dolce? Sì, __________ una fetta.
3. Hai voglia di venire? No, __________ voglia.
4. Hai dei libri su questo tema? No, __________ nessuno.
5. Hai comprato il salame? Sì, __________ due etti.
6. Ti ha parlato del suo nuovo lavoro? No, __________.
7. Hai letto il libro? No, __________ soltanto due pagine.
8. Hai preso il latte? Sì, __________ due litri.
9. Hai un po' di tempo? No, __________ ho.
10. Che buoni quei cioccolatini! Me __________ dai uno?

Un capolavoro del barocco, pensò. *Costruito* su una piattaforma di *legno sorretta* da 1.106.657 pali di quattro metri. Veramente incredibile!
I muri della chiesa lucevano al sole del tardo pomeriggio.
Lo stile barocco suggeriva sempre anche a Lombardo una certa solennità.
Se mai mi dovessi *sposare* sarà in questa chiesa, pensò.
Per un attimo Lombardo immaginò Rosa in abito da sposa.
I suoi capelli rossi starebbero benissimo con l'abito bianco, pensò il dottore con aria sognante. Un po' di romanticismo in un matrimonio non *guasta*.
A quel punto, però, Lombardo rifletté che, probabilmente, Rosa non era affatto un tipo romantico.
Basta, si disse e si concentrò sul taxi davanti.

Übung 31: Welche Sätze enthalten einen Fehler? Verbessern Sie!

1. Mi sono concentrato molto, ma non sono riuscito a ricordare il suo nome. ________________
2. Ho camminato parecchio, per questo sono stanco. ____________
3. Sono viaggiato molto quando ero più giovane. ________________
4. Per fortuna mi ho accorto in tempo dell'errore. ______________
5. Questa settimana è piovuto spesso. __________________________
6. Mario ha entrato senza bussare. ____________________________

I *motoscafi* stavano lasciando ora il limite estremo del quartiere di Dorsoduro *diretti* verso il canale della Giudecca.
"Sua moglie va alla Giudecca," disse il tassista.
"Ma Lei chi è? Sherlock Holmes?" gli chiese Lombardo. Quell'uomo gli stava dando ai nervi. Non trovava per niente divertente il fatto che il tassista lo prendesse per un marito *tradito*.
"E Si tenga un po' più a distanza, per favore! Dobbiamo *evitare* di *dare nell'occhio*, no?"
"Come vuole," rispose il tassista *burbero*.
Il *motoscafo* rallentò.
Lentamente i due taxi si avvicinarono all'isola dalla forma allungata. Giardini, condomini e fabbriche caratterizzavano quello che era una volta un insediamento ebraico.
Il taxi di Anna Giannini *attraccò* presso la Chiesa del Redentore.
"*Acceleri*!" esclamò Lombardo. "Va a finire che mi sfugge!"
Lombardo guardò nel portafogli. Aveva solo un biglietto da 50 euro.

ÜBUNG 32

Übung 32: Übersetzen Sie!

1. Geh weg! ______________________
2. Esst die Suppe! ______________________
3. Habe Mut! ______________________
4. Geht nicht weg! ______________________
5. Sei nett zu deinem Bruder! ______________________
6. Nimm den Ball! ______________________
7. Lasse es nicht fallen! ______________________
8. Sei leise! ______________________

"Va bene così," disse il tassista prendendogli i soldi di mano.
Lombardo *deglutì*. Ma non c'era veramente tempo per contrattare.
"Sa cosa diceva sempre mia madre?" domandò il tassista mentre *infilava* con attenzione la banconota nella tasca della camicia.
"No," rispose Lombardo. "Ma sicuramente muoio dalla voglia di saperlo!"
"A una persona innamorata si perdona tutto."
Il tassista guardò Lombardo con aria *supplichevole*.
"Lei ha una madre molto saggia," commentò Lombardo.
Scese *in fretta* dal taxi e si mise a *pedinare* Anna Giannini.
Dove stava andando?
Lombardo seguì la giovane donna lungo i vicoli silenziosi. Anna Giannini si girò brevemente. Lombardo, *spaventato*, *si nascose* dietro a un muretto.

Übung 33: Vervollständigen Sie die Sätze!

ÜBUNG 33 !

1. Un piccolo muro è un muretto.
2. Un piccolo lago è un ______.
3. Una piccola porta è una ______.
4. Una piccola mano è una ______.
5. Una piccola scala è una ______.
6. Una piccola tazza è una ______.

Speriamo che non abbia notato nulla! Lombardo *si sporse* cautamente oltre l'*angolo*. Anna Giannini si era fermata davanti ad un piccolo magazzino.
Ma certo, pensò Lombardo. Il *nascondiglio* perfetto!
La strada era deserta. Poi Anna aprì il grosso lucchetto ed entrò nell'edificio. Lombardo la seguì rapidamente. La porta era socchiusa. Lombardo fece un *sorriso* di trionfo. Senza far rumore spiò nell'ampio vano. Era tutto buio; soltanto da una porta sul fondo giungeva uno *spiraglio di luce*. Lombardo *avanzò a tentoni*.

Übung 34: Wie lautet das Gegenteil der folgenden Sätze?

ÜBUNG 34 !

1. Ho tutto. Non ho nulla.
2. Mi piace molto. ______
3. È troppo? ______
4. Abbiamo fatto alcuni acquisti. ______

5. Avevo parecchia fame. ______

6. Non è venuto nemmeno un amico. ______

7. Non ho più sete. ______

Senza far rumore *procedette* lungo un *corridoio* fino ad una porta aperta. Sulla *soglia* si fermò in ascolto.
Udì dei rumori. Cosa stava facendo Anna Giannini?
Lombardo si fece *coraggio* e *si sporse* oltre lo *stipite* della porta. La stanza era *fievolmente* illuminata. Il fondo era separato da una sottile *parete*, dietro alla quale era accesa una luce.
Lombardo sentì Anna Giannini far rumore al di là della *parete*.
Ma che cosa sta facendo?, si chiese di nuovo.
La storia cominciava a piacergli poco. Il più silenziosamente possibile corse al centro della stanza e *si nascose* dietro una colonna. Poi udì dei *passi*. Anna Giannini attraversò la stanza. Lombardo *si appiattì* come meglio poteva contro la colonna. Chiuse gli occhi e *trattenne* il respiro. I *passi* della Giannini *risuonarono* poi nel *corridoio*. Si sentì qualcuno su una scala. Una porta *cigolò*. Infine i rumori *cessarono*.
Calma e *sangue* freddo, pensò Lombardo.
Riaprì gli occhi.
Anna Giannini *aveva spento* di nuovo la luce. La stanza era buia come la notte che stava scendendo su Venezia.
Dov'era ora l'antiquaria?
Lombardo si rimise in ascolto.
Sentiva parlare? Erano voci quelle?
Doveva essersi sbagliato.
Faccio ancora in tempo a *fuggire*. Faccio ancora in tempo ad avvertire Rosa, pensò.
No! Non agiva così un uomo coraggioso!

Übung 35: Lesen Sie weiter und fügen Sie das Futuro Semplice der angegebenen Verben in die Lücken ein!

ÜBUNG 35 !

Mi (1. mostrare) mostrerò subito ad Anna Giannini, decise Lombardo. (2. rimanere) ______ sorpresa e (3. confessare) ______ tutto. A quel punto mi (4. riprendere) ______ il libro e me ne (5. andare) ______. Il resto (6. essere) ______ *affare* di Rosa.

Lombardo si avviò con decisione verso la porta. Poi si fermò. *Esitò*.
E se non è sola? Se nell'altra stanza ci sono dei complici? La cosa sarebbe problematica, constatò Lombardo. È meglio che vada a controllare *di nascosto* dove si trova ora. Sì, questa è veramente la cosa migliore.

Übung 36: Tragen Sie die Grundform der Adjektive ein!

ÜBUNG 36 !

1. migliore ______ buono
2. maggiore ______
3. ottimo ______
4. pessimo ______
5. massimo ______
6. peggiore ______
7. minimo ______

Lombardo si tolse le scarpe e, in *punta* di piedi, *si diresse verso* la porta. Per poco, in quel buio, non andò a finire contro una colonna. Poi udì di nuovo dei *passi*. Anna Giannini!
Lombardo, perso ogni *coraggio*, ritornò a *nascondersi* dietro la colonna. Che cosa faceva ora l'antiquaria?
Improvvisamente una porta si richiuse. Lombardo udì una chiave girare due volte nella *serratura*. Ma quella era…
Oh, no! *Era intrappolato*!
"Ehi!" disse piano nel buio.

ÜBUNG 37 !

Übung 37: Welche Gegenteile gehören zusammen?

1. piano	☐ a) imprudente
2. grasso	☐ b) nemico
3. ridere	☐ c) magro
4. togliere	☐ d) forte
5. cauto	☐ e) piangere
6. amico	☐ f) mettere

Capitolo 4: Una persona sgradevole

L'appartamento di Enrico Mondolino era vicinissimo a Campo Sant'Angelo. Rosa guardò l'orologio. Erano le otto passate da poco. Quando Enrico Mondolino aprì la porta, Rosa lo riconobbe subito. Assomigliava al padre. "Il signor Enrico Mondolino?" chiese Rosa. "Sono Rosa Nicoletti della polizia criminale."
"Sono tutte così graziose le ragazze che lavorano nella polizia? Forse dovrei cambiar mestiere!"
Enrico rise. La sua risata non aveva un tono amichevole.

Antipatico quanto il padre, pensò Rosa. Anche Davide Mondolino sarà così antipatico? Forse è meglio non ritrovarlo.
"Lei sa perché sono qui?" chiese Rosa seria.
"Certo," rispose Enrico Mondolino. "Mio fratello *è sparito*."
"E sa perché?"
"No," disse Mondolino. "Dovrei saperlo?"
Rise di nuovo.
"Dobbiamo discutere la cosa qui sul pianerottolo?" chiese Rosa.
"Entri." Con gentilezza *esagerata* Enrico Mondino le tenne aperta la porta. Rosa lo seguì in cucina.
Credo che, con una persona così ogni gentilezza sia *superflua*, pensò Rosa. È meglio *venire* subito *al dunque*.

Übung 38: Setzen Sie das Verb in die angegebene Zeitform! Wie lautet das Lösungswort?

1. Futuro Semplice von andare, 3. Pers. Plur.:

_ _ _ ☐ _ _ _ _

2. Passato Remoto von vedere, 3. Pers. Sing.:

_ _ _ ☐

3. Futuro Semplice von ringraziare, 3. Pers. Sing.:

_ _ _ ☐ _ _ _ _ _ _ _

4. Imperfetto von fare, 2. Pers. Sing.:

_ ☐ _ _ _ _

5. Imperfetto von andare, 2. Pers. Plur.:

_ _ _ _ _ _ ☐ _

6. Passato Prossimo von amare, 3. Pers. Sing.:

_ ☐ _ _ _ _ _

Lösungswort: _ _ _ _ _ _

"Lei sa che suo fratello ha una relazione con la Sua ragazza?" chiese *a bruciapelo*.

Il *sorriso sparì* dal *volto* di Enrico Mondolino. Ora aveva un'espressione *furente*.

"Ma che cosa dice?" esclamò *indignato*.

"Lo sapeva o non lo sapeva?" insistette Rosa.

"Non sono fatti Suoi," sibilò Enrico.

"E invece sì, in parte," rispose Rosa freddamente. "Sono io che devo ritrovare Suo fratello. E ogni dettaglio mi interessa."

ÜBUNG 39 !

Übung 39: Unterstreichen Sie das Wort mit der stärkeren Bedeutung!

1. arrabbiato	furente
2. sconvolto	agitato
3. stanco	esausto
4. litigare	discutere
5. innervosito	arrabbiato
6. caldo	bollente
7. orribile	brutto
8. carino	bello

"Va bene, va bene," rispose Enrico Mondolino con impazienza. "Sapevo della relazione. Ma Lei, come fa ad esserne a conoscenza?"

"Ho appena parlato con i Suoi genitori," *spiegò* Rosa.

"Mio Dio! Mia madre sa di Franca e Davide?" chiese Enrico Mondolino *sconvolto*.

"Allora domani tutta Venezia *spettegolerà* su di me!"

Si nascose il *volto* tra le mani.

"Quando ha saputo della relazione e da chi?"

Enrico Mondolino *si sfregò* la *fronte*. Rosa, innervosita, alzò gli occhi al *soffitto*.
"Franca è venuta da me ieri." Enrico Mondolino si alzò e si versò un bicchiere di vino rosso. A Rosa non offrì nulla.
"A che ora è stata da Lei Franca?"
"A mezzogiorno," rispose Enrico Mondolino e bevve un *sorso*.
"Mentre Suo fratello Davide era all'allenamento?" chiese Rosa.

Übung 40: Wählen Sie die richtige Konjunktion aus!
(a) mentre, b) che, c) sebbene, d) se, e) purché, f) come, g) finché, h) affinché)

1. Voleva sapere __________ parli bene l'italiano.

2. Mi sembra __________ sia ora di partire.

3. Fai __________ vuoi!

4. Verrò con voi, __________ non ne abbia molta voglia.

5. Rimarremo __________ non farà buio.

6. Prendi quello che vuoi, __________ mi lasci in *pace*.

7. Mia sorella ha telefonato __________ mangiavo.

8. Ho comprato questo libro __________ tu lo legga.

"Perché, *si allena* a mezzogiorno?" replicò Enrico Mondolino.
"Signor Mondolino, La prego di rispondermi!"
"Non ho la minima idea di dove fosse Davide a quell'ora. Comunque, Franca mi ha raccontato tutto."
Enrico Mondolino bevve un altro *sorso* di vino.
"Qual è stata la Sua reazione?" gli domandò Rosa.

"La mia reazione? La mia reazione?" Enrico rise di nuovo. "Ero *furibondo*."
"E basta?" lo *incalzò* Rosa.
"No, cioè sì. Insomma, le ho fatto una scenata."
"Una scenata?"
Enrico indicò una *busta* di plastica in un *angolo*. Rosa la aprì. Nella *busta* c'erano delle stoviglie *in frantumi*.
"Le ha tirato dei piatti?" domandò Rosa.
"Erano piatti miei. Posso farci quello che voglio, no?"
Rosa non rispose. Enrico Mondolino continuò a bere. Guardò Rosa che lo *fissava* tranquillamente negli occhi.

ÜBUNG 41 !

Übung 41: Ergänzen Sie die Sätze mit dem jeweils passenden Relativpronomen!

1. Ho letto la lettera ________ ti ha scritto.
2. La persona di ________ ti ho parlato non lavora più qui.
3. La ragazza ________ amo mi ha lasciato.
4. Le persone ________ hai invitato non sono ancora arrivate.
5. Questo è il pittore del ________ ho acquistato un quadro.
6. Gli alberghi nei ________ abbiamo dormito sono ottimi.
7. Quanti sono gli amici su ________ puoi contare veramente?
8. Questo è il motivo per il ________ ti telefono.
9. L'amico al ________ ho chiesto aiuto non ha mai chiamato.

Improvvisamente ad Enrico il vino *andò di traverso*. Cominciò a *tossire*. Rosa si alzò e gli diede dei *colpetti* sulla *schiena*.
"*Non* penserà *mica* che abbia fatto del male a mio fratello?" chiese Enrico Mondolino con voce *roca*.
"Quello che penso e quello che non penso, mio caro, sono davvero fatti miei," replicò Rosa. "Io rilevo semplicemente i fatti."
"Mio fratello *è scomparso,* questo sì. Ma ciò non significa che l'*abbia ucciso* io." Enrico Mondolino *si schiarì la voce* e si portò la mano al collo.
"E chi ha detto che è morto?" domandò Rosa.
"Senta, la storia di mio fratello e Franca mi ha reso *furente*, certo. Ma Franca ed io ci saremmo lasciati in ogni caso."
"Che cosa *intende* dire?" chiese Rosa.
"*Litigavamo* spesso. Lei mi rimproverava sempre di essere interessato solo ai suoi soldi."
"Ed è vero?"
"I soldi non *guastano* mai," disse Enrico Mondolino.
"Ha ragione." Rosa andò alla finestra e guardò fuori. Era già buio. Alzò gli occhi sul campanile della chiesa di Santo Stefano. Il campanile era uno dei più alti e dei più *inclinati* di Venezia. Tutte le volte che Rosa lo vedeva, pensava: ora cade! Da quando *era stato costruito*, però, nel quattordicesimo secolo, la cosa non *si era* mai *verificata*. *Per fortuna*!
"Lei ama Franca Bonanno?" chiese Rosa senza guardare Enrico.
"L'amore, l'amore... Che significa?" rispose quello. "Franca è giovane. È bella. È intelligente. Mi sono sempre chiesto che cosa trovasse in me."
L'amore, pensò Rosa di cattivo umore. Una strana, stupida invenzione che può *combinare parecchie sciocchezze*.
"Devo pregarLa di non lasciare la città," disse Rosa mentre si voltava per andarsene. "Le auguro una buona serata."

Übung 42: Setzen Sie den Congiuntivo in der richtigen Zeitform ein!

1. Non voglio che tu (andare) ________ via.
2. Pensavo che (essere) ________ Marco, per questo ho aperto la porta.
3. Non credo che Lea (tornare) ________ già ________ a casa.
4. Non penserà che (uccidere) ________ ________ il mio vicino?
5. Spero che il direttore mi (dare) ________ presto un aumento di stipendio.
6. Partirò per l'America, che tu lo (volere) ________ o no!
7. Non pensavo che quel dettaglio (essere) ________ importante.

Per oggi basta, pensò Rosa mentre scendeva le scale. Non m'*importa* che cosa sia successo a Davide Mondolino. L'intera famiglia Mondolino è orribile. E io ho fame. Ho bisogno di un buon bicchiere di vino e di tranquillità.
In quel momento le tornò in mente che aveva un appuntamento con Lombardo.
Ah, sì. L'altro caso, pensò. Speriamo che sia più facile da risolvere. Rosa alzò il *bavero* della giacca. Di sera a Venezia era spesso freddo ed umido. Mentre apriva il portone che dava sulla strada per poco Rosa non si scontrò con una ragazza giovane e graziosa.
"Mi scusi," dissero entrambe contemporaneamente.
La ragazza *appariva* triste. Aveva un *graffio* sulla *guancia* e un *cerotto* in *fronte*. Rosa aveva già fatto qualche *passo* quando ebbe un *presentimento*.

"Lei è Franca Bonanno?" gridò alla ragazza.
"Sì, sono io!" rispose quella con un'espressione sorpresa girandosi verso il commissario.

Übung 43: Lesen Sie weiter und unterstreichen Sie alle Formen des Congiuntivo in diesem Textabschnitt!

ÜBUNG 43 !

"Sta andando da Enrico Mondolino?"
"Sì," disse Franca. "Come fa a saperlo?"
Rosa si presentò.
"La stavo comunque cercando," continuò. "Mi accompagna per un pezzo?"
"Veramente io...," cominciò Franca.
"È meglio che non vada da Enrico ora. Credo sia meglio che rimanga da solo. Adesso io Le racconto quello che so, dopo mi dirà Lei quello che sa."
Rosa *riferì* a Franca Bonanno della sua visita presso la famiglia Mondolino. Poi disse:
"Stiamo cercando Davide Mondolino. Lei sa dove si trova?"
"No," rispose Franca. "Dio mio! Non sapevo nemmeno che *fosse scomparso*!"
Si aggrappò al braccio di Rosa.
"Mi ascolti, dobbiamo ritornare immediatamente da Enrico. L'*ha ucciso* lui! Ne sono sicura!"
"Come fa a dirlo?" domandò Rosa.
"È stato terribile. Gli ho raccontato tutto di Davide e me. Era *furibondo*. Mi ha tirato contro delle stoviglie e io mi sono tagliata."
Franca indicò le sue ferite.
"Poi mi ha mostrato una pistola. Ha detto che *avrebbe ucciso* Davide. Io non gli ho creduto. Enrico a volte è molto teatrale. Ora

volevo tornare a parlargli e *chiarire* la cosa con tranquillità. E Lei mi racconta che Davide *è sparito*!"
Franca scoppiò in lacrime.
"Non dobbiamo compiere azioni *avventate*," disse Rosa. "Primo: non sappiamo che cosa *sia accaduto* a Davide. Quindi non possiamo affermare che sia stato assassinato. Secondo: non abbiamo prove. Vada pure a casa e rimanga in attesa: forse Davide *si farà vivo*. Sua madre ha il mio numero di telefono."

Franca e Rosa si separarono.
Un amante scomparso e una pistola, pensò Rosa.
La cosa si fa sempre più allegra.

ÜBUNG 44 !

Übung 44: Vervollständigen Sie die Sätze mit dem vorgegebenen Verb in der entsprechenden Zeitform!

1. Gli amici (meravigliarsi, passato prossimo) ________________ della sua velocità.
2. Voi (scusarsi, passato prossimo) ________________ del ritardo.
3. Tua sorella (vergognarsi, futuro semplice) ________________ delle sue parole.
4. Il monumento (trovarsi, presente) ________________ in mezzo alla piazza.
5. Voi non (comportarsi, passato remoto) ________________ bene in quella *occasione*.

Capitolo 5: Dov'è Lombardo?

Rosa si incamminò per la Venezia al chiaro di luna. Le gambe stavano cominciando a farle male. Da qualche parte aveva letto che un veneziano cammina in media due ore al giorno.
Col mio mestiere, però, le ore sono almeno quattro, pensò Rosa. Passeggiare non è esattamente un'abitudine italiana, ma a Venezia tutto è un po' diverso, constatò il commissario e si propose di comprare scarpe più comode alla prima *occasione*.
Quando finalmente Rosa arrivò al ristorante il proprietario, Lucio Zappelli, le venne incontro sorridendo.
"Signora Nicoletti! Che piacere vederLa!" esclamò. "Come sta?

Übung 45: Füllen Sie die Lücken mit den Wörtern in Klammern!
(a) proprio, b) solo, c) intorno, d) parecchio, e) oggi, f) ancora, g) sempre)

Rosa si guardò (1.) ____________. Tutti i tavoli del ristorante erano occupati.

"Che pienone (2.) ____________! E io non *ho prenotato*!"

"Il mio ristorante è (3.) ____________ *affollato*," disse il signor Zappelli con orgoglio. "*È elencato* in tutte le guide. E domenica c'è la regata storica! Questo fine settimana vengono (4.) ____________ più turisti del solito."

"Non mi parli della regata, per favore," replicò Rosa. "Per domenica ho ancora (5.) ____________ da *sbrigare*."

"Signora Nicoletti, Si rilassi! È rimasto libero (6.) __________ un piccolo tavolo, però."

Lucio Zappelli accompagnò Rosa in un *angolo* in fondo. Tra le porte delle toilette c'era un tavolino vuoto.

Stupendo, pensò Rosa. Oggi non è (7.) __________ la mia giornata.

Si sedette.
"Uno spritz?" chiese il signor Zappelli. "Come al solito?"
Lo spritz è un tipico cocktail veneziano: vino bianco con un goccio di Campari. Da 'Zappelli' veniva servito sempre con uno stuzzichino a base di acciughe.
"Certo," disse Rosa.
Diede un'*occhiata* all'orologio: erano le nove e mezzo passate da poco.
"Per mangiare aspetto," disse.

ÜBUNG 46 !

Übung 46: Welche Präpositionen gehören in die Lücken? Setzen Sie ein!

1. durchschnittlich ___in___ media
2. üblicherweise ______ solito
3. höchstens ______ massimo
4. zufällig ______ caso
5. rasch ______ corsa
6. so gut wie möglich ______ meglio
7. rechtzeitig ______ tempo

“Un appuntamento?” domandò il signor Zappelli *facendole l’occhiolino*.
“Più o meno,” rispose il commissario.
Lo ‘Zappelli’ era un ristorante veneziano tradizionale. Rosa vi aveva trascorso molte ore piacevoli. Quel giorno, però, non aveva voglia di *festeggiare*.

Übung 47: Welche Sätze enthalten einen Fehler? Verbessern Sie!

1. “Sei andata al lavoro?” “No, oggi non ci sono andata.”

2. “Sei stato a teatro?” “Sì, ne vengo ora.”

3. In Baviera ci sono molti laghi.

4. “Sei già stato in centro?” “No, mi vi porti?”

5. “Stasera vado in discoteca. Vuoi venirne?”

6. “Sei già stato a Parigi?” “Sì, ci sono stato due volte, ma ci ritorno sempre volentieri.”

7. “Perché avete lasciato l’albergo?” “Non vi stavamo bene.”

In continuazione le passavano accanto clienti *diretti* alla toilette, il che non era molto eccitante. Inoltre era stanca. Lombardo dov'era?

Rosa divenne sempre più impaziente.

Alle dieci non resistette più. Ordinò una mezza porzione di *bigoli* al sugo e, per secondo, del pesce in saor. Il pesce in saor veniva prima fritto, poi marinato e infine condito con aceto, pinoli e *uvetta*.

ÜBUNG 48 !

Übung 48: Bilden Sie die entsprechenden Passivsätze!

1. Il cuoco ha preparato il pesce.

   Il pesce è stato preparato dal cuoco.

2. Le ragazze faranno le valigie.

3. Il *padrone* di casa aveva stappato la bottiglia.

4. Mia moglie fece la spesa.

5. Il motore fa girare le ruote.

6. I terroristi hanno fatto esplodere la bomba.

Di tanto in tanto Lucio Zappelli le *lanciava* un'*occhiata impietosita*. Al termine della cena le portò un caffè.

"La persona con cui aveva l'appuntamento non è venuta?" chiese cautamente.
Rosa *scosse* la testa.
"Ma che *cretino*!," esclamò Lucio con enfasi.
Rosa guardò per l'ennesima volta il *cellulare*. Non indicava nessuna chiamata. Perché Lombardo non aveva perlomeno disdetto l'appuntamento? E perché non rispondeva al telefono?
Non capisco, pensò Rosa. Prima vuole assolutamente parlarmi per via del libro rubato. E poi non viene all'appuntamento. Che strano!
Ripensò al suo ultimo caso. Lombardo le era stato di grande aiuto. Ora avrebbe potuto ricambiare.

Übung 49: Setzen Sie die Verben in der angegebenen Form ein! Verwenden Sie das Konditional!

ÜBUNG 49 !

1. Che pomeriggio noioso! (andare, 1. Pers. Sing.) ______________ volentieri al cinema.
2. Giovanni è già partito? Peccato, lo (rivedere, 1. Pers. Sing.) ______________ volentieri.
3. Perché non ci presenti la tua amica? Ci (far piacere, 3. Pers. Sing.) ______________ conoscerla.
4. Laura (venire, 3. Pers. Sing.) ______________ volentieri con noi, ma deve studiare.
5. Ci (accompagnare, 2. Pers. Sing.) ______________ a casa?

Rosa cominciò a *preoccuparsi*.
Probabilmente è andato alla ricerca del libro rubato, concluse.

Forse gli è successo qualcosa.
Impaurì al solo pensiero.
Ma Lombardo è una persona *prudente*, pensò. Non sarà andato intenzionalmente a *cacciarsi nei guai*, no?

ÜBUNG 50

Übung 50: Formulieren Sie die Sätze so um, dass die kursiven Wörter durch eine Futurkonstruktion ersetzt werden!

1. *Forse* tua madre ha preso il treno successivo.

____

2. *Probabilmente* hanno dimenticato di telefonare.

____

3. *Suppongo che* siano le nove del mattino.

____

4. *Forse* non aveva voglia di venire.

____

5. *Probabilmente* sono stati licenziati.

____

6. *Credo che* ormai sia già a casa.

____

Il quel momento il suo *cellulare* suonò.
"Lombardo?" chiese subito Rosa.
"Ho sbagliato numero," disse una voce di donna. "Cercavo la signora Nicoletti."

"Sono io!"
"Mi scusi, non avevo capito bene il Suo nome. Sono Franca Bonanno."
"Davide è ritornato? L'ha chiamata?" chiese Rosa eccitata.
"No, purtroppo no," disse Franca. "Però mi *è venuta in mente* una cosa."
"Sì?"
"Davide mi ha raccontato che qualcuno si era messo in contatto con lui. Qualcuno che *intendeva* dargli un *sostegno* finanziario in modo che potesse *allenarsi* anche l'anno prossimo. Davide voleva incontrarsi con questa persona."

Übung 51: Welche Konjunktionen haben die gleiche Bedeutung? Bilden Sie Paare!

ÜBUNG 51 !

1. in modo che	☐ a) qualora
2. sebbene	☐ b) nonostante
3. poiché	☐ c) fino a quando
4. finché	☐ d) tranne che
5. purché	☐ e) cosicché
6. fuorché	☐ f) dato che
7. se	☐ g) a patto che

"*Di* chi *si tratta*?" domandò Rosa.
"Non ne ho la minima idea. Nemmeno Davide ne conosceva il nome. Io gli ho detto che la cosa mi pareva poco seria. Ma lui era così contento!"
"Sa quando doveva aver luogo l'incontro?"
"Di preciso no, ma penso questo fine settimana."
"Ha fatto bene a chiamarmi," disse Rosa un poco *delusa*.
"La ringrazio."

Il caso diventa sempre più difficile, pensò Rosa dopo la telefonata. Ma adesso devo *occuparmi* di Lombardo.
Probabilmente mi ha dimenticato e ora sta già dormendo nel suo letto!

ÜBUNG 52 !

Übung 52: Unterstreichen Sie die sechs Zeitfehler im Text!

Rosa tornava *in fretta* a casa. *Bussava* alla porta di Lombardo. Nessuno apriva.
Ludovico Lombardo, pensò Rosa. Ora basta!
Andò nel suo appartamento e si versò un bicchiere di vino rosso. I suoi pensieri erano fissi su Davide Mondolino.
Spariscono tutti, pensò. Ma dove sono?
Si allungava sul divano e appoggiava il bicchiere di vino accanto a sé. Il gatto Giuseppe entrò dalla finestra aperta e la guardò. Poi le saltò in grembo. Rosa *accarezzò* il gatto e ripensò agli avvenimenti della giornata.
C'è un libro rubato, *rifletteva*. Lombardo ne va alla ricerca e *sparisce* anche lui. Io, invece, sono alla ricerca di un gondoliere, il quale ha una ragazza che è anche la ragazza del fratello. Il padre del gondoliere è *arrabbiatissimo*. Il fratello ha una pistola. E lui, il gondoliere, ha in vista dei soldi. Che abbia preso i soldi e abbandonato Venezia?

Oppure è rimasto *vittima* della vendetta del fratello?
Rosa stava per addormentarsi.
Il fratello *ha ucciso* per sbaglio Lombardo, pensò Rosa già quasi *immersa* nel sonno.
Per lo spavento si rimise seduta e bevve un *sorso* di vino.
Che *sciocchezze*!

Domani parlerò con l'allenatore di Davide Mondolino. Come si chiama? Ah, sì: Tognetti.

Übung 53: Welche Präpositionen passen nicht? Unterstreichen Sie das „schwarze Schaf"!

1. parlare di qualcuno, parlare con qualcuno, parlare su qualcuno
2. credere su qualcuno, credere in qualcuno, credere a qualcuno
3. ringraziare di qualcosa, ringraziare su qualcosa, ringraziare per qualcosa
4. felicitarsi con qualcosa, felicitarsi per qualcosa, felicitarsi di qualcosa
5. chiedere qualcuno, chiedere a qualcuno, chiedere per qualcuno

Ma che doveva fare riguardo al caso Lombardo?
Domani mi metterò a cercarlo, pensò Rosa *pigramente*. Non gli sarà successo niente.

Rosa cercò di rilassarsi, ma non vi riuscì. Il pensiero di Lombardo non l'abbandonava.
Dove *si era cacciato* quello *sciocco* di un dottore?
Il gatto Giuseppe saltò a terra, rovesciando il bicchiere di vino rosso.
"Stupido Gatto!" esclamò Rosa. "Non puoi stare più attento?"
Andò in cucina, tornò ed *asciugò* il vino con uno *straccio*.
"Però hai ragione, Giuseppe," disse poi. "Devo fare qualcosa!"
Lasciò lo *straccio* sul *pavimento*.

Rosa ritornò all'appartamento di Lombardo. *Bussò* di nuovo.
Poi cercò la carta di credito nelle tasche.

ÜBUNG 54 !

Übung 54: Übersetzen Sie!

1. Wie dumm von ihm, den Dieb nicht aufzuhalten!

2. Du Glücklicher!

3. Wie schade!

4. Was für eine Schande!

5. Was hast du angestellt?

6. Was für eine Frau!

7. Welcher Mut!

8. Wie schön!

Sicuramente non ha chiuso a chiave, pensò.
Aveva visto più volte Lombardo *scassinare* la porta del proprio appartamento.
Rosa *infilò* la carta di credito nella *fessura*.
La porta si aprì davvero facilmente.
Lombardo, Lombardo, pensò. E poi ti meravigli se ti *rapinano*?

Übung 55: In welchen Fällen würden Sie das Possessivadjektiv durch ***proprio*** *ersetzen? Kreuzen Sie die entsprechenden Sätze an!*

1. Matteo ha l'abitudine di non usare mai il suo *cellulare*. Preferisce telefonare da quello degli amici. ☐
2. Mentre eravamo in vacanza, i vicini hanno innaffiato il loro giardino con più cura del nostro. ☐
3. La maestra è più *severa* con i suoi alunni che con quelli delle altre classi. ☐
4. Franco è stato da Luca e si è messo a lavorare col suo computer (col computer di Luca). ☐
5. Anna è andata in centro col marito, ma poi ha proseguito con la sua automobile. ☐

Accese la luce. Che disordine! Rosa era già stata una volta nell'appartamento di Lombardo. Anche allora non era particolarmente ordinato, ma ora… Rosa si guardò intorno. Dappertutto c'erano mucchi di libri. *Sparsi* sul *pavimento* c'erano *fogli* di *appunti*. Rosa cercò di non *calpestarli*.

Il *ladro* aveva operato in condizioni difficili, pensò. Con quel caos!

Rosa si avvicinò alla scrivania, dove c'era il *cellulare* di Lombardo.

Ecco perché non riuscivo a *raggiungerlo*, pensò.

Continuò a cercare. Infine *scoprì* un *foglietto*.

Lesse: Federico (bibliotecario).

Il resto del *foglio* era bianco.

Rosa sorrise.

Era sicuramente l'inizio di una lista delle persone sospette, pensò. Poi però qualcosa doveva aver interrotto Lombardo. O forse gli era venuta un'idea.

Accanto al *foglietto* Rosa notò un biglietto da visita con la scritta 'Anna Giannini antiquaria'.

Übung 56: Fügen Sie die Adverbien in Klammern in den passenden Satz ein!

(a) davanti, b) altrove, c) intorno, d) ovunque, e) accanto, f) presso, g) quaggiù)

1. L'incidente è accaduto ____________ al teatro.
2. Giacomo studia a Roma e abita ____________ la zia.
3. Ma tu hai la testa ____________!
4. Ti seguirò ____________ tu vada.
5. ____________ fa fresco anche d'agosto.
6. Domani l'imputato comparirà ____________ al giudice.
7. Smettila di guardarti ____________! Fa qualcosa!

L'indirizzo era sottolineato più volte.
Una *traccia*! Rosa *s'infilò* in tasca il biglietto.
Aveva avuto un buon *presentimento*. E dei suoi *presentimenti* poteva *fidarsi*. L'aveva imparato negli anni di lavoro come commissario. Sicuramente Lombardo era andato dall'antiquaria e si era *dimenticato* del loro appuntamento. Magari a quest'ora *si stava divertendo* con Anna Giannini! Ora Lombardo ha qualcosa da farsi perdonare, pensò *arrabbiata*.
Il giorno dopo, quando si svegliò, Rosa aveva *mal di testa*. Non aveva dormito bene. E poi la sera prima aveva bevuto troppo. Si alzò *stiracchiandosi*.
Ancora in pigiama uscì di casa, percorse il *corridoio* e andò all'appartamento di Lombardo. *Bussò*. Lombardo non era ancora tornato.
Devo sempre *occuparmi* io di tutto, pensò Rosa.

Übung 57: Welche Präposition ist gefragt?
(su, di, da, con, in)

ÜBUNG 57 !

1. approfittare ____ qualcosa
2. sperare ____ un cambiamento
3. riflettere ____ qualcosa
4. fidanzarsi ____ una brava ragazza
5. convincersi ____ qualcosa
6. giocare ____ il fuoco
7. dimettersi ____ un incarico

Ritornò nel suo appartamento. Qual era il suo piano?
Ah, sì. Voleva andare a trovare l'allenatore di Davide Mondolino. E il negozio di Anna Giannini era sulla stessa strada. Benissimo, pensò Rosa. Perlomeno *risparmio* un po' i miei poveri piedi.
Rosa si diresse alla Calle di Andrea. Il negozio di Anna Giannini si trovava tra il Cinema Rossini e Palazzo Grimaldi, capolavoro dell'architetto Michele Sanmicheli.
I Grimaldi avevano vissuto a Venezia fino al 1806. Alla loro partenza l'edificio era finito in mano alla città ed ora era la sede della Corte d'appello.

Übung 58: Wie oft kommt im folgenden Textabschnitt der Konjunktiv vor? Tragen Sie die Antwort hier ein! ________

ÜBUNG 58 !

Che giornata grigia! Con quel brutto tempo Venezia riusciva ad essere il posto più malinconico che si potesse immaginare. A volte, in giornate come quella, Rosa desiderava quasì andarsene da lì.

Ogni *passo* tra i vicoli stretti e scuri era faticoso in quelle condizioni. E la nebbia, che si stendeva persistente sull'acqua ferma dei canali, riusciva a *dissipare* qualsiasi pensiero allegro.

Rosa si affrettò lungo le strade di San Marco.

La regata avrebbe avuto luogo il giorno dopo e Rosa non aveva fatto progressi. Anzi, non aveva neanche le idee chiare sul caso Mondolino.

Davanti alla libreria antiquaria il commissario si fermò e osservò l'interno dalla vetrina. Al centro del negozio un uomo e una donna stavano *chini* su un libro aperto. Rosa *suppose* che la giovane donna vestita di verde fosse Anna Giannini. Entrò energicamente. Sopra di lei *tintinnò* un campanellino. La giovane donna alzò gli occhi.

"Sono subito da Lei," disse.

Rosa *annuì* seria e si guardò intorno. Gli *scaffali*, uno accanto all'altro, sembravano quasi *cedere* sotto il *peso* dei libri. Si sentiva un lieve *odore* di polvere. Libri illustrati, dizionari e romanzi erano *ammucchiati* fin sotto il *soffitto*. Dove c'era posto erano appesi alle *pareti* piccoli *quadri* dalla cornice arabescata. Una pesante tenda color rosso scuro *incorniciava* la vetrina. Sul fondo della stanza c'era un piccolo bancone antico.

ÜBUNG 59 !

Übung 59: Unterstreichen Sie die Fehler bei der Angleichung der Adjektive und verbessern Sie wenn nötig!

1. Per il bagno ho scelto delle piastrelle rosso scuro. ____________
2. I miei amici erano scuri in volto quando, un'ora dopo, li ho raggiunti. ____________
3. Marisa porta sempre degli abiti scuri. ____________

4. Marco ha un'automobile blu scura. ______________

5. Gli impermeabili gialli chiari dei bambini spiccavano nella nebbia. ______________

6. Le spiegazioni sono chiare? ______________

7. Nuvole grigie cupe coprivano il cielo. ______________

Anna Giannini ha *gusto*, pensò Rosa. Un bel negozietto. Deve essere piacevole lavorare qui.
Mentre osservava i libri sugli *scaffali* le giunse qualche parola della conversazione.
"Il libro non è in perfetto stato," disse l'uomo *sfogliando* l'antico *volume*. "Guardi lei stessa, qui..."
"Non troverà questo libro in nessun altro negozio d'antiquariato," replicò gentilmente Anna Giannini. "Il prezzo non è troppo alto."
"Voglio *rifletterci*," disse ancora il cliente. "ArrivederLa."
Anna Giannini seguì l'uomo con lo *sguardo* finché non lo perse di vista. Poi, immersa nei suoi pensieri, guardò fuori della finestra.
Rosa aspettò. Infine disse a bassa voce:
"Signora Giannini?"
Anna Giannini *si riscosse*.
"Come? Ah, mi scusi. Posso esserLe utile?"

Übung 60: Schreiben Sie die Sätze neu, indem Sie das Pronomen an das Verb anhängen!

ÜBUNG 60 !

1. Posso telefonare a te domani? Posso telefonarti domani?

2. Verrò a trovare Lei oggi pomeriggio.

____

3. Ecco lui che arriva!

4. Ecco a voi i biglietti per l'opera!

5. Dobbiamo restituire a lei il libro entro una settimana.

6. Vedendo noi si è stupito molto.

"Lo spero," rispose Rosa. "Mi dica, ha il libro 'Le gondole e i loro costruttori'? Credo che siano due *volumi*."
"Devo controllare," rispose Anna Giannini.
Andò al *banco* e *sfogliò* uno *schedario*.
"Sì," disse poi. "Ma certo! Ora mi *viene in mente*!" Si portò la mano alla testa.
"Oggi sono un po'…" Anna Giannini *si sfiorò* gli occhi. Poi guardò Rosa sorridendo.
"Però ho soltanto il secondo *volume*, mi dispiace."

ÜBUNG 61 !

Übung 61: Übersetzen Sie!

1. Wir haben eine halbe Stunde auf euch gewartet!

2. Um die Klingel zu betätigen, drücken Sie auf den Knopf!

3. Die Sekretärin blätterte in einer Kartei und fand den Namen des Kunden.

4. Ich bin ihm bis zum Ende der Straße gefolgt.

5. Höre mir gut zu!

6. Ich habe einige Fragen an Sie.

"Posso vederlo?" domandò Rosa.
"Sicuro," rispose l'antiquaria.
Poi *riflettè* brevemente.
"Ma dove l'ho messo?"
Anna Giannini osservò lentamente lo *scaffale*, poi, improvvisamente, si alzò in *punta* di piedi e tirò fuori un libro.
"Eccolo," disse infine, *porgendo* a Rosa un grosso *volume* rilegato in *pelle*. Allora, mettiamo un po' alla prova la Giannini, pensò Rosa. Forse ha veramente a che fare col *furto* del libro.

Übung 62: Unterstreichen Sie alle Vergangenheitsformen!

ÜBUNG 62 !

"Il primo *volume* proprio non ce l' ha?" insistette Rosa.
"No, mi dispiace," rispose Anna Giannini.
"E non ci sarebbe la possibilità di *procurarlo*?"
"No, davvero. Forse prima o poi, *chissà*..." disse Anna Giannini.
"Proprio ieri ho cercato di comprarlo da un cliente. Però non abbiamo concluso l'*affare*. Non ha voluto vendermelo."

"E l'uomo è poi ritornato da Lei in serata?"
"No. Come Le *viene in mente*?" Anna Giannini *lanciò* a Rosa un'*occhiata diffidente*.
"Fino a che ora ha tenuto aperto ieri?" continuò Rosa.
Anna Giannini *rifletté*.
"Come sempre," rispose *cauta*. "Fino alle otto."
Ah, pensò Rosa. Allora Lombardo aveva avuto il tempo di tornare dall'antiquaria.
"E ora mi dica per favore che cosa vuole sapere!" Anna Giannini puntò con gesto energico le mani sui *fianchi*.
È meglio mettere le *carte* in tavola, pensò Rosa.
"Rosa Nicoletti," si presentò. "Polizia criminale."
"Lei è della polizia? E che cosa vuole da me?"
Anna Giannini aveva *paura*.

Rosa *se ne accorse*. Ma ciò non significa nulla, si disse.
Aveva notato spesso che persino le persone più oneste diventavano nervose di fronte alla polizia. Era evidentemente una reazione normale.
"Sto cercando qualcuno," *spiegò* Rosa.
"Sì, certamente," disse Anna Giannini andando dietro il *banco*.
"Che cosa vuole sapere? Posso aiutarLa?" domandò con calma. Chiuse un cassetto, si sedette e *congiunse le mani*.
Poi *fissò* Rosa Nicoletti.

! ÜBUNG 63

Übung 63: Wo ist der Indikativ und wo der Konjunktiv gefragt?

1. È ora che tu (andare) ______________.
2. Mi ha detto che suo padre (lavorare) ______________ in banca.

3. Spero che qualcuno mi (aiutare) ____________.

4. Pretendo che (scusarsi, 3. Pers. Pl.) ____________ subito.

5. Sapeva che tu (essere) ____________ partito?

6. Mio marito non vuole che io (uscire) ____________ da sola.

7. Non credo che (essere) ____________ lui il colpevole.

8. Maria ha l'impressione che Laura non (essere) ____________ sincera.

"Si ricorda dell'uomo che voleva comprare questo *volume*?" la interrogò il commissario mentre *sfogliava* il libro sulle gondole.
"Alto? Magro? Con gli occhiali?"
"Proprio lui."
"È quello l'uomo che cerca?"
"Esatto," rispose Rosa.
"Ah, capisco. È proprio divertente."
Divertente?, si meravigliò Rosa.

Übung 64: Unterstreichen Sie die zwei Nebensätze, die durch ein Gerundium ersetzt werden können!

ÜBUNG 64 !

"Sì, sì, l'uomo che cerca è stato qui ieri!" esclamò Anna Giannini con enfasi mentre si alzava in piedi. "Voleva acquistare questo *volume*. E io volevo comprare il suo libro. Divertente, non Le pare?" Anna Giannini rise nervosamente.
"E quell'uomo è venuto qui una sola volta ieri?"
"Proprio così," rispose Anna Giannini. "*Abbiamo* quasi *litigato*."
"*Litigato*?"
"È rimasto sorpreso quando ha sentito quanto costa questo libro.

E naturalmente il prezzo di un'opera aumenta di *parecchio* se è completa di tutti i *volumi*," disse Anna Giannini. "Per questo tutti e due volevamo tenerci il nostro libro e comprare l'altro. Ma, come Le ho detto, non abbiamo concluso nessun *affare*."
"Non sa dove sia andato dopo il suo cliente?" domandò Rosa.
"No, mi dispiace," Anna Giannini rise di nuovo.
Rosa si chiese che cosa ci fosse da ridere.
Una persona allegra, pensò.

Rosa stava cominciando a dubitare che Anna Giannini avesse a che fare col *furto*.
Anche se... Questa donna è un po' strana, concluse Rosa. E perché poi il suo viso non mi è nuovo? Ero già stata in questa libreria? No, me ne sarei ricordata!
"L'uomo non è più tornato da Lei?" chiese Rosa un po' *frastornata*.
"No, Gliel'ho già detto," rispose Anna Giannini. "Mi pare di avergli dato un mio biglietto da visita. Ma io di lui non so niente."
Rosa diede un'altra *occhiata* al negozio. Non vide niente di sospetto.
"Bene," disse. "La ringrazio, signora Giannini."
"Si figuri!" sorrise la donna.
"Mi chiami se quell'uomo dovesse ritornare. Il suo nome è Lombardo." Rosa diede ad Anna Giannini il suo biglietto da visita.
Senza guardarlo quella lo mise su una *pila* di libri.

! ÜBUNG 65

Übung 65: Finden Sie die richtigen Paare!

1. Uno stormo di ... ☐ a) soldi
2. Un mucchio di ... ☐ b) pecore
3. Una pila di ... ☐ c) uccelli

mi pizzica - mich beisst es

4. Un gregge di … ☐ d) calze
5. Una manciata di … ☐ e) sale
6. Un pizzico di … ☐ f) monete
7. Un paio di … ☐ g) giornali

"Le auguro buona fortuna nelle Sue ricerche," disse poi.
Si strinsero la mano. La mano di Anna Giannini era gelida e un po' umida.
Rosa lasciò il negozio pensierosa.
Anna Giannini era la mia unica *traccia* per ritrovare Lombardo, *rifletté*. Ora non ho più *appigli*. *Chissà*, forse l'antiquaria è veramente implicata nel *furto*. Mi è sembrata un po' troppo disponibile.
Rosa Nicoletti *scosse* la testa.
Strano, pensò. Molto strano. Questa volta ho avuto un *presentimento* sbagliato.
Si guardò intorno. Di fronte a lei c'era un piccolo bar.
Ho bisogno di un caffè, si disse Rosa. Scaccerà il mio *mal di testa*.
Entrò nel bar.
"Un caffè, per favore," disse.
Sorseggiando il caffè Rosa si mise a guardare il negozio dell'antiquaria. L'uomo dietro il *banco* seguì il suo *sguardo*.
"Bel negozio, vero?" commentò *rivolto* a Rosa.
Rosa *annuì*.
"La *proprietaria* è proprio simpatica. Una donna meravigliosa. Una mia amica. Peccato che sia già sposata."

Übung 66: Vervollständigen Sie die Sätze und setzen Sie das Verb in der richtigen Form ein!

1. È meglio che tu ci (andare) ______________ subito.

2. Peccato che Lucia (lasciare) ______________ Venezia!

3. Fortuna che ti (incontrare) __________________________!

4. È tempo che ci (mettere) ______________ in cammino.

5. Peccato che il direttore (andare) ______________ in pensione!

"Conosce bene Anna Giannini?"
"Fa colazione qui tutti i giorni," rispose *fiero* Stefano, il barista. "E qualche volta passa da me anche la sera. Beviamo un bicchierino insieme. A spese della *ditta*, naturalmente."
Il barista *asciugò* un bicchiere.
"Lei è un'amica di Anna Giannini?" chiese tenendo il bicchiere controluce.
"No, no," si affrettò a dire Rosa. "Sono soltanto una sua cliente."
"Eh, sì. Una donna che lavora molto, una donna interessante, *colta*," commentò il barista *mettendo a posto* il bicchiere.
Rosa pagò e uscì. Si fermò indecisa sulla *soglia* e diede un'ultima *occhiata* alla libreria. Poi decise di dedicarsi al caso Mondolino.
"Dopotutto *non* posso *mica* dividermi in due," *mormorò* tra sé.

ÜBUNG 67 !

Übung 67: Verwandeln Sie die direkte Rede in die indirekte Rede!

1. Rosa chiese: "Conosce bene Anna Giannini?"

____

2. Stefano rispose: "Fa colazione qui tutti i giorni."

____

3. Stefano chiese: "Lei è un'amica di Anna Giannini?"

____

4. Rosa rispose: “Sono soltanto una sua cliente.”

Capitolo 6: Il gondoliere rivale

Rosa attraversò il ponte di *legno* dell’Accademia e oltrepassò il museo *omonimo* in direzione di Rio San Trovaso. Qui si trovava una piccola *officina* per le gondole, una delle poche ancora rimaste a Venezia.
“Cerco il signor Tognetti,” disse Rosa ad un ragazzo che fumava una sigaretta davanti all’*officina*.

Übung 68: Unterstreichen Sie die Gerundien im Text!

ÜBUNG 68 !

“Sulle rampe, probabilmente,” rispose il ragazzo, indicando la riva.
Sulle rampe c’erano alcune gondole. Rosa si guardò intorno.
“Signor Tognetti?” chiamò poi. Non si vedeva nessuno.
“Sono qui!” rispose una voce.
Tra le gondole emerse improvvisamente un uomo. *Indossava* soltanto una maglietta, sebbene facesse piuttosto freddo. Nel vederlo a Rosa venne la *pelle d’oca*. Con *passi* decisi l’uomo *si diresse verso* Rosa.
Aveva la figura di un giovane: *spalle* larghe e braccia muscolose. I suoi capelli, però, erano già grigi e il viso *abbronzato* era segnato da *rughe profonde*.
Di sicuro il signor Tognetti è ancora un tipo atletico, pensò Rosa.
“È la signora Nicoletti?” chiese l’uomo dando la mano a Rosa. “Il signor Mondolino mi ha telefonato oggi. Ha già qualche *traccia* di Davide?”

"Purtroppo no," rispose Rosa. "Per questo vengo a trovarLa. E Lei lavora qui? Il fine settimana?"
"Sì, c'è molto da fare. Inoltre alleno Davide Mondolino, come sa. Quel ragazzo ha molto talento."
Rosa *annuì* avvicinandosi ad una gondola.
Accarezzò il *legno* con la mano.

"Bella, non è vero?" disse il signor Tognetti. "Una volta una *falce di luna* scese dal cielo per offrire riparo a due giovani amanti. La gondola è nata così."
"Una bella storia," commentò Rosa. "E ora le dimensioni della *falce di luna* sono regolamentate: 10,87 metri di lunghezza e 1,38 metri di larghezza. O mi sbaglio?"

ÜBUNG 69

Übung 69: Schreiben Sie Zahlen und Zeichen aus!

1. 10,87 ______________________
2. 1,38 ______________________
3. 3% ______________________
4. $^{1}/_{2}$ litro ______________________
5. 12 x 10 ______________________
6. 15 : 3 ______________________

"Lei se ne intende," si stupì il signor Tognetti. "Sa anche che il *lato* destro è 24 centimetri più corto del sinistro?"
"Certo," rispose Rosa. "La gondola *galleggia inclinata* verso destra, dato che il gondoliere *rema* soltanto dalla parte sinistra. Così poi la gondola va dritta."

"Giusto," *asserì* il signor Tognetti.
"Sì," disse Rosa. "Sono andata in gondola soltanto una volta, ma sono veneziana di nascita."
"Soltanto una volta? Che peccato!"
Il signor Tognetti si avvicinò a Rosa.
"Vogliamo sederci?" le chiese.
Prima che Rosa potesse rispondere la prese sotto le *ascelle* e la *sollevò* in una gondola. Poi la seguì.
"Adesso però non cominci a cantare," disse Rosa ridendo.
"Niente *paura*. Abbiamo altro di cui discutere." Il signor Tognetti si sedette accanto a Rosa.

*Übung 70: Ersetzen Sie **cui** durch das Relativpronomen **quale**!*

1. Le amiche (con cui) con le quali esci non mi piacciono.

2. La donna (con cui) ______ ti ho visto è sposata.

3. Lea, (a cui) ______ ho dato le chiavi, esce di rado.

4. La villa (in cui) ______ siamo stati è di mio zio.

5. L'argomento (di cui) ______ parlerà è interessante.

6. Lo stato (da cui) ______ proviene si trova in Asia.

"Purtroppo ha ragione." Rosa avrebbe parlato volentieri di gondole col signor Tognetti.
Finalmente una persona simpatica, pensò.
"Giovedì Davide Mondolino *si è allenato* con lei?" domandò.
Il signor Tognetti *annuì*.
"Sa dov'è andato dopo?"
Il signor Tognetti *si accarezzò* il mento.

"Non l'ha detto di preciso. Ha soltanto accennato ad un appuntamento importante. Ha parlato di uno sponsor."
"Perché? Aveva bisogno di soldi?" chiese Rosa.

! ÜBUNG 71

Übung 71: Fügen Sie die Präpositionen in Klammern in die passenden Lücken ein!
(su, di, a, da)

"La gondola con cui Davide partecipa alle regate è molto costosa. È fatta (1.) ______ misura, ma ormai è vecchia (2.) ______ qualche anno. Capisce? Davide è un semplice gondoliere. Non *guadagna* male, certo, ma non (3.) ______ milionario. E poi il ragazzo ha bisogno di tempo per *allenarsi*. Se *si allena* non lavora. Gli mancano soldi e tempo. Sì, soldi e tempo." Il signor Tognetti guardò verso Rio San Trovato.

Stava passando una gondola. Il gondoliere e il signor Tognetti si salutarono con un cenno (4.) ______ mano.

"Ha idea (5.) ______ chi possa essere questo misterioso sponsor?"

"No," rispose Tognetti. "Se solo lo sapessi!"

Rosa guardò (6.) ______ sottecchi il signor Tognetti. Questi *se ne accorse*.

"Non lo so sul serio!" esclamò *indignato*.

"Va bene, va bene," disse Rosa.

I due *tacquero fissando* l'acqua.

Il signor Tognetti si grattò la testa. "Ha già un'idea di cosa sia successo (7.) ______ Davide?" domandò infine.

"Ha Lei un'idea?" *ribatté* Rosa.
Il signor Tognetti si grattò di nuovo la testa.
"*A dire il vero*, sì," disse infine. "Non voglio accusare nessuno… ma un sospetto ce l'ho."
Rosa guardò Tognetti con aria interrogativa. Il signor Tognetti *sospirò* e si rimise a *fissare* l'acqua.

Übung 72: Sind die Partizipien richtig dekliniert? Markieren Sie mit richtig ✔ oder falsch –!

ÜBUNG 72 !

1. Giacomo ha comprata una sciarpa. ☐
2. I miei nonni sono partiti per le vacanze. ☐
3. Hai trovato i dischi che cercavo? Li hai comprati? ☐
4. Chi ha mangiata la torta? ☐
5. Quando è tornata la zia? ☐
6. Franco ci ha raccontati i fatti. ☐
7. Sei sicuro di averli riconosciuti? ☐
8. Hai dimenticata la lettera! ☐
9. È stata un'esperienza indimenticabile. ☐

"Davide Mondolino aveva dei *nemici*?" chiese Rosa.
"Molti!" rispose immediatamente Tognetti.
Rosa alzò le *sopracciglia*.
"Certo, tutti i suoi avversari nella regata di domani. Lo sa, Davide è il favorito. Teoricamente tutti gli avversari *vanno sospettati*."
Il signor Tognetti grattò la *vernice* della gondola.
"Però Lei *ha in mente* una persona precisa," disse Rosa. "Sbaglio?"
„Ha già sentito parlare di Riccardo Cecchini?" chiese Tognetti.

Rosa *scosse* la testa.
"Riccardo Cecchini è l'altro grosso favorito nella regata di domani. I due sono *nemici* da sempre. Anche le famiglie Mondolino e Cecchini si odiano!"

ÜBUNG 73 !

Übung 73: Unterstreichen Sie das Wort mit der stärkeren Bedeutung!

1. odiare	non sopportare
2. avversario	nemico
3. meravigliato	sbigottito
4. perplesso	indignato
5. rompere	distruggere
6. pretendere	chiedere
7. amare	adorare
8. triste	disperato
9. disordine	caos

"Come mai?" chiese Rosa.
La cosa non la meravigliava troppo. Se pensava al signor Mondolino e a suo figlio Enrico, non si stupiva che non fossero in buoni *rapporti* con altre famiglie.
"Il signor Cecchini e il signor Mondolino erano entrambi gondolieri. Un giorno Davide e Riccardo decisero di fare una gara con le gondole dei genitori. Allora avevano circa tredici anni. *Di nascosto* i ragazzini *remarono* fino al Canale delle Sacce e iniziarono la gara. Gareggiando si avvicinarono troppo, persero l'*equilibrio* e finirono in acqua. Proprio in quel momento passava un vecchio barcone. Il barcone non riuscì a *frenare* in tempo ed entrambe le gondole andarono distrutte.
Davide e Riccardo rischiarono di *annegare*."
"Terribile!" esclamò Rosa.

"Sì. La famiglia Cecchini diede la colpa di tutto a Davide, la famiglia Mondolino a Riccardo. Il signor Mondolino pretese una gondola nuova dal signor Cecchini e viceversa. Da allora le due famiglie si odiano."
"Capisco," disse Rosa pensierosa. "E Lei pensa che questo Riccardo sia implicato nella scomparsa di Mondolino?"

Übung 74: Unterstreichen Sie die Konditionalformen!

Il signor Tognetti *dondolò* il capo avanti e indietro.
"Beh, la televisione manda in onda la regata in prima serata. Il vincitore avrà fama e soldi. Non Le pare che questo sia un motivo sufficiente per Riccardo?"
"Forse," rispose Rosa. "Ma un simile comportamento non sarebbe affatto sportivo!"
Il signor Tognetti *annuì*.
"Ha ragione. Non sarebbe sportivo. Ma, come sa, i tempi sono cambiati."
Rosa si alzò e saltò giù dalla gondola.
"Via, non è poi così vecchio, signor Tognetti," disse poi ironica.
"Lo dice Lei!" sorrise il signor Tognetti.
"Dove posso trovare Riccardo Cecchini?" gli domandò Rosa.
"Alle dodici ha una conferenza stampa al bar 'Zucchero', alle Fondamenta delle Zattere," rispose Tognetti.
"Come lo sa?"
"Avrebbe dovuto esserci anche Davide."
Le *rughe* sul viso del signor Tognetti si fecero ancora più *profonde*.
"Signora Nicoletti, lo ritrovi. Io comincio a *preoccuparmi*."

Rosa si diresse verso le Zattere. D'estate i numerosi caffè e bar sulle fondamenta erano sempre *affollati*. Col brutto tempo, però, c'era meno gente.

Übung 75: Setzen Sie die Verben in die angegebene Form und finden Sie das Lösungswort!

1. Participio Passato von correre

   ☐ _ _ _ _

2. Condizionale Presente von avere, 1. Pers. Plur.

   ☐ _ _ _ _ _ _

3. Condizionale Presente von andare, 1. Pers. Sing.

   _ ☐ _ _ _ _

4. Gerundio Presente von partire

   _ ☐ _ _ _ _ _ _

5. Participio Passato von leggere

   ☐ _ _ _ _

6. Condizionale Presente von viaggiare, 1. Pers. Sing.

   _ _ _ _ _ ☐ _ _ _

Lösungswort: _ _ _ _ _ _

Rosa *rivolse* lo *sguardo* verso l'isola della Giudecca, il cosiddetto 'settimo quartiere'. Il profilo maestoso della Chiesa del Redentore *era avvolto* nella nebbia. Una grossa nave *stava dirigendosi* lentamente *verso* il porto.

Stupendo, pensò Rosa. Ogni giorno un nuovo sospetto. Oggi è il turno di Riccardo Cecchini. Io comincio ad averne abbastanza. Ma perché Davide non si presenta alle dodici allo 'Zucchero'? Questa sì che sarebbe una bella *sorpresa*.

Rosa controllò il *cellulare*. Non l'aveva chiamata nessuno.

Lombardo potrebbe decidersi a telefonare, pensò. Dove si troverà in questo momento? *Guai* a lui, se non è venuto all'appuntamento con me perché era con la sua ragazza! Ma ce l'ha poi una ragazza?

Übung 76: Übersetzen Sie!

1. Wenn du nicht kommen kannst, rufe bitte an.

2. Wenn du abreisen würdest, würde ich dir folgen.

3. Sage deiner Mutter nichts, wenn du sie triffst!

4. Wenn er noch Hunger gehabt hätte, hätte er es sicher gesagt.

5. Sollten Sie einen Fehler entdecken, verbessern Sie ihn!

6. Falls Sie noch Fragen haben, rufen Sie uns an!

7. Wenn ich dich nicht angerufen hätte, wärst du in Gefahr gewesen!

8. Wenn du nach Venedig gekommen wärst, wäre es sehr schön gewesen!

Il malumore di Rosa aumentò. Si comprò un gelato: fragola e cioccolato.
Quando era perplessa o di cattivo umore Rosa mangiava sempre un gelato.
Andando avanti di questo passo diventerò un *barile*, pensò.

Mentre finiva il gelato diede un'*occhiata* allo 'Zucchero'. Il bar era a qualche centinaio di metri dalla Chiesa di Santa Maria del Rosario. Soltanto pochi tavoli erano occupati.
Rosa entrò nel locale e si guardò intorno. Poi dall'esterno le giunse una voce eccitata: "Signor Cecchini, Le dispiacerebbe passare di nuovo sotto il ponte?"

! ÜBUNG 77

Übung 77: Verwandeln Sie die kursiven Passagen jeweils in einen Nebensatz mit Konjunktion!

1. *Andando avanti* di questo passo diventerò un barile.

____

2. *Interrogandolo* perdiamo solo tempo.

____

3. *Andando a casa* mi sono fermata al bar.

____

4. *Avendo* l'orologio rotto sono arrivato in ritardo.

____

5. *Non avendo* più soldi Massimo è andato in banca.

____

6. Anna guidava *sorridendo*.

____

Un redattore e un cameraman *si sporgevano* dal *parapetto* del ponte. Rosa si avvicinò.
Sotto di loro stava passando un ragazzo in gondola. Il ragazzo stava in piedi, ben *eretto* e *immergeva* il remo in acqua con gesti energici.

Übung 78: Lesen Sie weiter und fügen Sie die Zeitangaben in Klammern an der richtigen Stelle ein!
(a) per domani, b) ogni due secondi, c) per un attimo, d) tutte le volte che, e) fino a domani, f) un momento)

(1.) ____________ una *ciocca* di capelli gli finiva in *fronte*, *vale a dire* (2.) ____________, *piegava* brevemente la testa all'indietro.

Che tipo *vanitoso*, pensò Rosa di malumore.

Anche se doveva *ammettere* che Riccardo Cecchini aveva tutte le ragioni di *darsi delle arie*: era un bellissimo ragazzo!

Bellezza e crimine, però, non si escludono a vicenda, notò Rosa. E si sentì (3.) ____________ molto saggia.

"Signor Cecchini, Si giri (4.) ____________, per favore!" gridò il redattore dopo che la gondola fu passata. Riccardo Cecchini sorrise alla *macchina da presa*. Aveva dei denti bianchissimi.

"Posso parlarLe anch'io, signor Cecchini?" Rosa *fece un cenno* al gondoliere.

"Di che giornale è?" domandò Cecchini.

"Di nessuno. Sono della polizia criminale."

La *macchina da presa* si girò.

Il redattore fece una faccia sorpresa e chiese:

"Che cosa vuole dal signor Cecchini?"

"Sono fatti miei e del signor Cecchini," rispose Rosa *arrabbiata*. "E *spenga* quella dannata *macchina da presa*!"

"Non Si agiti così!" disse il cameraman.

"Noi non abbiamo finito, però," gridò a Rosa Riccardo Cecchini.

"Non possiamo aspettare (5.) ______________________?"

"No, signor Cecchini. No di certo!" esclamò Rosa.

(6.) ______________________ devo aver ritrovato quello stupido di Davide Mondolino, pensò.

ÜBUNG 79 !

Übung 79: Lesen Sie weiter und unterstreichen Sie die Überset-zung der Wörter in Klammern!
(1. strahlend weiß, 2. Angsthase, 3. Bizeps, 4. sich blamieren, 5. Groupies, 6. Mord)

"Probabilmente non immagina il motivo per cui voglio parlarLe," disse Rosa a Riccardo Cecchini, dopo che questi *si fu accomiatato* dal redattore e dal cameraman.
"Certo che lo so," *ribatté* Cecchini. "Quello stupido di Davide Mondolino *è sparito*."
Riccardo Cecchini fece uno dei suoi *sorrisi smaglianti* mentre, insieme a Rosa, si avviava lungo le Zattere.
"Mi chiedo solo perché la polizia sprechi il tempo a cercare quel *fifone*," commentò Cecchini con aria ironica e si girò a guardare una donna che passava camminando sui tacchi alti.
"Vuol dire che ha *paura* della gara di domani?" domandò Rosa.
"Naturalmente, che pensa?" rispose Cecchini sicuro di sé.
Si raddrizzò tutto e si baciò il bicipite sinistro.
"Probabilmente non vuole fare una brutta figura."
"Non c'è bisogno che faccia il macho con me," disse Rosa. "Non sono della stampa."

Guardò Riccardo Cecchini negli occhi.
"E non sono nemmeno una delle Sue tifose."
"Ancora no, signora… Com'è che si chiama Lei?"
Riccardo Cecchini sembrava essere d'ottimo umore.
"Può dirmi che cosa ha fatto giovedì scorso?"
"Giovedì scorso, giovedì scorso, sì…" Riccardo Cecchini *riflette*. Poi, improvvisamente, si fermò.
"Mi *sospetta* di *omicidio*?"
"Perché, Davide Mondolino è stato assassinato?" domandò Rosa, per tutta risposta.

Übung 80: Unterstreichen Sie die fünf Zeitfehler im Text!

"Non lo so!" rispose Cecchini. "Fosse terribile!"
"Può *risparmiarsi* la commedia, signor Cecchini. So benissimo che non sopporti Davide Mondolino. E ora risponda alla mia domanda: che cosa ha fatto giovedì?"
"Va bene, va bene. Al mattino *mi sono allenato*, naturalmente. Poi ho pranzato."
"Sua moglie può *confermarlo*?" chiese Rosa.
"Non sono sposato," rispose brevemente Riccardo Cecchini. "Ho mangiato a casa, cucinava mia madre."
"Sua madre era in casa?"
Riccardo Cecchini *scosse* la testa.
"Mia madre mi aveva tenuto in caldo il pranzo, ma lei non c'era. E la pasta che ho mangiato non può interrogarla," disse ridendo. "Non può più rispondere."
Si accarezzò la pancia.
"Il pomeriggio *Si è allenato* di nuovo?" domandò Rosa.
"Il pomeriggio fui a lavorare. Lo possono *confermare* i miei *dipendenti*. Lavoro in proprio, sa. Ho una piccola impresa di trasporti."
Nella sua voce si sentì un certo orgoglio.

"Molto interessante, signor Cecchini," disse Rosa *secca*. "E poi?"
"Poi *mi sono allenato* ancora, la sera. Ho dei *testimoni*."
"Quindi Le manca un alibi per l'ora di pranzo."
"Forse qualcuno mi ha visto entrare in casa," rispose Riccardo Cecchini. "Ma deve fare lei delle ricerche."
"Non mi sembra molto triste per la scomparsa del signor Mondolino," osservò Rosa.
Guardò Riccardo Cecchini *di sottecchi*. Pareva allegro e soddisfatto di sé. Una di quelle persone alle quali non si può negare un favore.

ÜBUNG 81 !

Übung 81: Welche Konjunktion passt zu welchem Satz?
(a) né, b) oppure, c) pertanto, d) perciò, e) infatti, f) eppure, g) cioè, h) lo stesso, i) quindi)

1. Il ladro è passato dal giardino, ____________ abbiamo trovato tracce di terra nel soggiorno.
2. Non avevamo più niente da dirci, ________ abbiamo divorziato.
3. Antonia, _________ la protagonista del romanzo, è una ricca ereditiera.
4. Vuoi guardare la televisione _________ preferisci uscire?
5. Ero molto stanca _________ ho preso il taxi fino a casa.
6. Marta non è bella _________ ha molti ammiratori.
7. L' uomo non parlava _________ si muoveva.
8. Avevo perso l'ultimo treno _________ dormii in albergo.
9. Non ho fame però il panino lo mangio _________ .

A modo suo è attraente, pensò Rosa. Anche se è un *cretino*.

"Oh, no, Si sbaglia," *ribatté* Riccardo Cecchini. "Non sono contento che Davide Mondolino *sia sparito*. Gli avrei mostrato volentieri chi di noi due è il migliore."

"Parla da vero sportivo," commentò Rosa.

Prima che Riccardo Cecchini potesse replicare, suonò il *cellulare* di Rosa.

"Rosa?" disse una voce al telefono.

"Sì, capo?"

"Ma che cosa *ha combinato*!" Paolo Cortopassi era fuori di sé.

"Che cosa *intende* dire?"

"Pensi un po': Enrico Mondolino è dai Bonanno e tiene prigioniera Franca in camera sua! È armato di pistola e non fa entrare nessuno! *Ha sparato* due *colpi* dalla finestra. Una squadra speciale è già sul posto. Rosa, il signor Mondolino dice che vuol parlare soltanto con Lei. E che poi La *ucciderà*."

"Stupendo!" esclamò Rosa.

"Questo è tutto quello che ha da dire? Veda di sistemare la questione! Altrimenti finisce male. E non solo per Enrico Mondolino e Franca Bonanno."

Paolo Cortopassi riagganciò.

Per fortuna mi trovo vicino all'appartamento dei Bonanno, pensò Rosa.

Si rimise il *cellulare* in tasca e *accelerò* il *passo* senza più curarsi di Riccardo Cecchini.

"Non vuole arrestarmi?" le gridò dietro ridendo il Cecchini.

"No," rispose Rosa, "per ora è libero."

Rosa si mise a correre. In cinque minuti sarò lì, pensò.

La Chiesa di Santa Maria della Salute *si erigeva* davanti a lei.

Rosa si fermò un attimo e respirò profondamente. Poi *lanciò* al cielo una breve preghiera.

Übung 82: Lesen Sie weiter und ersetzen Sie die Grundform der Verben durch das Trapassato Prossimo!

Lombardo (1. trascorrere) ____________________ una notte poco tranquilla. Dapprima (2. gridare) ____________________ aiuto e cercato di *scardinare* la porta. Poi (3. tentare) ____________________ di *raggiungere* la piccola finestra del magazzino. Purtroppo la finestra era molto in alto e per di più chiusa da *sbarre*. Allora Lombardo (4. gridare) ____________________ di nuovo aiuto, ma nessuno lo (5. sentire) ____________________. Infine (6. addormentarsi) ____________________ sul grande letto nella stanza. (7. svegliarsi) ____________________ spesso per gli incubi e ogni volta aveva gridato aiuto e poi si era riaddormentato. Il mattino seguente *era esausto*.

Capitolo 7: In trappola

Il sole illuminava il magazzino di una luce *opaca*, tracciando un disegno a strisce sul *pavimento*. Lombardo *si stiracchiò*.
Dove si trovava? Che strana stanza! Era completamente vuota, c'erano soltanto un letto ed un grande candeliere in un *angolo*.
Il letto era piuttosto comodo, pensò Lombardo. Era forse quello il nido d'amore segreto di Anna Giannini?
Lombardo aveva fame. Ripensò alla mancata cena con Rosa e immaginò che cosa avrebbe ordinato: seppie alla veneziana, cioè con la polenta. Oppure *moeche col pien*, gamberetti *immersi* in una pastella di uovo e latte e poi fritti.

Übung 83: Welche Präposition passt nicht? Finden Sie die Fehler und markieren Sie mit richtig ✔ oder falsch –!

1. basarsi su qualcosa
2. innamorarsi in qualcuno
3. sposarsi con qualcuno
4. godere con qualcosa
5. abituarsi di qualcosa
6. allontanarsi da qualcuno
7. contare con qualcuno
8. assistere a uno spettacolo
9. rispondere di qualcosa
10. interessarsi di qualcosa

A Lombardo *venne l'acquolina in bocca.*
Perché non aveva aspettato la cena con Rosa? Sarebbero andati insieme alla ricerca del libro rubato. L'*avventura* con la Giannini non sarebbe finita così.
Quando ritornerà l'antiquaria?, si chiese. Forse tra un paio di settimane! E poi? Poi troverà sul letto uno scheletro! Il mio scheletro! Sarò morto di fame!

Übung 84: Futuro Semplice oder Futuro Anteriore? Setzen Sie die richtige Form ein! Aber aufgepasst: Manchmal gibt es zwei Möglichkeiten!

1. Quando la polizia mi (venire) ________________ a salvare, mi (trovare) ____________ già morto!
2. Quando (superare, tu) ____________ l'esame, ti (comprare, io) ____________ la moto.
3. Il cane è scappato, ma lo (ritrovare, noi) ____________ .
4. Perché Simona non ritorna? (fermarsi) ____________ a casa del suo ragazzo?

5. Se (fare) ________________ il bravo la nonna ti (comprare) ___________ il gelato.

6. Ho deciso: non appena (andare) _______________ in pensione (dedicarsi) ___________ al giardinaggio.

Lombardo sentì un nodo alla *gola*. Si alzò dal letto e, per l'ennesima volta, andò a guardare dietro la *parete* divisoria. C'era una specie di cucinino: un piccolo *lavello*, una mensola con alcune bottiglie di vino e un piccolo tavolo. Da mangiare non c'era niente. Lombardo si sedette sul tavolo e lasciò penzolare le gambe.
Ma certo!, pensò. Perché non mi *è venuto in mente* prima? Prendo il tavolo, lo metto sul letto, ci salgo sopra e poi cerco di *raggiungere* la finestra.
Subito Lombardo *trascinò* il tavolo fino al letto. Il tavolo non era pesante. Fu facile *sollevarlo* sul materasso.
Un po' instabile, pensò Lombardo *saggiando* l'*equilibrio* della costruzione. Il materasso non è decisamente la base adatta.
Lombardo guardò la *parete* su cui si trovava la finestra.
Questo è l'unico modo, pensò disperato. Devo rischiare!
Saltò sul letto e appoggiò con *cautela* un *ginocchio* sul tavolo. Poi anche l'altro. Infine si mise in *ginocchio*. Il tavolo *oscillò* pericolosamente. Lentamente, molto lentamente Lombardo si alzò in piedi. Poi *allungò* cautamente le braccia e *afferrò* le *sbarre* della finestra.

ÜBUNG 85 !

Übung 85: Unterstreichen Sie die Pluralfehler und korrigieren Sie!

1. Il gatto faceva le fusa. ____________________

2. Due bracci del fiume sono navigabili. ____________________

3. Le ciglia lunghe danno profondità allo *sguardo*. ______

4. Dopo aver mangiato il dolce la bambina si leccò i diti soddisfatta. ______

5. Quest'anno il melo ha dato poca frutta. ______

6. Dopo la frutta verrà servito il caffè. ______

Se riesco a *sollevarmi* un po' *aggrappandomi* alle *sbarre*, forse potrò aprire la finestra, pensò Lombardo coraggiosamente.
Fece un tentativo.
Un'ipotesi però non l'aveva prevista: l'*inferriata* si staccò dalla finestra e Lombardo *scivolò piombando* sul *pavimento* con l'*inferriata* in mano.
Emise un *grido* e si tastò un *malleolo*. Il piede gli faceva male. Con una *smorfia* di *dolore* sul viso Lombardo *fissò* la finestra ormai senza *sbarre*.
Avrei potuto rompermi l'osso del collo, pensò.
Si alzò in piedi e cercò di appoggiare il piede a terra.
"*Accidenti*!" *imprecò* a bassa voce e andò *zoppicando* in cucina.

Übung 86: Beantworten Sie folgende Fragen zum Text!

ÜBUNG 86 !

1. Perché Lombardo decise di rischiare e di raggiungere la finestra?

   Perché pensava ______.

2. Che cosa non aveva previsto Lombardo?

   Che l'inferriata ______.

3. Che cosa pensò Lombardo dopo la caduta?

   Pensò che ______.

A quel punto Lombardo fece qualcosa che non aveva mai fatto in vita sua: stappò una bottiglia e, a stomaco vuoto, appena alzato, si versò un bicchierino di vino bianco.

L'appartamento dei Bonanno era pieno di poliziotti.
Alcuni di loro portavano una protezione sul viso e avevano in mano una *pistola mitragliatrice*.
La madre di Franca sedeva sul divano nel soggiorno. Quando Rosa entrò la signora alzò brevemente gli occhi.

! ÜBUNG 87

Übung 87: Wie oft kommt der Imperativ im Text vor? Unterstreichen Sie und tragen Sie die Antwort hier ein! ________

"Deve aiutare Franca!" *singhiozzò*.
"Certo, signora Bonanno," la tranquillizzò Rosa. Ma non ne *era* troppo *convinta*.
"*Per fortuna* è arrivata," *sospirò* il capo della squadra speciale e condusse Rosa nel *corridoio*.
"Aspettavamo solo Lei. Quando aprirà la porta forse riusciremo a *fare irruzione* nella stanza."
"Per l'amor del cielo!" esclamò Rosa. "Lasciatemi prima parlare in *pace* con Mondolino!"
"Non sarà facile." L'uomo indicò col mento la porta chiusa.
"Vi *ammazzo* tutti!" urlava Mondolino.
Aveva la voce di un *ubriaco*.
"Franca morirà per prima. Poi Rosa Nicoletti. Poi io. E poi tutti quelli qua fuori!"
"Ha bevuto?" chiese Rosa.
"Con tutte le *sciocchezze* che dice, può ben darsi," rispose il capo della squadra.

Rosa si avvicinò cautamente alla porta.
"Fatemi parlare con lui," disse.
"Non penserà seriamente di andare da sola da quel *pazzo*?" esclamò *spaventato* il capo della squadra. "È troppo pericoloso!"
"*Irrompere* nella stanza è altrettanto pericoloso. Forse *sparerà* a Franca!"
L'uomo *rifletté*.
"Ha la pistola con sé?" chiese infine a bassa voce.
Rosa *annuì*. Poi *bussò* alla porta. Le mani le *tremavano* un po'.
"Signor Mondolino, sono Rosa Nicoletti! Mi fa entrare? Sì?"
"Rosa Nicoletti? Piccoletti? Cioccoletti?" Enrico Mondolino rise. "Avanti, avanti!"

Übung 88: Ersetzen Sie die Wörter in Klammern durch die Grundform des entsprechenden Verbs!

ÜBUNG 88 !

1. (La lettura) ______________ gli piace molto.
2. Mi piace (fare una passeggiata) ______________ la sera prima di andare a letto.
3. (Lo studio) ______________ è faticoso e non sempre garantisce condizioni finanziarie migliori.
4. (Un'uscita) ______________ in barca a vela con questo tempo è un'incoscienza.
5. È bello (il ritorno) ______________ a casa dopo tanti mesi d'*assenza*.
6. (Un comportamento) ______________ così significa (l'ignoranza delle) ______________ le regole di buona *educazione*.

La chiave girò nella *serratura*. Subito i poliziotti *puntarono* le mitragliatrici. Rosa *fece un cenno* rabbioso. Le *armi* furono abbassate di nuovo. La porta si aprì appena e Rosa si infilò nella stanza. Enrico Mondolino richiuse la porta alle sue *spalle*.
"Signor Mondolino, Si calmi," disse Rosa.
Si guardò intorno.

Übung 89: Bringen Sie die Wörter in die richtige Reihenfolge!

1. è uscito Marco appena di casa

___

2. abbiamo appena visto la polizia vetrina abbiamo avvertito la rotta

___

___

3. il gatto ho sfiorato via randagio e appena quello è fuggito

___

4. appena ragazza aveva la un'ombra di trucco

___

5. il bar ha aperto ma ha già clienti molti appena sotto casa

___

6. per la macchina fortuna appena danneggiata è stata

___

Franca *stava accoccolata* sul letto, stretta alla *parete*, con un braccio attorno alle *ginocchia*. Teneva una mano sulla bocca e aveva gli occhi *spalancati* per lo spavento.

Übung 90: Fügen Sie die passende Präposition ein!

1. La famiglia Mondolino aveva ______ odio i Cecchini.
2. Franca aveva cercato di parlare ad Enrico ______ calma.
3. Rosa corse ______ suo aiuto.
4. Enrico Mondolino rischia di finire ______ prigione anche se, in fondo, ha agito ______ amore.
5. Franca tremava ______ paura.
6. Rosa non voleva che la squadra speciale facesse irruzione ______ stanza ______ paura che Enrico uccidesse Franca.
7. ______ questi casi bisogna prendere ______ considerazione ogni ipotesi e agire ______ estrema prudenza.

Enrico Mondolino le si sedette accanto. In una mano teneva una pistola, nell'altra una bottiglia di vino semivuota.
"Benvenuta!" gridò Enrico Mondolino. "Vuole un *sorso*?"
"Ma che cosa sta facendo?" gli chiese Rosa. "Ha perso completamente la ragione?"
"Sì!" urlò Mondolino. "Voi mi fate perdere la ragione!"
Agitò la pistola davanti al viso di Franca. Rosa sentì la ragazza piangere piano.
"È così *arrabbiato* con Franca?" *sussurrò* Rosa.

"Con Franca, con mio fratello, con la mia famiglia e con Lei!"
"Perché?" domandò Rosa.
"Perché! Perché!" Enrico Mondolino bevette un *sorso*. Aveva gli occhi rossi quasi quanto il vino.
È completamente *ubriaco*, pensò Rosa.
"Io amo questa donna!" esclamò Mondolino indicando Franca con la pistola. "Mi *ha deluso* molto. E poi arriva Lei e *si comporta* in modo così … così … insensibile!"
Gli occhi gli si riempirono di lacrime. *Scosse* la testa.
"Esatto. Terribilmente insensibile," ripeté e bevette ancora un *sorso* di vino.

ÜBUNG 91 !

Übung 91: Lesen Sie weiter und verwandeln Sie den unterstrichenen Text in indirekte Rede!

"Non mi è sembrato," mentì Rosa.
"E devo crederLe?" Enrico Mondolino rise sarcastico.
"Ma se mi ha detto Lei che la relazione tra Lei e Franca sarebbe finita presto," proseguì Rosa.
"Ah." Mondolino *sospirò*. "L'ho detto soltanto per dire.
E quando Lei mi ha chiesto se amavo Franca, allora *me ne sono reso conto*: sì, io l'amo. In fondo, signora Nicoletti, è colpa Sua se ora sto seduto qui con la pistola in mano."

Mondolino disse che

Mondolino *si raddrizzò*.
"Rosa Nicoletti. Io La odio! Lei e tutti gli altri!"
Enrico guardò Rosa con gli occhi socchiusi.

Übung 92: Lesen Sie weiter und unterstreichen Sie die Übersetzung der Wörter in Klammern!
(1. todmüde, 2. verletzen, 3. ihr werdet dafür büßen, 4. vernünftig, 5. sprang auf, 6. ratlos, 7. hin und her)

Ora si addormenta, pensò Rosa. Se beve da quando sono stata a trovarlo, a quest'ora sarà non solo *ubriaco*, ma anche stanco morto! Rosa si rilassò un po'.
"Siamo stati tutti noi a ferire i suoi sentimenti," disse Rosa.
"Sì, sì. E ora si fa il conto!" La voce di Mondolino si fece sempre più *profonda*.
"Signor Mondolino, lei è *ubriaco*. Sia ragionevole. Metta via la pistola."
Rosa si avvicinò di un *passo* a Mondolino, ma questi *balzò* in piedi e le *puntò* contro la pistola.
"Ferma là!" gridò. Rosa alzò le mani per tranquillizzarlo. "Non si agiti, signor Mondolino." Franca si mise a piangere più forte.
Enrico Mondolino guardò lei e poi Rosa. Improvvisamente *assunse* un'espressione perplessa.
"Che cosa devo fare?" domandò *oscillando* avanti e indietro.
Stava quasi per perdere l'*equilibrio*. Rosa voleva rispondergli, ma Enrico Mondolino mise un *dito* davanti alla bocca.

"Psst, signora Nicoletti, psst. Non vede che sto pensando?" Si lasciò cadere sul letto e *fissò* il *pavimento* con la testa *dondolante*. Poi *si accostò* la bottiglia alle labbra e bevette ad occhi chiusi.

Con prontezza Rosa *balzò* in avanti e buttò a terra la pistola di Mondolino. Poi *estrasse* la propria *arma* e gliela *puntò* contro.

Übung 93: Beantworten Sie die Fragen mit Hilfe der entsprechenden Objektpronomina!

1. Hai restituito il libro a Gianni?

   Sì, glielʼho restituito.

2. Hai pagato l'*affitto* alla signora Marcorelli?

   Sì, ______________________

3. Professore, mi ha corretto il compito?

   Sì, ______________________

4. Avete portato le sigarette allo zio?

   Sì, ______________________

5. Gli avete comprato i giornali?

   Sì, ______________________

6. Mi hai spedito le lettere?

   Sì, ______________________

7. Avete mandato una cartolina a Carla?

   Sì, ______________________

Franca scese subito dal letto e corse verso la porta.
Enrico Mondolino sembrava confuso. L'azione si era svolta troppo rapidamente per lui.

"Ancora un momento, Franca!" *sussurrò* Rosa.
Poi *si chinò* su di Enrico.
"Signor Mondolino, dov'è Suo fratello? Che cosa gli ha fatto?"
Enrico Mondolino *si allungò* sul letto e *nascose* la testa sotto il cuscino.
"Tutti pensano solo a quel dongiovanni," disse con la voce soffocata. "E a me chi ci pensa? Sono io la *vittima*! Io! Non dirò più nulla."
Mondolino fece un *profondo sospiro* e si tirò il cuscino fino a coprire ancora di più il viso.
"Sono così stanco!"
Qualche secondo più tardi Rosa lo udì *russare* leggermente.

Übung 94: Schreiben Sie die Sätze neu! Setzen Sie dabei die kursiven Verben in den Infinitiv und ersetzen Sie die kursiven Substantive durch ein Objektpronomen!

1. Rosa udì *Mondolino* che *russava* leggermente.

Rosa lo udì russare leggermente.

2. Ho sentito che *tu parlavi* con tuo marito.

3. Ho visto *Flora* mentre *andava* a scuola.

4. Luca ha visto che *il vicino nascondeva* qualcosa in giardino.

5. I passanti ascoltavano *il violinista* che *suonava* sulla piazza.

Lo *riscosse*: "Signor Mondolino, signor Mondolino!"
Come risposta le giunse solo un lieve *borbottio*.
"Tutto a posto. Ora usciamo," disse allora Rosa ad alta voce.
Rimise la pistola nella *fondina* e *si raddrizzò*.
Quando Franca Bonanno aprì la porta una mezza dozzina di poliziotti *irruppe* nella stanza *puntando* le *armi* sull'uomo addormentato.
"Non credo che possa fare più male a nessuno," disse Rosa e *sollevò* cautamente il cuscino che *nascondeva* il viso di Mondolino.
Mondolino non reagì. Un po' di saliva gli colava dalla bocca.
Franca, col viso bianco come un lenzuolo, stava sulla *soglia* e *fissava* senza vederlo il letto su cui Enrico Mondolino *smaltiva la sbornia*.

ÜBUNG 95 !

Übung 95: Verbinden Sie die passenden Paare!

1. una donna testarda come	☐	a) una volpe
2. un naso rosso come	☐	b) un mulo
3. il mare liscio come	☐	c) un razzo
4. un bambino felice come	☐	d) un peperone
5. un uomo furbo come	☐	e) l'olio
6. una persona infida come	☐	f) una Pasqua
7. un ragazzo lento	☐	g) una vipera
8. una moto veloce come	☐	h) una lumaca

"C'è bisogno di un'ambulanza. La ragazza è sotto choc," disse Rosa. *Tremava* anche lei.
"Ha bisogno di un *sostegno* psicologico?" le chiese il capo della squadra speciale.
"No, no," rispose Rosa con impazienza. "Seguirò Enrico Mondolino alla stazione di polizia."
Guardò i due poliziotti che tentavano di portar fuori Mondolino

dall'appartamento. Mondolino era come un *peso* morto tra le loro braccia. I suoi piedi strisciavano sul *pavimento*.
"Non credo però che in questo stato possa essere interrogato," constatò Rosa.
"Non lo credo neanch'io," concordò il capo della squadra.
Poi batté le mani *rivolto* ai suoi uomini.
"Bel lavoro, ragazzi!" esclamò. "Credo che ora possiamo andare."
Sulla porta si girò verso Rosa.
"Signora Nicoletti, è stata molto coraggiosa. Grazie."
Rosa sorrise con modestia.
"Ho solo cercato di fare il mio lavoro," disse.

Übung 96: Unterstreichen Sie die vier Zeitfehler im Text und geben Sie die richtige Tempusform hier ein!

! ÜBUNG 96

Alla stazione di polizia Rosa ebbe da fare. Paolo Cortopassi non era molto soddisfatto dei suoi metodi di lavoro. Così Rosa doveva *redigere* immediatamente il *rapporto* della giornata. Poi venivano avviate le *indagini* ufficiali sul caso Davide Mondolino il cui fratello, nel frattempo, dormiva in cella. Fino al giorno dopo Enrico Mondolino non sarebbe stato in grado di dire qualcosa di *sensato*.
Rosa sedeva alla sua scrivania.
Di tanto in tanto Paolo Cortopassi entrava nel suo ufficio a controllare quanto scriveva.
"Ma come ha potuto lasciare solo Enrico Mondolino sapendo che aveva una pistola!" chiedeva Cortopassi con tono di *biasimo*.
Rosa faceva una *smorfia*.

"Beh, il caso è quasi risolto. Non ci resta che *scoprire* che cosa Enrico Mondolino ha fatto al fratello. Speriamo che non *abbia commesso* qualche *sciocchezza*!"

! ÜBUNG 97

Übung 97: Lesen Sie weiter und entscheiden Sie, welche Präpositionen in die jeweiligen Lücken passen!

"Non so, capo," disse Rosa. "(1.) ______ dire il vero non riesco ad immaginare ..."

"Con tutto il rispetto (2.) ______ il Suo *intuito* femminile, Rosa," la interruppe impaziente Cortopassi, "stavolta non è servito proprio (3.) ______ niente."

"Però..." continuò Rosa.

"No, no, Rosa," la interruppe (4.) ______ nuovo Cortopassi.

"(5.) ______ ora in poi Lei non *si occuperà* più del caso Davide Mondolino. *Me ne occuperò* io personalmente!"

Cortopassi si diresse (6.) ______ la porta.

"Buon fine settimana," disse poi (7.) ______ tono accusatorio prima di lasciare la stanza.

Capitolo 8: Sogni rivelatori

Rosa non finì il rapporto. Lasciò depressa il posto di lavoro e andò immediatamente al 'Florian', in piazza San Marco. Rosa amava quel caffè, anche se, coi prezzi del locale, ci andava solo di tanto in tanto a prendere un latte macchiato.

Adesso o mai più, pensò Rosa *testarda*.
Le piaceva l'atmosfera del 'Florian'. Dalla sua apertura nel 1720, ad opera di Floriano Francesconi, al 'Florian' c'erano state persone famosissime: Pellico, Rousseau, Goethe, George Sand, tanto per citarne qualcuna. Sedendo ad uno dei piccoli tavoli del caffè Rosa aveva sempre l'impressione di *godere* un po' della fama altrui. Era una sensazione che dava un conforto incredibile. Rosa rigirò il cucchiaino nel bicchiere.
Una volta un amico le aveva raccontato che all'inizio il caffè si chiamava 'Venezia trionfante'. Allora quel nome le era parso bellissimo.
Oggi però non è il caso di parlare di trionfi, si ricordò il commissario Rosa realistica. Nemmeno se mi concedo un latte macchiato al 'Florian'.

Rosa guardò Piazza San Marco.
Ricapitoliamo, pensò. Da quasi due giorni sono alla ricerca di un ragazzo scomparso. Interrogo i genitori, il fratello, parlo col suo allenatore e col suo maggior concorrente. E che cosa *scopro*? Il fratello ha un motivo: la gelosia. Il concorrente ha un motivo: l'*invidia*. Poi c'è uno sponsor misterioso che non si riesce a trovare. Enrico Mondolino per poco non *ha ucciso* la sua ragazza. E anche me. E adesso il caso mi viene tolto.

*Übung 98: Übersetzen Sie die folgenden Sätze und verwenden Sie dabei **altrui**!*

1. Die Kommentare der anderen interessieren mich nicht.

---

2. Du darfst dich nicht über das Unglück der anderen lustig machen!

____

3. Er bewahrt das Eigentum der anderen mit besonderer Aufmerksamkeit.

____

4. Chiara informiert sich immer über die Ergebnisse der anderen.

____

Rosa *sorseggiò* il suo prezioso latte macchiato e scosse *incredula* la testa.
Ho mai avuto una giornata peggiore di questa, da quando sono commissario? No. Questo è un giorno orribile, schifoso, *mortificante*. E il brutto era che Rosa non aveva più idea di cosa fare.
Probabilmente mi ammalerò, pensò. Si toccò la *fronte*.
Forse mi verrà l'influenza!
Rosa si avviò stancamente verso casa.
Potrei andare alla libreria di Anna Giannini, si disse, ma poi *rinunciò* all'idea.
Ho solo un vago *presentimento*. Ma che cosa ha detto Cortopassi?
Il mio *intuito* femminile non sempre aiuta.

ÜBUNG 99 !

Übung 99: Lesen Sie den letzten Abschnitt noch einmal und setzen Sie die unterstrichenen Sätze in die indirekte Rede!

1. Rosa si chiese se ______________ una giornata peggiore di ______________.

2. Rosa temeva che ______________________ l'influenza.

3. Rosa pensò che ______________________ alla libreria di Anna Giannini.

4. Cortopassi aveva detto che l'intuito femminile di Rosa ______________________.

Rosa oltrepassò il *municipio* e i palazzi Loredan e Farsetti. I due palazzi erano collegati da un passaggio nei piani superiori. Fino al diciottesimo secolo il Palazzo Loredan era appartenuto alla famiglia Corner, una cui *discendente*, Elena Cornaro-Piscopia, fu la prima donna a laurearsi all'Università di Padova.
Non bisogna mai *darsi per vinti*, pensò Rosa. *Vale la pena* continuare! Quel giorno però non ne *era* troppo *convinta*.
Potrei controllare l'alibi di Riccardo Cecchini, le *venne in mente* mentre apriva la porta di casa.
Ma no, non doveva *occuparsi* più *del* caso Mondolino.
Ormai era in mano ai suoi colleghi!
Rosa fece un bagno. Poi bevette un bicchiere di vino e si sentì subito così stanca che *rinunciò* a cucinare.
Il gatto Giuseppe, disteso sul suo letto, sbatté brevemente le *palpebre* quando Rosa entrò nella stanza.
Pochi minuti dopo Rosa dormiva.

ÜBUNG 100 !

Übung 100: Präsens, Imperfekt oder Konditional? Setzen Sie ein!

1. Sono così felice che (abbracciare) ______________ tutti.

2. Laura ha detto tante bugie che nessuno le (credere) ______________ più.

3. Sono così antipatici che nessuno li (invitare) ______________ più alle feste.
4. Hai tanto sonno che (dormire) ______________ in piedi, non è vero?
5. Il sacco era così pesante che non (riuscire) ______________ a sollevarlo da solo. Per questo ti ho chiamato.
6. Era così buio che non si (vedere) ______________ niente.

Fece un *sogno*: sedeva su una gondola, era notte, la luna *si rifletteva* sull'acqua. Da lontano giungeva una *debole* musica. L'imbarcazione *scivolava* sull'acqua senza far rumore. Il silenzio era assoluto. Chi *remava*? Rosa si sentiva la testa pesante come il *piombo*. Lentamente si girò. Dietro di lei c'era Davide Mondolino. *Immergeva* il remo in acqua come al rallentatore.
"Una volta eravamo in due a *remare*," disse Davide. "Poi cominciammo a diventare troppo cari per i signori. Ora *remiamo* da soli. C'erano 10.000 gondole a Venezia. Ora ne sono rimaste 400. E chi le *guiderà* alla regata?"
La nebbia cominciò a *sollevarsi* lungo le gambe di Davide Mondolino. In poco tempo gli *avvolse* tutto il corpo.
"*Sono scomparso* e resto *scomparso*. Ma morto non sono," *sussurrò* Mondolino.

! ÜBUNG 101

Übung 101: Korrigieren Sie die Präpositionen wenn nötig!

1. Non sono riuscito di combinare nulla. ______
2. I *muratori* hanno iniziato di riparare il tetto. ______

3. Ho cercato di aiutarlo ma non ho avuto successo. ______

4. Mi auguro di rivederla presto, signora Rossi. ______

5. Non avere fretta ad andartene. ______

6. I ragazzi hanno pensato di partire in nave. ______

7. Per favore, limitatevi di correggere gli errori più gravi. ______

8. Siamo restati a chiacchierare fino a tarda notte. ______

9. Noi abbiamo imparato di guidare una barca. ______

Rosa aveva freddo. Si girò di nuovo e guardò avanti.
Al buio riconobbe la *sagoma* di un'altra gondola che *si dirigeva verso* di lei. Quando le due gondole si incrociarono, Rosa riconobbe Riccardo Cecchini. Riccardo la *fissò* brevemente e passò subito oltre.
Davide Mondolino *remò* fin sotto il Ponte dei *Sospiri*.
Da una finestra della *prigione* lì sopra *si sporse* Lombardo.
Rosa voleva chiamarlo, ma non riuscì a parlare.
"I prigionieri *emettono* tristi *sospiri* su questo ponte," disse Davide Mondolino. "Guardano per l'ultima volta la libertà e li prende la malinconia."
Lombardo è *in prigione*?, pensò Rosa. Ma perché?
Confusa guardò l'acqua. Le pagine *zuppe* di un libro le *galleggiarono* vicino. Alcune rimasero incollate alla gondola.
Si avvicinarono ad un altro ponte su cui stava una bella donna. La donna li salutò e rise.
Ma io quella la conosco, pensò Rosa.
"Sì, sì, mia sorella è una donna che lavora molto, una donna interessante, *colta*. *Chissà* dove sta andando," disse Davide Mondolino con una voce orgogliosa.

ÜBUNG 102

Übung 102: Wie lautet die italienische Bezeichnung?

1. Eine gebildete Frau ist una donna di cultura ____________.
2. Ein erfahrener Mann ist ____________.
3. Ein Mann voller Tatendrang ist ____________.
4. Der Mann der Stunde ist ____________.
5. Eine Frau, die ihr Wort hält ist ____________.
6. Eine gut aussehende Frau ist ____________.
7. Eine Frau, die wenig redet, ist ____________.

Ora erano vicinissimi alla donna.
Ma quella è, quella è…, pensò Rosa.
"Ma quella è Anna Giannini!" esclamò Rosa ad alta voce e si alzò a sedere sul letto.
Ora si ricordava! La foto in camera di Davide Mondolino! Sua sorella con il marito! Il Ponte dei *Sospiri* sullo sfondo! Come aveva potuto dimenticarsene? Intorno a Rosa era tutto buio. Aveva dormito così a lungo? Guardò l'orologio: le tre e mezzo del mattino. Rosa *balzò* in piedi e corse in cucina. Dov'era l'*elenco* telefonico?
Lo *sfogliò* eccitata. Gardolfi, Gherardini, Giacosa …
Finalmente trovò quello che cercava: Sebastiano e Anna Giannini, Calle di Andrea, lo stesso edificio della libreria.
Rosa uscì di corsa senza la giacca.
Per strada si fece *un sacco di rimproveri*. Perché non era stata più accurata nelle sue ricerche? Anna Giannini, la sorella di Davide Mondolino, era anche l'antiquaria che Lombardo *sospettava* del *furto* del libro.

Übung 103: Unterstreichen Sie den Congiuntivo Imperfetto!

ÜBUNG 103 !

Spariscono due uomini e le *tracce* conducono alla stessa persona. Non può *trattarsi di* un caso, pensò Rosa. Ci doveva pur essere un qualche collegamento. Anna Giannini le era parsa un po' strana sin dall'inizio.

Se è la sorella di Davide, perché non mi ha parlato del fratello *scomparso* quand'ero nel suo negozio?

Rosa ripensò al suo colloquio con l'antiquaria.

Quando le ho detto che stavo cercando Lombardo, sembrava divertita. Probabilmente si aspettava che la interrogassi a proposito del fratello. Evidentemente, però, le andava bene che non si parlasse di Davide.

Rosa *era* sempre più *convinta* della propria ipotesi.

Non so dire ancora perché, pensò, ma Anna Giannini sa dove si trova il fratello e che cosa gli è successo.

Rosa suonò energicamente il campanello dei Giannini.

Nessuno aprì. Suonò di nuovo e rimase in ascolto. Non si sentiva alcun rumore.

"Aprite, polizia!" gridò allora Rosa *bussando* alla porta.

"È impazzita?" La vicina dei Giannini uscì sul *corridoio*. "*Sta disturbando* la *quiete pubblica*! Senta, io ho una bambina piccola che già non ha il sonno molto *profondo*. E ora arriva Lei a *bussare* come una *pazza*."

Übung 104: Wie muss es richtig heißen? Korrigieren Sie die Wörter in Klammern!

ÜBUNG 104 !

"C'è (1. alcuno) __________ che ha una chiave dell'appartamento? Forse il portiere?"

"(2. Ve) ________ l'ho io," rispose la vicina. "(3. Su) ________ che cosa si tratta?"

"Sono Rosa Nicoletti, della polizia criminale," si presentò Rosa. "(4. Ci) ________ serve immediatamente la chiave di questo appartamento."

"Non c'è (5. bisogna) ________ di un *mandato* (6. per) ________ *perquisizione*?" chiese con severità la vicina.

"Per un mandato non c'è veramente tempo," replicò Rosa *furente*. "È questione di vita o di morte!"

"Di vita o di morte? Ma sicuro!" la vicina incrociò (7. battaglieramente) ________ ________ ________ le braccia.

Rosa *estrasse* la pistola.

"Posso *sparare* sulla *serratura*," *minacciò*. "Vedrà come sarà contenta sua figlia!"
La vicina rientrò nel suo appartamento *brontolando* a bassa voce.
Un paio di secondi più tardi *porse* a Rosa un mazzo di chiavi.
"Faccia quello che vuole," disse *sbadigliando*. "Basta che lasci dormire me e Nina-Sofia."
"D'ora in poi farò pianissimo," *promise* Rosa ed entrò nell'appartamento.
A tentoni cercò l'*interruttore*.
Rosa si aspettava un caos simile a quello del negozio di antiquariato. Invece l'appartamento era così *pulito* e ordinato che sembrava che Anna Giannini aspettasse in visita la suocera.

Übung 105: Nennen Sie die Substantive zu den Verben!

1. cercare	______	6. pensare	______
2. aspettarsi	______	7. disturbare	______
3. sbadigliare	______	8. raccogliere	______
4. minacciare	______	9. incrociare	______
5. sparare	______	10. partire	______

Ciò facilita molto la ricerca, pensò Rosa.
Ma che cosa stava cercando?
Ci doveva pur essere una *traccia* che portasse a Davide Mondolino o a Lombardo! Solo un piccolo indizio!
Rosa attraversò l'appartamento. Alle *pareti* erano appese foto di famiglia. Rosa riconobbe Davide in gondola. Un'altra foto mostrava il signor Mondolino sul divano. Sopra ogni porta c'era una croce; nel soggiorno c'era una Madonnina sopra il televisore.
Rosa si avvicinò ad un piccolo *scaffale* nello studio.
Sfogliò un *raccoglitore*: fatture, documenti per le tasse, ricevute.
Non c'era nessun indizio su Davide Mondolino, Lombardo o il libro rubato.
Rosa ripose il *raccoglitore*, andò alla scrivania e *rovistò* nel cassetto. C'erano *carta* da lettere e *buste* legate ordinatamente con un *nastrino* di seta.

Übung 106: Übersetzen Sie!

1. Ich esse gerade.

______

2. Lombardo schreibt gerade einen Brief.

---

3. Ich telefonierte gerade, als meine Frau kam.

---

4. Schläft sie gerade, oder darf sie gestört werden?

Rosa divenne impaziente. Doveva pur trovare qualcosa!
Richiuse il cassetto e attraversò il *corridoio* fino alla camera da letto. Il letto era rifatto ordinatamente.
Dove saranno i Giannini?, si chiese.
Aprì il *comodino*.
È sicuramente il *comodino* di Anna Giannini, pensò.
Trucchi, *gioielli*, aghi e filo e pasticche per il *mal di testa* erano *sparsi* disordinatamente. Rosa *rovistò* nel *comodino*, ma non trovò nulla d'interessante. Stava per richiudere l'*armadietto* quando le finì in mano una piccola chiave.
'Negozio' diceva il bigliettino attaccato alla chiave.
Rosa sentì un leggero *brivido* alla *nuca*.
Ci siamo, pensò. La caccia continua.

! ÜBUNG 107

Übung 107: Welche Partizipien sind echte Adjektive oder Substantive geworden? Unterstreichen Sie!

1. Nella favola di Pinocchio c'è un simpatico grillo parlante.
2. Il giglio è un fiore elegante e molto profumato.
3. Il nuovo insegnante d'italiano si è presentato agli studenti.
4. I partecipanti alla gara sono pregati di presentarsi all'ingresso.

5. Abbiamo accolto gli invitati con un cocktail.
6. Questa è una moderna scuola per non vedenti.
7. Attenzione, quella pentola è piena d'acqua bollente!
8. Dalla stanza giungeva una voce supplicante.
9. I dirigenti della ditta non hanno partecipato allo sciopero.

Scese di corsa le scale.
Sul *corridoio* trovò una porta che, dall'ingresso del palazzo, conduceva direttamente nel negozio.
La chiave entrò nella *serratura*.
Una scaletta scendeva nel locale.
Rosa per poco non *inciampò* sui gradini. *A tentoni* attraversò poi il negozio, chiuse la tenda rossa della vetrina e accese la luce.
"Non c'è bisogno che tutti vedano quello che faccio," *mormorò*.
Non aveva motivo di aver *paura*. A quell'ora la strada era deserta, dalle finestre della casa di fronte non giungeva nessuna luce. Dormivano tutti.
Rosa si avvicinò al *banco* sul fondo del locale. Il bancone era composto da un piano di *legno* che univa due piccole *cassettiere*. Rosa aprì il primo cassettino. *Traboccava* di *fogli*. Con un *sospiro* Rosa prese in mano il primo *foglio*.
La cosa potrà andare per le lunghe, pensò.

Übung 108: Manche Sätze enthalten Wörter, die durch ein Gerundium ersetzt werden können. Unterstreichen Sie diese Wörter!

1. Con un *sospiro* Rosa prese in mano il primo *foglio*.
2. Appena fu pronta Maria scese di corsa in giardino.
3. Ho passato il tempo con la lettura.
4. Per colpa tua ho preso una multa.

5. Siamo partiti senza una meta precisa.
6. Nel correre Marco è *inciampato* in un sasso ed è caduto.
7. Con la pazienza non otterrai nulla.
8. Col tempo i ricordi sbiadiscono.

Era già l'alba e Rosa era ancora *china* sui *fogli* delle *cassettiere*. Evidentemente Anna Giannini non si curava molto dell'*ordine*. Vecchi *ordini*, *appunti*, lettere, indirizzi, tutto *era stato infilato* disordinatamente nei cassettini, ma niente che potesse essere d'aiuto. Rosa aprì un altro cassetto e *spiegò* il primo *foglio*. Diede un'*occhiata* annoiata al contenuto. Era una *bolletta* della luce e dell'acqua.
Una *bolletta* relativa al negozio, pensò.
Rosa stava per *aggiungerla* al mucchio dei *fogli* che aveva già esaminato quando le cadde lo *sguardo* sull'*intestazione*. Il destinatario era Riccardo Cecchini!
Che cosa ci faceva una *bolletta diretta* a Riccardo Cecchini in un cassetto del negozio di Anna Giannini?
Rosa lesse la *bolletta* con maggiore attenzione. Non si riferiva ai consumi della libreria, bensì a quelli di un edificio situato da qualche parte sull'isola della Giudecca!
Qualsiasi relazione ci sia tra voi due, pensò Rosa, io la *scoprirò*.
Si mise in tasca la *bolletta* e lasciò immediatamente il negozio.

Capitolo 9: Compagni di *prigionia*

Quando Rosa giunse all'isola della Giudecca, si era già fatto giorno. La nebbia mattutina *avvolgeva* l'isola verde e tranquilla. Sarebbe stata una bella giornata. I *raggi* del sole *si infiltravano* già tra le nuvole sottili.
Il magazzino si trovava ai *margini* di una piccola, vecchia zona industriale nella parte meridionale dell'isola.

Rosa prese tempo e girò intorno all'edificio che era molto vecchio.

Übung 109: Setzen Sie die passende Präposition ein!

Le finestre dei due piani erano strette e protette (1.) ______ *grate*. Rosa notò che da una finestra del primo piano la *grata era stata divelta*. Si avvicinò al grosso portone. Le due *ante* erano chiuse da un pesante lucchetto.

Rosa non *esitò* (2.) ______ lungo. *Estrasse* la pistola e *sparò*. Un forte sparo *echeggiò* nell'isola.

Rosa aprì il portone e si trovò in un piccolo magazzino. Il secondo piano dell'edificio *era sorretto* (3.) ______ numerose colonne.

Il magazzino è vuoto (4.) ______ *parecchio* tempo, notò Rosa.

Il *pavimento* era coperto (5.) ______ polvere e *cocci*. Le finestre *erano avvolte* (6.) ________ *ragnatele*. Una porta separava il magazzino dalle altre stanze. Rosa entrò nel *corridoio*. Alle *pareti* c'erano molti *scaffali* vuoti, coperti solamente di polvere e *ragnatele* enormi. Rosa cercò di aprire la porta al centro del *corridoio*.

"Ehi!" gridò.
"Ehi! Ehi!" sentì rispondere una voce.
"Via dalla porta!" urlò Rosa.
Oggi mi apro la strada a *colpi* di pistola, pensò Rosa mentre *estraeva* di nuovo l'*arma*.

Übung 110: In welche Lücken würden Sie ***alquanto, davvero, molto, bene*** *oder* ***invano*** *einfügen?*

"Rosa!" esclamò Lombardo con gioia quando Rosa entrò nella stanza. "Ti manda il cielo!"

"Ero quasi sicura di trovarti," disse Rosa. "Anche se la cosa mi sembra (1.) __________ misteriosa."

Guardò Lombardo con aria di *rimprovero*.

"Sono stata (2.) __________ in pensiero," lo sgridò.

"Rosa, Rosa," si limitò a *mormorare* Lombardo.

Lottava per *trattenere* le lacrime. Avrebbe voluto abbracciarla. Visto però che da due giorni non si lavava e non aveva ingoiato nulla a parte il vino bianco, si guardò (3.) ______________ dal farlo. Si limitò a darle la mano.

"Come sei arrivato qui?" gli domandò Rosa.

"Te lo *spiegherò* più tardi," rispose Lombardo. "Ora andiamocene e facciamo colazione, va bene?"

"La calma innanzitutto, Ludovico," replicò Rosa. "Io, in effetti, stavo cercando qualcun altro, non te."

"Davvero? Non stavi cercando me?" Lombardo era *deluso*.

"Mettiamola così: tu sei (4.) __________ una piacevole *sorpresa*," commentò Rosa. "E ora vieni!"

Insieme corsero lungo il *corridoio* e salirono un'ampia scala di *legno* fino al piano superiore.

"Ma qui non c'è più nessuno!" *brontolò* Lombardo.

"Vedremo!" Rosa cercò (5.) __________ di aprire un'altra porta.

Poi *estrasse* di nuovo la pistola.

Übung 111: Unterstreichen Sie das einzige Trapassato Remoto!

ÜBUNG 111 !

Nella stanza che si aprì dinnanzi a loro c'era Davide Mondolino. Stava seduto su un materasso, legato ad un *tubo dell'aerazione*. Con aria impaurita li guardò.
"Non abbia *paura*, signor Mondolino. Siamo qui per aiutarla. Io sono della polizia criminale," disse Rosa.
"Lei mi ha salvato!" esclamò Davide Mondolino dopo che Rosa lo ebbe liberato. La baciò con *impeto* sulla *guancia*.
Lombardo, un po' *geloso*, distolse lo *sguardo*.
"E Lei chi è?" chiese Davide a Lombardo in tono cordiale.
"Ludovico Lombardo. Ero chiuso anch'io qua dentro," rispose Lombardo. "Ma la cosa è di secondaria importanza," *mormorò* poi con voce *a stento* udibile. *Lanciò* a Rosa una breve *occhiata*.

"Che cosa aspettiamo a *scappare*?" chiese Davide Mondolino. Diede a Lombardo una forte *pacca* sulla *spalla*. Lombardo *trasalì*. Mondolino aveva una gran *forza* nelle braccia.
Rosa cercò il *cellulare*. Con una certa *condiscendenza* fece il numero di Paolo Cortopassi.
Mezz'ora più tardi i tre stavano andando a casa della famiglia Mondolino a bordo di un *motoscafo* della polizia.

"Continuo a non capire perché mia sorella mi *abbia rapito*," disse Davide Mondolino per l'ennesima volta, dopo che si erano raccontati tutto. "Se dietro a questa brutta faccenda c'è Riccardo Cecchini, lo *ammazzo*!"

Übung 112: Welche Sätze enthalten einen Fehler? Verbessern Sie!

1. Thomas Mann è un gran scrittore.
2. Ho una gran paura di rimanere prigioniero nella torre.
3. Emilia abita di fronte alla chiesa di Santo Nicola.
4. Il giorno di Santo Stefano non si lavora.
5. Il museo ha organizzato una grande mostra su Picasso.
6. La conferenza sarà inaugurata dal gran psicologo Moratti.
7. San Gennaro è il patrono di Napoli.
8. I bambini facevano un gran rumore.

Che tipo *rozzo*, pensò Lombardo con *disprezzo* e *fissò* l'acqua di malumore.
Rosa invece *appariva* visibilmente a suo agio in presenza di Davide Mondolino.
Non è poi così antipatico come ci si potrebbe aspettare da uno della famiglia Mondolino, pensava.
"Guardi, la macchina!" esclamò entusiasta *afferrando* il braccio di Mondolino.

La macchina era la tribuna d'onore per i vincitori delle regate nei pressi di Ca' Foscari.
"Ca' Foscari," disse *secco* Lombardo. "*Costruita* nel 1452 sotto il doge Francesco Foscari. Oggi sede dell'università."
"Sì, sì, Lombardo, lo sappiamo," disse Rosa dandogli stupita un'*occhiata* di sottecchi. Ma che cos'ha?, pensò.
Il *motoscafo si dirigeva verso* Cannaregio passando per dei piccoli canali laterali, dato che il Canal Grande era chiuso per la regata.
Rosa aveva consigliato di non avvertire la famiglia Mondolino del ritrovamento del ragazzo.
Voleva stupire tutti presentandosi direttamente con Davide.
Forse in questo modo *si chiarirà* il mistero del *rapimento*, pensava.
"Potete farmi scendere qui," disse Lombardo al poliziotto che *guidava* la barca quando furono a una decina di metri dalla Chiesa dei Frari.

Übung 113: Wie lautet die italienische Übersetzung?

ÜBUNG 113 !

1. circa 10 Meter — una decina di metri
2. circa 12 Eier — ______
3. ein Zeitraum von 2 Jahren — ______
4. circa 1000 Zuschauer — ______
5. zu Hunderten — ______
6. Tausende von Sternen — ______
7. ein Streichquartett — ______
8. ein Zeitraum von 10 Jahren — ______
9. circa 15 — ______

“Non vuoi venire con noi?” chiese Rosa stupita.
“No. Devo lavarmi, mangiare qualcosa di caldo e dormire un po’,” *spiegò* Lombardo.
“Capisco,” rispose Rosa.
“Ci vediamo alla regata, non è vero?” gridò Davide Mondolino mentre Lombardo lasciava la barca. “Deve vedermi *vincere*!”
“Certo,” assicurò Lombardo.

ÜBUNG 114

Übung 114: Übersetzen Sie!

1. Was hast du Gutes vorbereitet?

______

2. Hast du nichts Interessanteres zu erzählen?

______

3. Leider gibt es nichts Schönes zu sehen.

______

4. Bei dieser Kälte solltest du etwas Warmes trinken.

______

5. Vielleicht kann er uns etwas Neues mitteilen.

______

“Vuole partecipare alla regata?” Rosa guardò ammirata Davide Mondolino.
“Che domanda stupida!” Davide Mondolino *scosse* la testa meravigliato. “Perché mi ha liberato, allora?”
“Passo a prenderti!” gridò Rosa a Lombardo.

Lombardo fece solo un cenno di *assenso*. Sperava che Davide Mondolino non *vincesse* la regata. Da vincitore diventerà ancora più attraente, pensò, girandosi ancora una volta verso il *motoscafo* della polizia.
Davide Mondolino lo salutò con la mano. La *prigionia* sembrava non averlo minimamente segnato. *Appariva* giovane, fresco e riposato. Lombardo, invece, si sentiva invecchiato di qualche anno.

Übung 115: Was gehört zusammen?

1. Non lo vediamo	☐	a) per diversi anni.
2. La luce è rimasta accesa	☐	b) anni luce.
3. Erano amici	☐	c) la lezione tutto il tempo.
4. Ho abitato a Firenze	☐	d) da mesi.
5. I due hanno disturbato	☐	e) al tempo dell'università.
6. Le nostre posizioni sono distanti	☐	f) tutti gli anni d'estate.
7. Questa statua è vecchia	☐	g) per parecchie ore.
8. Ci incontriamo	☐	h) di secoli.

Capitolo 10: Pazzie da innamorati

Rosa e Davide suonarono alla porta dei Mondolino.
La signora Mondolino aprì e *si gettò* al collo del figlio.
"Calmati, mamma," disse Davide Mondolino facendole una carezza sulla testa. "È qui anche Anna?"
"Siamo state sedute insieme tutta la notte. Non riuscivamo a dormire, tanto eravamo preoccupate!"
La signora Mondolino si separò a fatica dal figlio.
Rosa e Davide si fecero un *sorriso* d'intesa.

Di certo c'è tutta la famiglia riunita, pensò Rosa. Non poteva andare meglio!
Insieme entrarono nel soggiorno.

ÜBUNG 116 !

Übung 116: Lösen Sie das Rätsel und Sie erfahren, in welchem Stadtviertel Rosa wohnt!

1. Futuro Semplice von assaggiare,
   3. Pers. Sing. _ _ □ _ _ _ _ _ _
2. Condizionale Presente von rimanere,
   1. Pers. Sing. _ _ _ □ _ _ _ _
3. Participio Presente von fare
   _ _ _ _ □ _ _
4. Participio Passato von potere
   □ _ _ _ _ _
5. Trapassato Remoto von cuocere,
   3. Pers. Sing. _ _ _ _ _ □ _ _ _
6. Passato Remoto von raccogliere,
   1. Pers. Sing _ _ _ _ _ □ _ _
7. Futuro Anteriore von rendere,
   1. Pers. Plur. _ _ _ _ _ □ _ _ _ _

Lösungswort: _ _ _ _ _ _ _

L'intera famiglia sedeva intorno al grande tavolo: il signor Mondolino, sua figlia Anna col marito e Franca. Mancava solo Enrico Mondolino. Probabilmente era ancora in *prigione*. Quando Rosa e Davide entrarono, *balzarono* tutti in piedi.
Rosa osservava Anna Giannini. Alla vista del fratello *era impallidita*. Poi gli corse incontro.

"Sei ritornato!" esclamò. "Ma dov'eri?"
Davide le *lanciò* uno *sguardo indignato*, poi baciò Franca.
Il signor Mondolino alzò brevemente gli occhi al cielo. Sua moglie gli diede una leggera gomitata sul *fianco*.
"Va bene, va bene," *brontolò* Mondolino e abbracciò anche lui il figlio.
"Signora Giannini, le dispiace venire con me in cucina?" disse Rosa prendendo l'antiquaria per un braccio.
Le due donne entrarono nella piccola cucina.
"Un caffè?" chiese Anna Giannini con aria *innocente*.

Übung 117: Setzen Sie die richtige Form des Verbs ein!

"Voglio solo parlarLe con calma," rispose Rosa. "Spero che (1. capire) ____________ che non (2. avere) ____________ senso inventare delle storie."

"Che cosa *intende* dire?" domandò Anna Giannini.

Guardò Rosa negli occhi (3. *arrossire*) ____________ leggermente.

"Ha ragione," disse poi a bassa voce.

"(4. essere) ____________ Lei a *rapire* Suo fratello, non è vero?" domandò Rosa.

"Sì, (5. essere) ____________ io." Anna Giannini osservava dalla finestra il vicolo sottostante.

"(6. essere) ____________ così facile. Gli ho scritto una lettera (7. *fingere*) ____________ di essere uno sponsor. In tal modo l'ho convinto a venire ad un appuntamento all'isola della Giudecca. (8. preparare) ______________ tutto alla perfezione.

L'appuntamento era in un giardinetto vicinissimo al magazzino. Ci avevo portato un tavolino con due bicchieri di champagne. Un biglietto invitava ad aspettare lo sponsor e a bere intanto lo champagne. Davide l'ha fatto."
Anna Giannini fece una risatina.

ÜBUNG 118 !

Übung 118: Unterstreichen Sie im folgenden Absatz die italienische Übersetzung der Wörter in Klammern!
(1. widerstehen, 2. Schlafmittel, 3. Schubkarre, 4. blaue Flecken, 5. gestand, 6. Pleite gehen)

"Davide non sa resistere allo champagne."
"Continui," la interruppe Rosa.
"Nello champagne avevo messo un *sonnifero*. Ho atteso un po' e quando Davide si è addormentato l'ho portato con una *carriola* nel magazzino!"
"Ecco il motivo dei miei *lividi*," disse Davide Mondolino.
Il ragazzo stava appoggiato allo *stipite* della porta e ascoltava la sorella. Alle sue *spalle* c'era l'intera famiglia.
"Vi prego di aspettare un momento fuori," disse Davide ai familiari.
"Ma perché mi *hai rapito*?" chiese poi calmo, dopo aver chiuso la porta.
"Per via di Riccardo!" confessò Anna.
"Di Riccardo Cecchini? E lui che *c'entra*?" domandò Davide perplesso.
"Sono innamorata di lui," rispose tranquillamente Anna. "Da molti anni. Ma le nostre famiglie, lo sai…"

"Riccardo Cecchini? Il mio peggior *nemico*! Non posso crederci! E poi tu sei sposata!" esclamò Davide Mondolino con tono di *rimprovero*.
"Un *matrimonio di convenienza*. Sebastiano è caro, ordinato… ma non ci amiamo più. O forse non ci siamo mai amati." Anna guardò di nuovo fuori della finestra.
"Riccardo è una persona meravigliosa. Volevamo iniziare insieme una nuova vita. Da qualche parte, lontano da Venezia. Ma Riccardo *sosteneva* che per farlo avevamo bisogno di soldi. Lui dipende completamente dai suoi. E tutti sanno in che *rapporti* sono le nostre famiglie. Suo padre non ci avrebbe mai aiutato. I miei soldi Riccardo non vuole accettarli. La sua *ditta* sta per *fallire*. Riccardo diceva che, se *avesse vinto* la regata, coi soldi del premio saremmo potuti *fuggire*."

Übung 119: Warum hat Anna ihren Bruder entführt?
Streichen Sie die falschen Zeitformen durch. Die Anfangsbuchstaben der übrig gebliebenen Verben ergeben die Lösung!

ÜBUNG 119 !

1. rimanei (io), 2. avrebbi avuto (tu), 3. potrebbe (egli), 4. essendo, 5. corrè (egli), 6. restereste (voi), 7. appoggieremo (noi), 8. andassero (essi), 9. mangeresti (tu), 10. piangei (io), 11. leggerono (essi), 12. osservando, 13. rimango (io), 14. estinto

Lösung: _ _ _   _ _ _ _ _

"Così Lei ha tolto di mezzo il suo maggiore concorrente. Suo fratello," concluse Rosa.
Anna annuì.
"Riccardo Cecchini *era al corrente del* piano?" domandò poi Rosa.

"No!" Anna Giannini *balzò* in piedi e *afferrò* le mani di Rosa. "Mi creda! Lui non ha niente a che vedere con questa storia. È stata un'idea solo mia. Lui non me l'avrebbe mai permesso! È uno sportivo, sa!" Anna Giannini si sedette accanto a Rosa.

! ÜBUNG 120

Übung 120: Lesen Sie weiter und verwandeln Sie den Textabschnitt in indirekte Rede!

"Ci incontravamo da molto tempo segretamente nel magazzino, Riccardo ed io. Io avevo *paura* che, nei giorni in cui tenevo Davide prigioniero, Riccardo venisse al magazzino. Per questo ho portato Davide al secondo piano, dove non va mai nessuno."

Rosa raccontò che ________________________________

____

____

____

____

____

____

____

Lanciò un'*occhiata* al fratello.

"So che non è stato molto piacevole, là sopra. Ma io ti avrei liberato subito dopo la regata."

"Quando mi hai portato da mangiare non ti ho davvero riconosciuta!" disse ancora Davide.

"Sì, sì," rispose Anna con un certo orgoglio. "Mi sono travestita bene."
"Però sabato Lei non è andata al magazzino," ricordò Rosa.
"No, la cosa stava diventando pericolosa. Quando ho saputo che la polizia era stata avvertita, non ho avuto più il *coraggio* di andarci."
"Nel magazzino c'era anche un altro prigioniero," disse Rosa. "Lo sapeva?"
Anna guardò Rosa sorpresa.
"Ma chi?" domandò confusa.
"L'uomo che cercavo io: Lombardo," rispose il commissario.
"Quello del libro?" chiese Anna *incredula*.
"Sì, proprio quello. Pensava che il libro l'avesse rubato Lei e per questo L'ha seguita."
"Io rubare? E come *è venuto in mente* a quell'idiota?" chiese Anna con energia. "Oh, mi scusi," *aggiunse* poi gentilmente, vedendo l'espressione *arrabbiata* di Rosa. "Un suo amico? Ma io non vado a rubare libri!"
Anna si avvicinò al fratello.
"Perdonami, ti prego," disse prendendogli la mano. "So di aver fatto una grande *sciocchezza*. Ma desideravo tanto un futuro con Riccardo."
"Riccardo Cecchini!" Con rabbia Davide si liberò dalla mano di Anna. "Non riesco a crederci!"
"Pensavo che avessi un po' di comprensione per me," disse Anna *fissando* il fratello. "L'amore è imprevedibile. Tu e Franca..."
Davide Mondolino abbassò gli occhi e *tacque*.

"Si fanno pazzie quando si è innamorati," disse infine pensieroso.
"Un *rapimento* è una pazzia un po' troppo grande, mi sembra," commentò Rosa. "Anna Giannini: La dichiaro in arresto per *sequestro di persona*."

ÜBUNG 121

Übung 121: Vervollständigen Sie die folgende Tabelle!

Verb	Adjektiv	Substantiv
1. *impazzire*	*pazzo*	*pazzia*
2.	credulone	
3. riordinare		
4. rassicurare		
5.		pallore
6.	deciso	
7.		marciume
8.	rotto	

Anna Giannini *annuì* e aprì la porta della cucina. I familiari erano tutti nel *corridoio* e la guardarono con aria *imbarazzata*. Solo Sebastiano Giannini se n'era già andato senza salutare. Anna Giannini prese la sua giacca dal guardaroba.

"Possiamo andare," disse.

Rosa e Anna erano già nel pianerottolo quando Davide le richiamò.

"Aspetti, signora Nicoletti!" gridò *trattenendo* Rosa per la manica. "Non devo prima fare una denuncia nei confronti di mia sorella?"

Le due donne si fermarono sorprese.

"Sa che cosa dice sempre un mio amico?" chiese ancora Davide a Rosa. "A una persona innamorata si perdona tutto."

"No, se *viola la legge*," *ribatté* Rosa e continuò a scendere le scale.

"Se *trascina* mia sorella davanti al *giudice*, sono pronto a *mentire*. Dirò che *mi sono nascosto* volontariamente."

"E perché avrebbe dovuto farlo?" chiese Rosa con un *sorriso*. Non aveva troppa voglia di portare Anna Giannini in *prigione*. In fondo le faceva pena.

"*Sosterrò* che non *reggevo* la tensione per la gara," rispose Davide sorridendo, "o dirò comunque qualcosa del genere."

Übung 122: Markieren Sie die Sätze, in denen eine andere Reihenfolge der kursiven Wörter möglich ist!

ÜBUNG 122 !

1. Pensò che *partirò comunque.* ☐
2. Non *hai mica visto* Guido? ☐
3. Lucia ha lasciato *ora il negozio.* ☐
4. Non *mi ha dato neanche* la possibilità di scusarmi. ☐
5. Non lo perdonerei *neanche se mi pregasse* in ginocchio! ☐
6. *Forse ti ha* offeso in qualche modo? ☐

Rosa *esitò*. Che cosa avrebbe raccontato al capo?
Per domani mi *sarà venuta in mente* una scusa, pensò.
Dopotutto il capo è in *debito* con me. Sono stata io a ritrovare Davide Mondolino.

Übung 123: Wo steht das Adjektiv? Lesen Sie weiter und unterstreichen Sie die richtige Variante!

ÜBUNG 123 !

"Lei ha un (1.) grande cuore/cuore grande," disse poi a Davide.
Anna Giannini non disse nulla. Era rimasta senza parole.
"Ci rivedremo tutti alla regata, allora," li salutò Rosa.
Alla regata Lombardo e Rosa sedevano sulla (2.) grande tribuna/tribuna grande d'onore presso Ca' Foscari. Un altoparlante trasmetteva musica classica. Gondole antiche sfilavano dinnanzi a loro. Dopo il *corteo* storico, che ricordava l'arrivo della regina cipriota Caterina Cornaro nel sedicesimo secolo, iniziarono le gare. Al termine della regata femminile passarono imbarcazioni decorate con fiori in rappresentanza dei diversi quartieri di Venezia.
Infine giunse il (3.) grande momento/momento grande. Ebbe inizio la gara dei 'gondolini', le speciali gondole da regata.

Sulla tribuna tutti gli *ospiti* aspettavano che le imbarcazioni si avvicinassero al *traguardo*. Rosa si guardò intorno. Vicino a lei sedeva (4.) l'intera famiglia Mondolino/la famiglia Mondolino intera. Enrico, uscito di *prigione*, *appariva* un po' *esaurito*. Anna si mordeva le labbra.
"Chi *vincerà*?" Rosa *si rivolse* eccitata a Lombardo.
Questo si limitò a *stringersi nelle spalle* in silenzio.
"Sei ancora preoccupato per il libro rubato?" gli chiese Rosa.
Lombardo diventò tutto rosso.

"In effetti volevo parlartene," disse poi e *si schiarì la voce*.
"Quando sono tornato a casa ho fatto un po' d'*ordine*, sai," raccontò *esitante*. "A quanto pare il libro *era scivolato* sotto il divano."
Lombardo, *imbarazzato*, si agitava avanti e indietro sul sedile.

ÜBUNG 124 !

Übung 124: Füllen Sie die Lücken mit dem passenden Adverb!
(a) davanti, b) avanti, c) in avanti, d) dietro, e) indietro)

1. Gianni passeggiava nervoso __________ e __________ per la stanza.
2. Ti aspettiamo __________ al monumento ai caduti.
3. La qualità della vita ha fatto un enorme balzo __________ negli ultimi anni.
4. Sono rimasto __________ e ho perso di vista i miei amici.
5. "Posso entrare?" "__________!"
6. Il *fruttivendolo* è subito __________ casa.

7. Smettila di venirmi ____________!

8. Volevamo andare ____________, ma il *vento* era troppo forte.

"Allora non è stato rubato?" domandò Rosa. "Ma la tua porta non era *spalancata* e non c'era un gran disordine?"
"Beh, sì," rispose timidamente Lombardo. "La mia *serratura* da qualche tempo non funziona bene. Di sicuro la porta non era chiusa bene e Giuseppe, il tuo gatto, l'*ha spinta* per entrare. Probabilmente è stato lui anche a fare tutto quel disordine. Così il libro *è scivolato* sotto il divano."
"Quel *mascalzone* di Giuseppe!" esclamò Rosa divertita.
"È una cosa terribilmente imbarazzante per me!" Lombardo *inghiottì*. "Ti ho messo in agitazione senza motivo!"
"Ma no!" disse Rosa. "Niente affatto! Senza di te non mi sarei mai messa sulle *tracce* di Anna Giannini!"
Lombardo *rifletté*.
"Giusto" disse poi tutto contento. "Se io non *fossi sparito* tu non saresti mai andata al negozio di Anna Giannini. In fondo è stata la mia scomparsa che ti ha condotto da lei."
"Sì," disse Rosa mettendo un braccio attorno alle *spalle* di Lombardo. "Una persona *sparita* non è bastata a mettermi sulla strada giusta. Ne è servita un'altra. Tu!"
Lombardo era felice. Il cuore gli batteva forte.
"Attenzione!" esclamò improvvisamente Rosa. "Eccoli!"
Si levò un gran *clamore*.
Lombardo e Rosa *si sporsero* in avanti.
Incredibile! Riccardo Cecchini e Davide Mondolino erano testa a testa! Si avvicinavano al *traguardo* a gran velocità. Ora era una gondola *in vantaggio* di qualche millimetro, ora l'altra. Mancavano solo un paio di metri al *traguardo*!

ÜBUNG 125 !

*Übung 125: Übersetzen Sie mit Hilfe des Verbs **mancare**!*

1. Es sind nur noch drei Stunden bis zum Abflug.

____

2. Das fehlte gerade noch!

____

3. Wer hat bei der letzten Unterrichtsstunde gefehlt?

____

4. Er ist bei Rot gefahren. Beinahe hätte er einen Unfall gebaut.

____

5. Es sind noch drei Tage bis Weihnachten.

____

6. Der Strom ist ausgefallen.

____

Ma cosa stava succedendo? Davide sembrava improvvisamente aver perso ogni *forza*. La sua gondola perse visibilmente terreno.
"Il vincitore di quest'anno è Riccardo Cecchini!" risuonò dagli altoparlanti.
Rosa e Lombardo si guardarono.
"Ora Riccardo può lasciare Venezia con la sua Anna," commentò Lombardo con aria *trasognata*.
Rosa naturalmente gli aveva raccontato tutto.
"Pensi che lo farà sul serio?" dubitò Rosa.
I due guardarono Riccardo Cecchini che *si beava* della sua vittoria. Rosa notò che non *rivolse* nemmeno un'*occhiata* ad Anna, la quale, eccitata, *stringeva* in mano un fazzoletto.

Übung 126: Ergänzen Sie die folgenden Sätze mit dem jeweils passenden Relativpronomen!

1. Ludovico, ________ lavora all'università, è molto distratto.
2. Rosa, la ________ fama è arrivata anche in Germania, è nata a Venezia.
3. ________ vuole imparare l'italiano deve esercitarsi molto.
4. Paola, le ________ figlie sono malate, non è potuta venire.
5. Aiutate ________ ne ha bisogno.
6. Non dimenticherò il favore ________ mi hai fatto.
7. Racconterà la sua storia a ________ vorrà ascoltarlo.

"Preferiresti che il vincitore fosse Davide Mondolino, non è vero?" chiese Lombardo.
"*Non* sarai *mica geloso*?" chiese per tutta risposta Rosa ridendo.
Lombardo *arrossì* di nuovo.
"Davide Mondolino è solo un ragazzo!" disse Rosa. "Io preferisco gli uomini fatti, come Tognetti!"
Rosa guardò l'allenatore che si congratulava con Mondolino per il secondo posto.
Devo ricominciare a fare sport, pensò Lombardo. Già da domani!
La sera *festeggiarono* tutti insieme da 'Zappelli'. Era stata Rosa a proporre il ristorante. In un minuto di calma Rosa si avvicinò a Davide Mondolino.
"*Non* ha *mica* fatto *vincere* Riccardo Cecchini intenzionalmente?" gli chiese.

ÜBUNG 127 !

Übung 127: Lesen Sie weiter und unterstreichen Sie die Bedingungssätze!

"Sa, i giorni di *prigionia* mi *hanno indebolito*," rispose quello con un *sorriso* misterioso. "L'anno prossimo, però, sarò io a *vincere*!"
I due brindarono con un prosecco.
"Qualcosa di buono in questa storia c'è stato," *ammise* poi Davide Mondolino. "Se mia sorella non mi *avesse rapito*, avrei forse tenuto nascosto il mio amore per Franca ancora per molto tempo. Sono quasi grato a mia sorella."
Contento, si versò ancora del prosecco.
"Sono così felice che tutto *si sia chiarito* e che io possa stare insieme alla mia Franca."
"E suo fratello?"
"*Si vergogna* terribilmente per quello che ha fatto. *Ha promesso* a Franca e a me di non *ostacolarci* più. Guardi, oggi è persino venuto qui per *festeggiare* con me!"
Rosa e Davide guardarono Enrico Mondolino che, seduto un po' *in disparte*, *sorseggiava* in silenzio un bicchiere d'acqua.
"Se lo dice Lei…" commentò Rosa.
Rosa e Lombardo si avviarono verso casa per i vicoli di San Polo.
"Questi Mondolino!" esclamò Rosa. "Che *branco* di *pazzi*!"
Risero.
"Se un giorno dovessimo *annoiarci*, non abbiamo che da fondare una famiglia," disse Lombardo.
Subito *si pentì delle* sue coraggiose parole.
"L'idea non è male, Lombardo. Forse ne riparleremo." Rosa gli *lanciò* un *sorriso*.

FINE

Abschlusstest

Übung 1: Wie lautet die Mehrzahl?

1. l'abito bianco ______________________
2. il negozio aperto ______________________
3. la moto blu ______________________
4. la gonna lunga ______________________
5. il numero dispari ______________________
6. lo zaino verde chiaro ______________________
7. la moglie simpatica ______________________
8. il medico esperto ______________________

Übung 2: Bilden Sie den Superlativ der folgenden Adjektive!

1. grande ______________
2. lungo ______________
3. buono ______________
4. cattivo ______________
5. simpatico ______________
6. piccolo ______________

Übung 3: Vervollständigen Sie die Vergleiche!

1. Marisa è ________ bella ________ stupida.
2. Marco è più prudente ________ suo amico.
3. Lucia non è meno graziosa ________ sua sorella.

4. Silvio è più arrogante ________ intelligente.

5. Matteo è il bambino più alto ________ classe.

Übung 4: Einige der Sätze sind fehlerhaft. Verbessern Sie!

1. La mia madre cucina benissimo. ________
2. Ti ho detto mille volte di non toccare la roba altrui! ________
3. Sono tuoi questi libri? No, sono del mio fratello. ________
4. Ecco i miei figli! ________
5. Lea è andata a prendere suoi nonni alla stazione. ________
6. La mia penna è rotta. Mi presti tua? ________

Übung 5: Unterstreichen Sie die Fehler in der Bildung der femininen Form!

1. il cane/la cagna
2. il giornalista /la giornalista
3. lo studente/la studente
4. l'insegnante/l'insegnante
5. il direttore/la direttora
6. l'ospite/l'ospite
7. il cuoco/la cuoca
8. il re/la regina

Übung 6: Verwandeln Sie die Wörter in das entsprechende Adverb!

1. con pazienza ________
2. con più accuratezza ________
3. in modo sensibile ________
4. con molta probabilità ________

Übung 7: Unterstreichen Sie die richtige Variante!

1. Mio padre ha/è andato al lavoro.
2. Il postino è/ha suonato due volte.
3. I parenti si erano/avevano meravigliati della lettera.
4. Quando abbiamo/siamo usciti pioveva.
5. Ieri è/ha nevicato, ma ora il tempo ha/è cambiato.
6. Il film ha/è già iniziato.

Übung 8: Konjugieren Sie das Verb ***pensare****!*

1. Presente, 2. Pers. Plur ______________
2. Passato Remoto, 1. Pers. Sing. ______________
3. Futuro Semplice, 3. Pers. Plur. ______________
4. Futuro Anteriore, 1. Pers. Plur. ______________
5. Passato Prossimo, 2. Pers. Sing. ______________
6. Gerundio Presente ______________

Übung 9: Finden Sie die passenden Paare heraus!

1. … soldi ti sono rimasti?	☐ a) qualsiasi
2. … autori preferisci?	☐ b) troppa
3. … giorno mi ripete la stessa storia.	☐ c) nessuna
4. Usciamo: qui c'è … confusione.	☐ d) quanti
5. Ha telefonato una … Enrica.	☐ e) ogni
6. … amici non sono potuti venire.	☐ f) certa
7. Non ho … voglia di uscire.	☐ g) quali
8. Non è mai soddisfatto, … cosa io faccia.	☐ h) alcuni

Übung 10: Ersetzen Sie die kursiven Wörter durch die entsprechenden Objektpronomina!

1. Quando hai visto *i tuoi zii*?

2. Hai regalato tu *i fiori ad Anna*?

3. Ho comprato *a voi* un ombrello.

4. Sei già andato a vedere *la mostra*?

5. Luca non vedeva l'ora di riabbracciare *il padre*.

Übung 11: Ergänzen Sie die Sätze mit der passenden Verbform!

1. Pensa che tu (esagerare) ______________ con le tue critiche.
2. Se solo (potere, noi) ______________ partire per i Caraibi!
3. Spero che il caso (venire) ______________ risolto presto.
4. Rosa ha detto che (andare) ______________________ in vacanza non appena avrebbe risolto il caso.
5. Gianni non sa ancora quando (partire) ______________.
6. Carlo mangiava (guardare) ______________ la televisione.
7. Per favore, mi (dare, tu) ______________ una mano?

Lernkrimi Italienisch
Wortschatz

La maschera del terrore

Story: Marc Hillefeld
Übersetzung: Alessandra Matthaes

Inhalt

Lernkrimi 143
Abschlusstest 272
Lösungen 426

Story

Kommissarin Rosa Nicoletti ist in Venedig eine von allen Verbrechern gefürchtete Kriminalistin. Sie wird von der Polizei immer dann eingesetzt, wenn alle anderen vor unlösbaren Rätseln stehen und Verbrecher ihr undurchsichtiges Spiel treiben.

Venedig zur Karnevalszeit ist ein Ort voller Geheimnisse. Das muss auch Kommissarin Nicoletti feststellen, die ausgerechnet in dieser fünften Jahreszeit eine Reihe von seltsamen Diebstählen aufklären muss. Zusammen mit ihrem unfreiwilligen Kollegen Dottor Lombardo, wird die junge Kommissarin durch die Lagunenstadt gehetzt. Ziel ihrer Jagd ist der Mann mit der roten Maske…
Was hat es mit dem geheimnisvollen alten Mann auf sich, der hinter der Formel des ewigen Lebens her ist? Kann es sein, dass der mysteriöse Widersacher mit der roten Maske tatsächlich jener geheimnisvolle Graf Cagliostro ist, der schon vor Jahrhunderten Venedig unsicher machte?
Kommissarin Nicoletti und Dottor Lombardo kommen einem Geheimnis auf die Spur, das noch unglaublicher ist, als sie jemals gedacht hätten…

Capitolo 1: Un rumore sospetto

Umberto aprì il thermos e versò un po' di caffè in un bicchiere di plastica. Poi tirò fuori un panino incartato dalla borsa. Lo *scartò* con un *sospiro*.

Era un panino con salame e pomodoro.

Umberto bevve un *sorso* di caffè bollente e *sospirò* di nuovo.

Da vent'anni lavorava come guardiano notturno alla galleria Franchetti. E da vent'anni ogni sera sua moglie gli preparava lo stesso panino: salame e pomodoro.

Übung 1: Finden Sie das passende Gegenteil!

1. aprire	☐ a) freddo
2. bollente	☐ b) notturno
3. mettere dentro	☐ c) chiudere
4. diurno	☐ d) gelato
5. caldo	☐ e) scuro
6. giorno	☐ f) fine
7. inizio	☐ g) tirare fuori
8. chiaro	☐ h) notte

Non poteva farsi *venire in mente* qualcos'altro? Almeno una volta? Pazienza, pensò Umberto e addentò il panino.

Masticando senza fare troppo rumore richiuse il thermos e rimise il panino in borsa.

Al museo era vietato bere o mangiare e la regola valeva anche per il guardiano notturno.

Übung 2: Lesen Sie weiter und fügen Sie die folgenden Wörter in die passenden Lücken ein!

(a) sicurezza, b) ora, c) impianto, d) quadri, e) milioni, f) burro, g) dubbio, h) orologio)

Qui, nella galleria più moderna di Venezia, non c'erano solo (1.) __________ antichi e preziosi. Il Museo ospitava anche oggetti del Museo Archeologico e delle Gallerie dell'Accademia. *Guai* se, per esempio, avesse macchiato con le mani *unte* di (2.) __________ e salame la "Venere allo specchio" di Tiziano. Umberto diede un'*occhiata* all' (3.) __________. Mancavano tre minuti alle tre. Era (4.) __________ di fare un altro *giro*.

Prese la lampada tascabile e si avviò. Chiaramente la galleria aveva un (5.) __________ antifurto modernissimo, ma in caso di (6.) __________ era sempre meglio garantire maggiore (7.) __________ con la presenza di un guardiano notturno. Dopotutto gli oggetti esposti valevano (8.) __________.

Come sempre l'edificio *era avvolto* nel silenzio. Di giorno, quando i turisti *affollavano* i *corridoi*, c'era un continuo vocio. Di notte, invece, *regnava* una *pace* meravigliosa.

L'atmosfera giusta per ammirare gli antichi dipinti. Umberto fece *scivolare* il *raggio* di luce sui *quadri*: mostravano donne prosperose in pose seducenti, dogi e studiosi famosi.

Qualche volta si aveva una sensazione di disagio perché le persone *ritratte erano dipinte* in modo tale che sembravano seguire l'osservatore con lo *sguardo*.

Übung 3: Schreiben Sie die folgenden Zeitangaben in Ziffern!

1. Sono le otto e dieci. ____________.

2. Mancano due minuti alle tre. ____________.

3. È mezzogiorno. ____________.

4. Sono le due e tre quarti. ____________.

5. Sono le cinque e mezzo. ____________.

6. Sono le sette meno un quarto. ____________.

7. Sono le nove in punto. ____________.

La luce della lampada tascabile illuminò la "Venere allo specchio" di Tiziano.

"Ciao, amore," disse Umberto e sorrise alla Venere *dipinta*. Nel corso degli anni aveva preso l'abitudine di parlare ogni tanto con i *quadri*. *Per fortuna* non lo sentiva nessuno, altrimenti sarebbe stato preso per *pazzo*.

Le notti al museo potevano essere molto lunghe e noiose: parlare con i dipinti era sempre meglio che parlare con se stessi, con il vantaggio che le donne nei *quadri* non lo contraddicevano!

Mentre la moglie a casa…

Umberto aveva quasi finito il suo *giro* quando sentì un rumore. Sembrava come se qualcosa *graffiasse* un vetro.

Umberto fece *scivolare* il *raggio* di luce della *torcia* verso il buio. Il rumore proveniva da un'altra parte del museo. Dall'ala ovest, dove erano esposti oggetti storici della Venezia antica. Erano soprattutto *gioielli* e oggetti stupendi d'uso comune *appartenenti* ai dogi, gli antichi signori di Venezia.

! ÜBUNG 4

Übung 4: Welches Wort passt inhaltlich nicht zu den anderen? Unterstreichen Sie das „schwarze Schaf"!

1. a) quadro, b) dipinto, c) tenda
2. a) museo, b) ingresso, c) galleria
3. a) casa, b) scala, c) edificio
4. a) persone, b) fratelli, c) gente
5. a) mai, b) qualche volta, c) ogni tanto
6. a) lampada tascabile, b) torcia elettrica, c) lampione
7. a) meraviglioso, b) bellissimo, c) costoso
8. a) vecchio, b) prezioso, c) antico

"C'è qualcuno?" gridò Umberto verso il buio.

Nessuna risposta.

Esitando Umberto si mosse. Probabilmente si era sbagliato.

Forse qualcuno aveva lasciato aperta una finestra che ora *cigolava* sui *cardini*.

Oppure era stato un topo. Dopotutto Venezia si trovava su una laguna e di ratti ce n'erano *parecchi*. Vivevano benissimo nei canali e sotto le case della città.

Già l'anno scorso un topo era entrato in un tubo di scarico e aveva attivato un allarme dopo l'altro al museo.

Per quanto moderni, gli *impianti antifurto* non erano in grado di distinguere un topo impaurito da un *ladro* d'oggetti d'arte. Umberto era lì anche per questo.

Il guardiano notturno si era ormai convinto di avere a che fare ancora una volta con un topo.

Umberto *si diresse verso* una cassettina sulla *parete* del *corridoio*. Tirò fuori una chiave dalla tasca e aprì la cassetta. Al suo interno c'era l'*interruttore* principale dell'*impianto antifurto*.

Umberto lo disattivò prima che quello stupido topo potesse far scattare l'allarme.
Altrimenti il museo si sarebbe riempito di poliziotti e lui avrebbe dovuto passare il resto della notte a riempire moduli.

Übung 5: Welche Übersetzung stimmt?

1. vor allem
   - ☐ a) generalmente
   - ☐ b) soprattutto
   - ☐ c) di solito
2. sich irren
   - ☐ a) sbagliarsi
   - ☐ b) girare
   - ☐ c) sbadigliare
3. dumm
   - ☐ a) stupido
   - ☐ b) facile
   - ☐ c) veloce
4. komisch
   - ☐ a) strano
   - ☐ b) comico
   - ☐ c) allegro
5. überlegen
   - ☐ a) capire
   - ☐ b) ricordare
   - ☐ c) riflettere

La piccola lampada verde dell'*interruttore* principale si spense. Al suo posto se ne accese una rossa. Il sistema d'allarme non era più in funzione.
Umberto entrò nella sala d'esposizione. Non doveva assolutamente dimenticare di riattivare l'allarme dopo aver trovato quel dannato topo.

La luce della *torcia* illuminò la sala. Non si vedeva niente, solo le vetrine erano illuminate chiaramente.

Umberto continuò a far girare il *raggio* di luce nella stanza.

ÜBUNG 6 !

Übung 6: Ordnen Sie die Buchstaben zu sinnvollen Wörtern!

Improvvisamente si fermò. (1. taDivan) __________ a lui si trovava una vetrina in cui era esposta una *scatolina* finemente lavorata. Alla luce della lampada tascabile aveva (2. flirisse) __________ dorati.

Si (3. vatratta) __________ di un oggetto esposto da poco al museo e Umberto dovette prima (4. rgelege) __________ il cartellino illustrativo. "*Scatola* per polvere, sec. XVII," diceva il cartellino, "probabilmente dell'alchimista Cagliostro".

Umberto dovette *riflettere* brevemente. Per quel che ne (5. pavesa) __________, Cagliostro era un ciarlatano che girava per l'Europa nel diciassettesimo (6. solceo) __________. Vendeva alla gente *credulona* ogni genere di rimedi miracolosi e per questo era finito in (7. goprinie) .

Il motivo per cui Umberto si era fermato, però, era un altro.

Un *graffio profondo* sul *lato* della vetrina.

Qualcuno aveva cercato di aprirla.

"Allora non era un topo!" *mormorò* Umberto *spaventato*.

"*Mi offenderei* se mi chiamasse così, signore!"

Umberto si girò.

La luce della *torcia* elettrica cadde su un uomo alto che *indossava* un mantello rosso scuro e una maschera di carnevale dello stesso colore.

Il cuore di Umberto batteva fortissimo.
“Lei chi è?” chiese. “E che significa questo travestimento? È forse uno *scherzo*?”
“Niente affatto,” rispose l’uomo con la maschera.
Alla luce della *torcia* la maschera aveva riflessi rosso *sangue*. Sembrava di porcellana, come molte delle tradizionali maschere di carnevale veneziane. Aveva gli *angoli* della bocca leggermente all’ingiù e dava a colui che la portava un aspetto un poco malinconico.

Übung 7: Welche Farbe passt zu welchem Substantiv?

1. ciliegia	☐ a) grigio	5. latte	☐ e) castano
2. prato	☐ b) rosso	6. banana	☐ f) bianco
3. mare	☐ c) nero	7. topo	☐ g) azzurro
4. capelli	☐ d) giallo	8. asfalto	☐ h) verde

“Purtroppo mi *ha disturbato* mentre lavoravo. Perché non continua a mangiare il suo panino e mi lascia finire il lavoro iniziato? Poi me ne andrò subito!” disse l’uomo mascherato a voce bassa.
Era strano sentirlo parlare senza che la falsa bocca si muovesse.
“Andrai subito in *prigione*!” gridò Umberto cercando di prendere la pistola che teneva alla cintura.
In vent’anni di servizio non l’aveva usata nemmeno una volta. Certo che neanche ora aveva intenzione di *uccidere* quel *pazzo*. Voleva solo *tenerlo a bada* con l’*arma* e chiamare intanto la polizia. Sua moglie sarebbe stata orgogliosa di lui, pensò.

Übung 8: Übersetzen Sie folgende Sätze!

1. Leider habe ich den Krimi nicht gelesen.

2. Ich fühle mich nicht wohl hier.

3. Ganz und gar nicht! Ich habe den Schmuck nicht gestohlen!

4. Er hatte nicht vor, das Museum zu verlassen.

5. Der Museumsdirektor war stolz auf seinen Nachtwächter.

6. Die Polizei sucht weiter nach dem Mörder.

7. Im letzten Jahr war ich kein einziges Mal im Kino.

Ma lo sconosciuto mascherato lo *precedette*. Molto velocemente tirò fuori anche lui una pistola.
Un modello antico, come quello che Umberto aveva visto ultimamente in un film di pirati che davano alla televisione la domenica pomeriggio.
Senza *esitare* l'uomo mascherato *sparò* un *colpo*.
Si sentì un forte rumore. La *pallottola* arrivò esattamente davanti ai piedi di Umberto, penetrando nel *pavimento* di *legno*.

Übung 9: Aus welchem Material sind folgende Gegenstände?

ÜBUNG 9 !

1. tazza	☐	a) carta
2. scarpe	☐	b) porcellana
3. pantaloni	☐	c) legno
4. bicchiere	☐	d) gomma
5. giornale	☐	e) cuoio
6. tavolo	☐	f) stoffa
7. palla	☐	g) vetro

"La prego di lasciare la Sua *arma* dov'è," ordinò l'uomo senza *tradire* emozioni.

Übung 10: Streichen Sie die fünf inhaltlich nicht dazugehörigen Sätze durch!

ÜBUNG 10 !

"In caso contrario dovrò mirare un po' più in alto la prossima volta." Umberto, *spaventato*, alzò le mani. Da anni trascorreva le vacanze estive al mare. Preferibilmente a Rimini.
"Che intenzioni ha?" chiese impaurito.
"Oh, mi riprendo solo ciò che è mio," rispose l'uomo con la maschera rossa.
Poi *infilò* di nuovo la mano sinistra sotto il mantello. Tirò fuori una bottiglietta di vetro e la *gettò* contro Umberto.
Il guardiano notturno *trasalì*. Si alzò una nuvola di polvere fina. Subito dopo Umberto sentì un *odore* dolciastro, ma non sgradevole. Le mele del *fruttivendolo* all'*angolo* non erano buone.
Il guardiano *tossì*. Decise di comprare dei mobili nuovi. Lo *sguardo* gli *si annebbiò*.
Se solo non avessi disattivato quel dannato *impianto* d'allarme, fece ancora in tempo a pensare prima di perdere la conoscenza.

La risata della maschera fu l'ultima cosa che Umberto udì. Poi cadde a terra svenuto. Il giornalista telefonò alla sorella.

Capitolo 2: Una strana pallottola

Il vaporetto risaliva lentamente il Canal Grande. Era un grigio mattino di febbraio e una nebbia grigia *si spandeva* sull'acqua.
Erano le sette del mattino. Il vaporetto era mezzo vuoto.
Normalmente questa imbarcazione era il mezzo di trasporto più usato a Venezia. I canali percorrevano la città come una rete di strade e i vaporetti erano gli autobus di Venezia.
Il commissario Nicoletti *sbadigliò* senza nemmeno mettersi una mano davanti alla bocca.
Il sole non si era ancora levato e, alla *debole* luce dell'alba, non poteva vederla comunque nessuno. Rosa Nicoletti *si scostò* una *ciocca* di capelli rosso bruno dal viso. L'ironia del *destino* aveva voluto che il colore dei suoi capelli fosse in diretta relazione col suo nome. 'Rosa la rossa', così la chiamavano i colleghi della polizia di Venezia.
Ma solo quando non sentiva. Quel soprannome non le piaceva.

! ÜBUNG 11

Übung 11: Welches Verkehrsmittel ist gemeint?

1. È la barca simbolo di Venezia. ______________ (lognado)
2. Atterra all'aeroporto. ______________ (pleranoao)
3. Si muove sui *binari*. ______________ (netro)
4. Ha un motore e due ruote. ______________ (toom)
5. Non ha bisogno dell'aeroporto per atterrare. ______________ (tricoletoe)

6. In Olanda è un mezzo di trasporto molto diffuso.
________ (tliccebati)

Il commissario Nicoletti aveva circa trentacinque anni ed era pertanto uno dei più giovani commissari della polizia italiana. *A dire il vero* era anche uno dei pochi commissari di sesso femminile. L'emancipazione si era fatta strada anche in Italia, ma i gradi più alti della polizia erano ancora di dominio prevalentemente maschile.

Übung 12: Unterstreichen Sie die neun Wörter, die falsch geschrieben sind!

Il motore del vaporetto si spense e l'imbarcazione percorse senza far rumore gli ultimi metri fino alla riva.
Un paio di secondi più tardi *aveva attraccato*. Il commissario Nicoletti *raggiunse* la strada attraversando la piccola passerella. La "Ca' d'Oro" si innalzava grigia e anticha davanti a lei. Un ricco veneziano l'aveva fatta *costruire* secoli prima. Allora tutta la *facciata* era riccoperta d'oro, perciò la casa era stata ciamata così. Oggi della copertura d'oro non è rimasto più niente, ma la faccata decorata è ancora imponente.
In quel grigio matino, però, il commissario Nicoletti non aveva occhi per la bellezza dell'arcitettura. Alle cinque e mezzo del mattino era suonato il telefono. Il suo superiore l'aveva svegliata raccontandole della *rapina* alla galleria Franchetti.
Rosa si era alzata a faticha ed era andata direttamente alla galleria. Un polizziotto di guardia si trovava già davanti all'ingresso della galleria che era all'interno della Ca' d'Oro.
"Mi dispiace," disse il polizziotto *sgarbatamente* impedendo al commissario Nicoletti l'ingresso. "Non può entrare. Qui c'è stata una *rapina*."

"Sono qui per questo," *mormorò* Rosa e tirò fuori dalla borsa il tesserino di riconoscimento.

Il giovane poliziotto *trasalì*. "Oh, mi scusi, commissario," rispose tenendo aperta la porta.

Il commissario ringraziò con un cenno ed entrò nell'edificio.

All'interno faceva ancora più freddo. Quelle antiche stanze erano talvolta peggio di un frigorifero. Rosa *rabbrividì*.

ÜBUNG 13 !

Übung 13: Welches Wort ist das „schwarze Schaf"? Unterstreichen Sie!

1. a) rapina, b) furto, c) occasione
2. a) letto, b) armadio, c) asciugamano
3. a) mormorare, b) sussurrare, c) urlare
4. b) carta d'identità, b) biglietto, c) passaporto
5. a) noia, b) spavento, c) paura
6. a) mattino, b) estate, c) pomeriggio
7. a) finestra, b) porta, c) giardino

Un paio di colleghi della polizia scientifica erano già lì. Fotografavano, cercavano delle *impronte digitali* ed esaminavano la vetrina rotta. Due infermieri in uniforme arancione e bianca si prendevano cura di un uomo anziano tutto tremante.

Era avvolto in una coperta e beveva una tazza di tè.

Rosa *si diresse verso* Luigi, uno dei colleghi più giovani. Anche lui sembrava stanco e di cattivo umore. Era semplicemente troppo presto. Rosa *rinunciò* a salutarlo.

"Allora, che è successo?" gli chiese.

Luigi alzò gli occhi dal suo blocco per *appunti*.

"Ah, commissario Nicoletti," disse e cercò di sorridere. Il tentativo

non gli riuscì troppo bene a quell'ora del mattino. "Mah, a quanto pare una normalissima *rapina*."
"Che cosa hanno rubato?" gli domandò Rosa. Era *arrabbiata*: aveva dovuto alzarsi così presto per un caso di routine.

Übung 14: Ist die Übersetzung richtig ✔ oder falsch – ?

ÜBUNG 14 !

1. Luisa kümmert sich um die Kinder.
   Luisa si prende cura dei bambini. ☐
2. Gestern waren alle Gäste schlecht gelaunt.
   Ieri tutti gli ospiti avevano la luna storta. ☐
3. Luigi hatte auf das Frühstück verzichtet.
   Luigi aveva rinunciato alla colazione. ☐
4. Der Polizist begutachtete die Fingerabdrücke.
   Il poliziotto cancellò le impronte digitali. ☐
5. Umberto ging auf Cagliostro zu.
   Umberto incontrò Cagliostro. ☐
6. Der Kommissar ärgerte sich sehr über die Arbeitsweise der Kollegen.
   Il commissario si arrabbiò molto per il modo di lavorare dei colleghi. ☐
7. Niemand konnte sagen, was los war.
   Nessuno seppe dire che cosa fosse successo. ☐

Luigi indicò la vetrina rotta.
"Poco," rispose con un'alzata di *spalle*. "Solo una *scatolina*."
"Che strano," disse Rosa. Si guardò intorno. Il museo era pieno di tesori di immenso *valore*: dipinti, sculture, *gioielli*. E il *ladro si era accontentato* di una *scatolina*?
"*Di* che *scatolina si trattava?*" chiese Rosa.

Luigi indicò il cartellino.

"Deve essere stata di un certo Cagliostro," disse. "Non ho la minima idea di chi sia stato. Probabilmente un doge ricco o qualcuno del genere."

Rosa *rifletté* brevemente. Per quel che ne sapeva, Cagliostro era stato una specie di alchimista. Ma perché qualcuno aveva rubato la sua *scatolina*?

"Perché non ha funzionato il sistema di allarme?" chiese il commissario.

Luigi indicò il guardiano.

"È stato quel tipo lì, il guardiano notturno, a disattivarlo. Ha sentito qualcosa e ha pensato che fosse un topo."

Übung 15: Welche Tiere sind gemeint? Enträtseln Sie die Definitionen und finden Sie das Lösungswort!

1. il peggior nemico del topo _ □ _ _ _
2. animale da cavalcare _ _ _ _ □ _ _
3. il re degli animali □ _ _ _ _
4. il miglior amico dell'uomo _ □ _ _
5. l'animale più alto _ _ □ _ _ _ _
6. è un piccolo insetto che lavora molto _ _ _ □ _ _ _
7. l'animale più grande del circo □ _ _ _ _ _ _ _

Lösungswort: _ _ _ _ _ _ _

"Mah," *mormorò* Rosa. "Molto intelligente."
Poi andò dal guardiano notturno. Con la faccia triste l'uomo alzò gli occhi dalla sua tazza di tè.
"Buongiorno, signore," disse Rosa gentilmente. "Mi hanno detto che lavora qui come guardiano notturno. Ha visto il ladro? Può descriverlo?"
"Sì," disse l'uomo. "No."
"Come sarebbe a dire? Sì o no?"

Übung 16: Lesen Sie weiter und unterstreichen Sie von den beiden Alternativen das passende Wort!

! ÜBUNG 16

"Mi scusi," *ribatté* il guardiano. "Sono ancora un po' (1.) agitato/allegro. È stato così terribile. Sì, ho assistito al *furto*, ma no, non ho (2.) riconosciuto/fermato il *ladro*. Portava una maschera."
"Ah. Aveva sul viso (3.) un calzino/una calza?"
Il vecchio *scosse* il (4.) collo/capo.
"No, no. Una maschera da carnevale. Di color rosso *sangue*."
Ci mancava anche questo, (5.) *pensò*/si ricordò il commissario Nicoletti. Una maschera di carnevale. Il carnevale era (6.) iniziato/partito il giorno prima e le strade di Venezia erano piene di gente in maschera. Perlomeno fino al *mercoledì delle ceneri*.
"Ho capito," disse il commissario Nicoletti e prese un (7.) ricordo/appunto. "A parte questo, ha visto qualcos'altro di (8.) buffo/insolito? Il *ladro* ha detto qualcosa?"

"Proprio così," *annuì* il guardiano notturno. "Ha detto che avrebbe solo ripreso ciò che era suo."
"Ah," commentò Rosa. Che voleva dire tutto questo?
"Io volevo *trattenerlo*," continuò il guardiano notturno. "Ma poi lui *ha sparato* verso di me e ha tirato fuori una bottiglietta con dentro una strana polvere. Da quel momento non ricordo più niente."

"Abbiamo trovato *tracce* di quella polvere," *si intromise* Luigi. "I colleghi del laboratorio la stanno analizzando. Ma ci vorranno un paio di giorni per sapere *di* che cosa *si tratta*."

ÜBUNG 17

Übung 17: Welche Definition stimmt?

1. annuire
   - ☐ a) fare un cenno per dire di sì
   - ☐ b) rimanere in ascolto
2. continuare
   - ☐ a) fare ancora la stessa cosa
   - ☐ b) dare il permesso
3. significare
   - ☐ a) voler dire
   - ☐ b) avere intenzione
4. probabile
   - ☐ a) poco deciso
   - ☐ b) quasi sicuro
5. commentare
   - ☐ a) togliere la parola
   - ☐ b) esprimere la propria opinione
6. appartenere
   - ☐ a) volere assolutamente
   - ☐ b) essere di proprietà di qualcuno

"E la *pallottola*?" chiese Rosa. "L'avete già trovata?"
"Certo, l'abbiamo trovata nel *pavimento* di *legno*," rispose Luigi e tirò fuori una *bustina* di plastica trasparente.
"È peraltro la *pallottola* più strana che io abbia mai visto."
Incuriosita Rosa prese in mano la *bustina*.
Al suo interno si trovava una pallina che sembrava proprio una *biglia* di metallo. Completamente diversa dalle *pallottole* di forma allungata che conosceva.
"E questa cos'è?" domandò stupita.
"Questa è la *pallottola* trovata nel pavimento. Sembra un modello piuttosto vecchio, se vuole sapere la mia opinione, commissario."

"Molto strano," disse Rosa pensierosa. Poi fece *sparire* la *bustina* di plastica nella tasca.
"Che cosa pensa di fare?" chiese Luigi stupito.
"Me ne vado a casa e, per prima cosa, bevo un caffè. Questa strana pallina gliela riporto più tardi."
"Che cosa vuol farci?" domandò Luigi curioso.
"Ho una mezza idea," rispose Rosa Nicoletti e se ne andò.

Übung 18: Beantworten Sie folgende Fragen zum Text!

1. Quanti giorni sono necessari per sapere i risultati dell'esame della polvere misteriosa?

____

2. Dov'è stata ritrovata la pallottola?

____

3. Che cosa c'è nella bustina di plastica?

____

4. Che forma hanno le pallottole moderne?

____

Capitolo 3: Un ospite misterioso

Il dottor Ludovico Lombardo alzò il *bavero* del cappotto. Il sole *era* appena *sorto*, ma faceva ancora molto freddo. Come gli altri quartieri di Venezia anche quello di San Polo era percorso da canali e vicino all'acqua faceva ancora più freddo. Il dottor Lombardo aveva dimenticato di mettersi i *guanti* prima di lasciare casa.

Übung 19: Fügen Sie die passenden Wörter in die Lücken ein!
(a) cappello, b) gonna, c) impermeabile, d) giacca a vento, e) guanti, f) sciarpa, g) stivali, h) camicia, i) maglione)

1. Maria *indossa* una ____________ lunga.
2. Giovanni è andato a sciare in montagna e ha messo in valigia la ______________.
3. Quando piove Luigi porta sempre un paio di ______________ di gomma.
4. Il cameriere aveva i ____________ bianchi.
5. Non vado mai in spiaggia senza il ____________.
6. "Piove. Prendi l'_________________!"
7. Ludovico *indossava* una ___________ bianca e un completo blu.
8. Se hai il mal di *gola* non dimenticare di metterti la ____________.
9. A Natale la nonna gli regalava sempre un ____________ di *lana*.

Quel giorno aveva lezione all'università soltanto alle dieci; c'era quindi tutto il tempo per fare una bella colazione. Poi, così *ritemprato*, poteva cominciare la giornata e insegnare la storia italiana ai suoi studenti *annoiati*.
Il dottor Lombardo era un esperto fenomenale di storia medievale. Ma essendo il più giovane tra i professori universitari era una delle persone pagate peggio.
Il dottor Lombardo passò la chiesa di San Polo che dava il nome al quartiere. Dietro la chiesa, *imboccando* un vicolo buio, *trasalì*: una figura mascherata saltò fuori dall'ombra.

Übung 20: Finden Sie das passende Gegenteil!

ÜBUNG 20 !

1. dentro	☐ a) sotto
2. dietro	☐ b) peggio
3. salire	☐ c) fuori
4. sopra	☐ d) esterno
5. alzare	☐ e) abbassare
6. chiudere	☐ f) davanti
7. interno	☐ g) scendere
8. meglio	☐ h) aprire

Per lo spavento il dottor Lombardo lasciò cadere il sacchetto con i cornetti.

"Ehi, amico," chiese l'uomo mascherato, "sai dove posso trovare ancora qualcosa da bere?"

Il dottor Lombardo *sospirò* di *sollievo*. Evidentemente l'uomo *aveva alzato* un po' troppo *il gomito* in uno dei numerosi balli in maschera. "Che ne diresti di un caffè a casa tua, amico?" domandò Lombardo. "Forse ti farà passare la *sbornia*."

"*Guastafeste*," *brontolò* l'uomo mascherato e si allontanò con *passo malfermo*.

Übung 21: Unterstreichen Sie die richtige Antwort!

ÜBUNG 21 !

1. Che cosa fa una persona che impreca spesso?
   a) sie freut sich des Lebens, b) sie weiß nicht, was sie sagen soll, c) sie flucht oft
2. Che cos'è un vicolo?
   a) eine Auflage, b) eine Gasse, c) der Eingang eines alten Gebäudes

3. Quando si sospira di sollievo?
   a) wenn einem frische Luft fehlt, b) wenn die Sonne scheint, c) wenn eine Gefahr vorbei ist
4. Che cos'è un guastafeste?
   a) ein Spielverderber, b) ein ungebetener Gast, c) ein Partygänger
5. Perché una persona cammina con passo malfermo?
   a) weil sie Zahnschmerzen hat, b) weil sie betrunken ist, c) weil sie den Weg nicht kennt
6. Che cosa ha fatto un amico che ha alzato il gomito?
   a) er hat zu viel getrunken, b) er war in eine Schlägerei verwickelt, c) er hat sich am Ellbogen verletzt
7. Che cosa fa un signore che brontola?
   a) er grüßt, b) er schreit, c) er murrt

Il dottor Lombardo *scosse* il capo. Normalmente il carnevale di Venezia era un avvenimento piuttosto elegante, ma anche qui c'era gente che non *si accorgeva di* aver superato il limite.

Lombardo *si chinò imprecando*. Il sacchetto coi cornetti era finito in una *pozzanghera*.

Addio bella colazione!

Lombardo se ne tornò a casa di cattivo umore. Aprì piano il portone. Stava per salire la scala che portava al suo appartamento, quando una porta alle sue *spalle* si aprì.

La signora Berlanti, *proprietaria* della casa e sua *locatrice*, mise fuori la testa.

"Ah, dottor Lombardo," disse con falsa cordialità, "in giro già di buon'ora. Si ricorda dell'*affitto*?"

Lombardo *inghiottì*. Ancora una volta era in ritardo con l'*affitto*. La settimana scorsa gli si era rotta la lavatrice e la riparazione era costata un *patrimonio*. Non aveva proprio la minima idea di dove potesse trovare i soldi. Al pagamento dello *stipendio* mancava ancora qualche settimana. Lombardo sorrise *controvoglia*.

Übung 22: Welches Elektrogerät ist gemeint?

ÜBUNG 22 !

1. Se ho i capelli bagnati uso l' ____________ .
2. Se d'estate fa troppo caldo accendo il ____________.
3. Per pulire la moquette uso l' ____________.
4. Invece di lavare i piatti a mano uso la ____________.
5. Quando voglio vedere il telegiornale accendo il ____________
6. Il gelato si conserva nel ____________.
7. Per lavare i panni sporchi uso la ____________.

Übung 23: Unterstreichen Sie die richtige Präposition!

ÜBUNG 23 !

"Ma certo, signora Berlanti. È solo che, eh... non ho avuto il tempo di andare (1.) alla/in banca. Per via del lavoro, sa..."
La signora Berlanti *annuì* sospettosa. Era chiaro che non credeva (2.) alle/sulle sue parole. E (3.) col/del resto non era la prima volta che Lombardo era in ritardo (4.) per/con l'*affitto*.
"Ah, allora va bene," disse. "*Temevo* già di dover andare a parlare (5.) a/con mio nipote, sa, l'avvocato..."
"Ma La prego, signora, non è necessario," *ribatté* Lombardo salendo le scale. "Ci penso io, non *Si preoccupi*."
La signora Berlanti *emise* un *brontolio* indefinito e chiuse la porta.

Lombardo *infilò* la chiave (6.) sulla/nella *serratura* della porta d'ingresso. La giornata comincia bene, pensò.
Buttò il sacchetto con i cornetti bagnati sul *comò* del *corridoio* e *si diresse verso* la piccola cucina. Forse un caffè l'avrebbe aiutato a pensare (7.) di/ad altro.
Lombardo entrò in cucina e *si irrigidì*. Uno sconosciuto sedeva (8.) al/sul tavolo della cucina e sorrideva.

Lo sconosciuto aveva i capelli grigi e una barba corta e *curata*. Due occhi azzurri gli illuminavano il viso. Sembravano gli occhi di una persona giovane, sebbene l'uomo dovesse essere molto anziano. *Indossava* un costosissimo completo scuro, fuori luogo nella semplice cucina del dottor Lombardo.
Eppure lo sconosciuto sembrava sentirsi a proprio agio.
"Buongiorno, dottor Lombardo. Mi scusi se sono venuto a trovarLa così presto. Alla mia età si ha bisogno di poco sonno."
Lombardo *spalancò* gli occhi.
"Chi diavolo è Lei? Com'è entrato qui? E che cosa vuole?"

ÜBUNG 24 !

Übung 24: Lesen Sie weiter und fügen Sie die italienische Übersetzung der angegebenen Wörter ein!

"Quante (1. Fragen) ______________ tutte insieme," rispose gentilmente l'anziano signore. Poi indicò una (2. Stuhl) ______________.
"Si accomodi pure," disse come se fosse a casa sua.
Lombardo era così stupito che si sedette davvero. Per poco non ringraziava l'uomo per la sua gentilezza.
Il vecchio prese la (3. Kaffeekanne) ______________ e (4. goss) ______________ a Lombardo una tazza di caffè.

"*Mi sono permesso di* fare il caffè mentre L'aspettavo, dottore. Zucchero?"
"Sì, grazie," rispose Lombardo ancora stupito. Poi *scosse* la (5. Kopf) ______________.
"Ora risponda alle mie domande, signore. Altrimenti dovrò chiamare la polizia. Anzi, la chiamo subito!" Lombardo si alzò per andare al telefono.
Il vecchio si limitò a (6. lächeln) ______________.
"Sarebbe meglio se non lo facesse, dottore. Potrebbe sfuggirLe un (7. Geschäft) ______________ interessante. Ma veniamo ora alle sue domande. Permette? Giuseppe Castelani. Lavoro, diciamo così, nel-(8. Industrie) l'______________. Riguardo alla seconda domanda: la (9. Schloss) ______________ della porta d'ingresso avrebbe potuto aprirla anche un bambino.

Dovrebbe parlarne con la *proprietaria* della casa. La risposta all'ultima domanda, infine, potrebbe durare un po' a lungo. Forse farebbe meglio a sedersi."
Perché no?, pensò Lombardo. Il vecchio era sì un po' strano, ma non sembrava davvero pericoloso. Forse era confuso di mente ed *era fuggito* da una *casa di riposo* per anziani.
Lombardo si sedette e bevve un *sorso* di caffè.

Übung 25: Welches Getränk ist gemeint?

ÜBUNG 25 !

1. Si usa per fare il formaggio: ______________
2. Gli inglesi lo bevono preferibilmente alle cinque: ______________
3. È lo champagne italiano: ______________
4. Può essere sia rosso che bianco: ______________

5. Non c'è niente di meglio contro la sete: ____________

6. Contiene molta vitamina C: ____________

Qualsiasi cosa lo sconosciuto volesse, il caffè sapeva farlo bene. "Allora, cosa vuole, signore?" chiese Lombardo. Nel frattempo si era veramente *incuriosito* un po'. Dopotutto faceva parte del suo mestiere di *scienziato* essere curioso.

ÜBUNG 26 !

Übung 26: Lesen Sie weiter und streichen Sie die fünf inhaltlich nicht dazugehörigen Sätze durch!

Il vecchio, Castelani, *annuì* soddisfatto. *Non vedeva l'ora di* mangiare un cornetto.

"Mi piace suonare il pianoforte. Ho fatto fare delle ricerche. Mi hanno detto che Lei è uno dei maggiori studiosi di storia italiana, dottore."

Lombardo *si sentì lusingato*. La *padrona* di casa suonò alla porta. "Grazie, mi fa piacere sentirlo," disse. "Ma ciò non *spiega* perché Lei sia qui."

"Andiamo con calma, dottore. Su questo punto tornerò più tardi. Anch'io ho studiato a lungo la storia e nel corso delle mie ricerche ho incontrato una figura interessante. Non Le dice niente il nome Cagliostro?"

Lombardo *corrugò* la *fronte*. Se solo avessi tempo di andare al cinema, pensò.

"Certo. Ho scritto anche un libro su di lui. Era uno degli alchimisti più famosi del suo tempo. E in più un ciarlatano e un maestro nell'arte di vivere. Una personalità storica interessantissima. Ma non capisco…"

Il vecchio *evitò* di rispondere. Andò nell'ingresso e si tolse il cappotto.
"Mi lasci continuare, poi capirà. Come anche Lei saprà, Cagliostro ha compiuto diversi esperimenti. Alcuni *sostengono* addirittura che avesse fatto un patto col diavolo."

Übung 27: Ordnen Sie die Buchstaben zu sinnvollen Wörtern!

"Naturalmente erano solo (1. cairechihce) ______________ superstiziose. Come molti dei suoi contemporanei Cagliostro ha compiuto degli esperimenti d'alchimia. E gli alchimisti sono considerati i precursori dei (2. domirne) ______________ chimici. Da questo punto di (3. sitav) ______________ si potrebbe definire Cagliostro addirittura uno *scienziato*." lo interruppe Lambardo.
Il (4. occhevi) ______________ batté le mani.
"Anch'io la penso così! Cagliostro era un geniale *scienziato*. E *ha raggiunto* (5. turisalti) ______________ stupefacenti. Per (6. pomisee) ______________ nella ricerca della *pietra filosofale*."
A Lombardo venne da (7. redire) ______________.

"Ma via! Non crederà sul serio che Cagliostro avesse trovato il modo di trasformare il *piombo* in oro?"
Il vecchio *scosse* la testa e sorrise sottilmente.
"Via, dottore, ora mi *delude*. Sa quanto me che non *si trattava* veramente *di* produrre oro."
Lombardo *annuì* e prese un altro *sorso* di caffè.
"No, certo che no. Gli alchimisti cercavano piuttosto un modo per *raffinare* la materia. La trasformazione del *piombo* in oro era soltanto un simbolo."

"Esatto!" Il vecchio era contento come un bambino. "Cagliostro è riuscito ad esaudire un *sogno* antichissimo dell'umanità."
"Davvero? Quale?" chiese Lombardo scettico.
"Che cosa pensa, dottore?" disse il vecchio con tono *di sfida.* "Cagliostro… *ha scoperto* il *segreto* della vita *eterna*."
Lombardo *fissò* il vecchio per un secondo. Poi scoppiò a ridere di tutto cuore.
"*Non* dirà *mica* sul serio, signore!" esclamò. "Non ci crederà davvero!"
"Capisco la sua reazione, giovanotto," rispose calmo Castelani.

ÜBUNG 28

! *Übung 28: Unterstreichen Sie das „schwarze Schaf"!*

1. a) misterioso, b) sorprendente, c) stupefacente
2. a) pietra, b) pallottola, c) sasso
3. a) annuire, b) assentire, c) mentire
4. a) secondo, b) tempo, c) attimo
5. a) testa, b) capo, c) capelli
6. a) comprendere, b) credere, c) capire
7. a) tranquillo, b) convinto, c) calmo
8. a) curioso, b) soddisfatto, c) contento

"Ma Le assicuro: so di cosa parlo. Le mie ricerche non lasciano *dubbi*. Cagliostro *ha scoperto* il *segreto* della vita *eterna*."
Il dottor Lombardo era tornato di nuovo calmo.
"Bene, *poniamo* che sia così - ma io che *c'entro*?"
"Lei è un esperto di storia, dottore. E ha scritto un libro su Cagliostro. È l'uomo che fa per me. Voglio *affidarLe* l'*incarico* di cercare per me gli ingredienti del siero dell'*immortalità*."
"Che cosa vuole?"
"Ha sentito bene, dottore. Ai suoi tempi Cagliostro è stato spesso in

conflitto con la legge. Per questo *ha nascosto* gli ingredienti della formula misteriosa in luoghi diversi. Le chiedo di cercare per me questi ingredienti. Dietro *appropriato compenso*, si capisce."

Übung 29: Was kocht Lombardo in seiner Küche? Ordnen Sie die Buchstaben der Zutaten und enträtseln Sie das Lösungswort!

1. (seal) ☐ _ _ E
2. (eppe) ☐ _ _ E
3. (avilas) _ ☐ _ _ _ A
4. (golia) _ ☐ _ _ O
5. (nufigh) _ _ _ _ ☐ I
6. (pozzemelor) _ _ ☐ _ _ _ _ _ _ O
7. (nonot) ☐ _ _ _ O
8. (tecao) _ _ _ ☐ O
9. (looi) _ _ ☐ O

Lösungswort: _ _ _ _ _ _ _ _ _

Il dottor Lombardo *scosse* la testa.
"Ma cosa pensa? In primo luogo non credo a tutte queste magie. E in secondo luogo ho già un lavoro. Sono professore universitario, nel caso l'abbia dimenticato."
"Oh, certo che non l'ho dimenticato. *Mi sono permesso di* richiedere una vacanza a nome suo. Il rettore, un mio vecchio amico, si è dichiarato naturalmente d'accordo. E per quanto riguarda il *compenso*… ecco un piccolo *acconto*."

Übung 30: Welche Übersetzung stimmt?

1. assegno	☐	a) Scheck
	☐	b) Quittung
2. acconto	☐	a) Summe
	☐	b) Anzahlung
3. bancomat	☐	a) Tresor
	☐	b) Geldautomat
4. conto corrente	☐	a) Bankleitzahl
	☐	b) Girokonto
5. versamento	☐	a) Überweisung
	☐	b) Liquidität
6. spese	☐	a) Gewinn
	☐	b) Ausgaben
7. pagamento	☐	a) Bezahlung
	☐	b) Rechnung

L'uomo *infilò* la mano nella tasca interna della giacca. Tirò fuori una *busta* e la mise sul tavolo.
"Qui dentro ci sono 5000 euro di *acconto*, dottor Lombardo. Gliene pagherò ancora il doppio quando avrà trovato tutti gli ingredienti. Naturalmente tutte le spese saranno *a carico* mio."
Lombardo *inghiottì*. Lo sconosciuto faceva sul serio.
Doveva accettare quell'offerta pazzesca? Perché no? Dei soldi aveva più che bisogno e forse avrebbe potuto scrivere un nuovo libro sulla sua ricerca degli ingredienti.
Chiaramente Lombardo non credeva affatto che Cagliostro avesse scoperto il *siero* dell'*immortalità*. Ma se serviva a fare contento il vecchio…
Lombardo fece un *profondo sospiro*. Poi disse:
"Va bene, signor Castelani. Accetto la Sua offerta."

"Benissimo," esclamò Castelani. Si alzò a fatica e *strinse* la mano a Lombardo. "Sapevo di poter contare su di Lei. Propongo di cominciare subito con il lavoro."
"Volentieri," rispose Lombardo. "Ma dove devo cominciare?"
"La prima indicazione la troverà alla Biblioteca Nazionale, dottor Lombardo. *Suppongo* la conosca bene."
Il vecchio *si diresse verso* la porta con *passi* lenti, *sostenendosi* ad un *bastone da passeggio* con il *pomo* d'argento. Il *pomo* aveva la forma di una testa di *leone*.
"Ma... veramente avrei bisogno di un'indicazione più concreta," protestò Lombardo.

Übung 31: Finden Sie das passende Gegenteil!

ÜBUNG 31 !

1. doppio	☐	a) concreto
2. cominciare	☐	b) per finta
3. forse	☐	c) accettare
4. sul serio	☐	d) metà
5. rifiutare	☐	e) finire
6. triste	☐	f) contento
7. astratto	☐	g) sicuramente

Il vecchio però aveva già aperto la porta d'ingresso. Prima di uscire si guardò alle *spalle*.
"Troverà la *pista* giusta, giovanotto. Ho piena fiducia in Lei. Un avvertimento però: non deve perdere tempo. C'è anche un'altra persona alla ricerca del *segreto* di Cagliostro. Buona fortuna, dottore. *Mi farò vivo* io."
Prima che Lombardo potesse dire qualcosa il vecchio uscì.
Lombardo corse nel corridoio e aprì la porta. *Era sparito*.

Capitolo 4: Il commissario derubato

Il commissario Nicoletti *sbadigliò* e *infilò* la mano nella tasca dei pantaloni. Faceva ancora molto freddo.

Rosa Nicoletti *strinse* con le *dita* la *bustina* di plastica dove si trovava la *pallottola*. Prima, al museo, aveva avuto un'idea. Voleva mostrare la strana pallina al suo vicino, un certo dottor Lombardo. Ci aveva scambiato qualche volta due parole quando si erano incontrati per caso per le scale. Non sapeva molto di lui, solo che era professore di storia all'università.

E se quella era veramente la *pallottola* di un'*arma* antica, forse Lombardo poteva raccontarle qualcosa *in proposito*.

ÜBUNG 32 !

Übung 32: Finden Sie die passende Übersetzung!

1. per caso	☐ a) sich den Weg bahnen
2. farsi vivo	☐ b) sich kurz unterhalten
3. farsi strada	☐ c) am helllichten Tag
4. scambiare due parole	☐ d) zufällig
5. in pieno giorno	☐ e) sich melden

Inoltre la sua idea era anche una buona scusa per ritornare a casa. Non erano nemmeno le nove, era ancora presto per prendere servizio. Normalmente non era mai in ufficio prima delle nove e mezzo o addirittura delle dieci. *In compenso* lavorava spesso fino a tarda notte.

Übung 33: Fügen Sie folgende Wörter in die richtigen Lücken ein!
(a) rumore, b) telefono, c) nebbia, d) albero, e) pistola, f) maschera, g) vicolo)

A parte il gatto Giuseppe non c'era nessuno ad aspettarla.
Rosa passò oltre la vecchia chiesa e si guardò intorno. Nel (1.) .... non c'era ancora nessuno. Ma non aveva sentito un (2.) .... ?
Si guardò ancora intorno. Per un secondo credette di riconoscere nella (3.)................ qualcosa di rosso. E il guardiano del museo non aveva parlato di un uomo con una (4.)................ rossa?
Rosa cercò istintivamente l'*arma* di servizio. *Accidenti*!
Non aveva preso la pistola! Quella mattina, quando era suonato il (5.) ...., era ancora troppo addormentata per pensarci.
Rosa tentò di riconoscere qualcosa nella nebbia ma nel vicolo era ancora piuttosto *fitta*.
Là! La maschera rossa *apparve* di nuovo. *Si era nascosta* dietro ad un sottile (6.) ....
"Fermo!" esclamò Rosa nella nebbia. "Polizia!"
Ma l'uomo con la maschera fece esattamente il contrario. Chiunque fosse, corse nella direzione opposta.
Ha la *coscienza* sporca, pensò Rosa e gli andò dietro.
Anche se non aveva la (7.)................ con sé, voleva vedere bene quell'individuo.

Un paio di secondi più tardi i suoi *passi risuonavano* nell'antichissimo vicolo. Mentre correva Rosa si guardò intorno. Dov'era finito il misterioso sconosciuto?

Il commissario si fermò respirando *affannosamente* e si guardò intorno.

ÜBUNG 34 !

Übung 34: Welches Adjektiv passt zu wem?
(a) malinconico, b) ordinato, c) attento, d) avaro, e) misterioso, f) estroverso, g) distratto, h) sgarbato, i) imprudente, l) ottimista)

1. Luigi dimentica spesso dove lascia gli occhiali. ☐
2. Paolo non saluta mai. ☐
3. Antonio ha moltissimi amici. ☐
4. Marco guida troppo velocemente. ☐
5. Franco non sopporta le cose fuori posto. ☐
6. Alessandro non dice che cosa fa e da dove viene. ☐
7. Matteo si ricorda sempre del compleanno degli amici. ☐
8. Davide ride raramente. ☐
9. Luca spera sempre che il conto lo paghino gli altri. ☐
10. Guido vede sempre il lato positivo delle cose. ☐

Eccolo! A qualche metro di distanza *apparve* di nuovo qualcosa di rosso.
Rosa *intravide* vagamente per un secondo lo sconosciuto. *Indossava* veramente una maschera di carnevale rossa e un lungo mantello anch'esso di colore rosso.
L'uomo la guardò. La sua maschera rimase senza espressione.
Poi *agitò* il mantello e *sparì* come *inghiottito* dal nulla.

Übung 35: Unterstreichen Sie die richtige Alternative!

Non è possibile, pensò Rosa. Probabilmente la (1.) noia/stanchezza e la nebbia le avevano giocato un brutto *scherzo*.
Con *passi cauti* si avvicinò al punto in cui l'uomo *era sparito*. Non poteva semplicemente *essersi dissolto* nell' (2.) aria/acqua.
E infatti non era stato così. Rosa fece un (3.) gesto/passo in avanti e gridò (4.) sorpresa/spaventata.
All'ultimo minuto riuscì a spostare l'*equilibrio* all'indietro. Davanti a lei c'era il vuoto.
Si trovava sul (5.) bordo/davanzale di un canale *in disuso*. Questi cosiddetti canali *in secca* erano molto diffusi a Venezia. Prima vi scorreva l'acqua, ora il canale era un semplice *fosso*.
Davanti al commissario il *fosso* aveva (6.) uno spessore/una profondità di circa due metri.
Ecco com'*era scomparso* l'uomo mascherato. L'aveva (7.) occupata/distratta col mantello e poi, protetto dalla nebbia, era semplicemente saltato nel canale *in secca*.

Chissà dov'era ora.
Il commissario Nicoletti, però, non volle *rinunciare* all'*inseguimento*.
Continuò a camminare lungo il canale. Là in basso era ancora più scuro che sulla strada. Rosa Nicoletti *scrutò* la nebbia. Davanti a lei, a destra e a sinistra, c'erano pezzi di barche di *legno* e gondole. Sembravano pesci *in secca*.
Rosa urlò *spaventata* quando qualcosa le guizzò fra i piedi. Un grosso ratto.
"*Sparisci* schifoso!" esclamò. Odiava i topi. Anche per questo teneva un gatto in casa.
Il ratto *scomparve squittendo* nella nebbia.

Übung 36: Jedes Tier hat seine Stimme. Finden Sie die passenden Paare!

1. cane	☐ a) miagolare
2. topo	☐ b) muggire
3. zanzara	☐ c) squittire
4. gatto	☐ d) nitrire
5. cavallo	☐ e) ronzare
6. rana	☐ f) gracidare
7. mucca	☐ g) abbaiare

Improvvisamente il commissario sentì un rumore alle sue *spalle*. Si girò. Appena dietro di lei stava l'uomo con la maschera rossa. Il suo mantello rosso spiccava nella nebbia.
"Lei ha qualcosa che mi appartiene," disse l'individuo, senza che la bocca della maschera si muovesse. "La rivorrei indietro."
"La dichiaro in arresto," si limitò a rispondere il commissario Nicoletti. Istintivamente fece per *afferrare* l'*arma* di servizio, ma la sua pistola era rimasta a casa sul *comodino*.

Übung 37: Wo finden Sie folgende Gegenstände?
(a) comodino, b) divano, c) panchina, d) armadietto, e) scrivania, f) sedia a sdraio, g) lavandino, h) altare)

1. parco	☐	5. soggiorno	☐
2. camera da letto	☐	6. studio	☐
3. bagno	☐	7. spiaggia	☐
4. chiesa	☐	8. cucina	☐

L'uomo mascherato non si mosse fino a quando, improvvisamente, una pistola di vecchio tipo *sbucò* dal suo mantello. La *canna* era centrata esattamente contro Rosa.

"Mi dia la mia *pallottola*, commissario," disse l'uomo. "Le assicuro che nella pistola ce ne sono altre."

"Ma che cosa sono tutte queste *sciocchezze*? Lei chi è?" chiese Rosa *arrabbiata*.

L'uomo mascherato *scosse* solo la testa. "La *pallottola*, per favore!"

Di malavoglia, il commissario *infilò* la mano nella tasca dei pantaloni. Tirò fuori la *bustina* di plastica con la *pallottola* e la *porse* allo sconosciuto.

"La ringrazio," disse quello e fece *scomparire* la *busta* sotto il mantello.

"E ora?" chiese il commissario Nicoletti.

"Ora purtroppo devo andare," rispose l'uomo mascherato. "Mi ha fatto piacere conoscerLa."

Übung 38: Übersetzen Sie folgende Sätze!

ÜBUNG 38 !

1. Darf ich dir meine Freundin Silvia vorstellen?

2. Wann machst du mich mit deinen Eltern bekannt?

3. Lass uns du sagen!

4. „Wie geht es dir?“ „Danke, es geht mir so lala.“

5. Grüße deine Frau vielmals von mir!

---

6. Machen Sie sich keine Umstände!

---

7. Du bist sehr nett!

Con queste parole *infilò* di nuovo la mano nel mantello.
Veloce come un lampo tirò fuori una bottiglietta e senza *esitare* la buttò a terra davanti ai piedi del commissario.
La boccetta si ruppe.
Immediatamente si alzò un fumo *denso* e nero che *avvolse* il commissario Nicoletti.
"Ehi!" gridò Rosa *tossendo*. "Io ho smesso di fumare!"
Le mancava l'aria. Quando poté di nuovo vedere qualcosa, l'uomo con la maschera rossa *era scomparso*.
E con lui la sua unica prova.
"La giornata comincia bene," *brontolò* il commissario Nicoletti.

ÜBUNG 39 !

Übung 39: In fünf Sätzen ist die Reihenfolge der Wörter falsch. Verbessern Sie sie!

Il dottor Lombardo sedeva al tavolo della cucina e contava *incredulo* le banconote.

1. (il sogno Erano veri, non soldi era stato un vecchio).

Quel *pazzo* gli aveva dato veramente 5000 euro per cercare una formula misteriosa dell'alchimista Cagliostro. Che *follia*!

2. (porta Il si suonarono dottor spaventò Lombardo quando alla).

Probabilmente era il vecchio che rivoleva indietro i soldi.
3. (O i denaro che la suoi chiedevano eredi restituzione del).

Insicuro Lombardo andò alla porta e l'aprì.
4. (attraente davanti una Si donna trovò).

5. (secondi prima di Lombardo ebbe un paio di bisogno di riconoscerla).

Era la sua vicina, quella che lavorava nella polizia. Com'è che si chiamava?
Nicoletti, commissario Nicoletti.

Übung 40: Unterstreichen Sie die vier Adjektive, die einen Gemütszustand ausdrücken!

"Commissario," *balbettò* Lombardo.
Che cosa vuole da me la polizia?, pensò il dottore in quel momento. *Ho commesso* un delitto accettando i soldi del vecchio?
"In che posso aiutarLa?" chiese insicuro.
Il commissario Nicoletti gli sorrise incoraggiante. "Beh, potrebbe anche farmi entrare. Voglio dire, se non *disturbo*, dottore."
"Ma no, niente affatto," rispose Lombardo imbarazzato. Tenne la porta aperta al commissario. "Entri, La prego. E scusi il disordine."

Rosa Nicoletti si guardò intorno curiosa e le *scappò* un *sorriso*. Più o meno così aveva immaginato l'appartamento di uno studioso. Era arredato in modo molto semplice. *In compenso* c'erano libri *sparsi* dappertutto, prevalentemente di argomento storico.

Rosa fece un cenno di no.
"Non c'è problema, dottore. Di sopra a casa mia è in genere ancora peggio. Senta, potrei avere un caffè?"
"Ma certo," rispose velocemente Lombardo. Con la mano le indicò la cucina.
Poi gli *venne in mente* che non era stata una buona idea. Troppo tardi.
Il commissario Nicoletti entrò in cucina e *spalancò* gli occhi.
"*Accidenti*!" esclamò. "*Ha vinto* al lotto? O ha avuto un'eredità?"
Indicò le banconote che si trovavano ancora sul tavolo della cucina.
Il dottor Lombardo *arrossì*. Che cosa doveva dire a questo punto? Dopotutto la sua vicina era commissario. E forse *commetteva* un delitto *mentendole*. Lombardo *inghiottì*. Poi offrì al commissario una sedia, si sedette accanto a lei e le raccontò l'intera storia.
Il commissario Nicoletti lo ascoltò attentamente.
Quando il dottor Lombardo ebbe finito di parlare Rosa Nicoletti lo *fissò* stupita.

! ÜBUNG 41

Übung 41: Unterstreichen Sie das „schwarze Schaf"!

1. a) denaro, b) stipendio, c) soldi
2. a) biglietti, b) banconote, c) assegni
3. a) delitto, b) reato, c) cattiveria
4. a) gesto, b) sorriso, c) cenno
5. a) pretendere, b) restituire, c) ridare
6. a) ricompensare, b) retribuire, c) multare

“È incredibile,” disse.
“Non è vero?” rispose Lombardo. “E ora? Devo restituire i soldi al vecchio?” domandò poi timidamente.
Rosa *fece cenno di no*.
“*Macchè*! Le è stato conferito un incarico ufficiale. Un incarico ben retribuito ma… No, il punto non è questo.”
“E allora?” chiese Lombardo curioso.

Übung 42: Lesen Sie weiter und unterstreichen Sie die Synonyme für die Wörter in Klammern!
(1. succedeva, 2. bella, 3. facendo vedere, 4. poco convinta, 5. bagnata, 6. buonissimo, 7. aspettò)

“Potrei bere un *sorso* di caffè prima di dirglielo, per favore?”
Il dottor Lombardo si alzò in piedi. “Ma certo. Mi scusi, me ne ero dimenticato.”
Il dottore *arrossì* di nuovo. Non accadeva spesso che una donna così attraente sedesse al suo tavolo in cucina. Semplicemente non ci *era abituato*.
Per fortuna era rimasto ancora un po’ di caffè di quello fatto dal vecchio. Lombardo ne versò una tazza al commissario.
“Avrei anche un paio di cornetti freschi,” disse mostrando il sacchetto del bar.
Il commissario Nicoletti diede un’*occhiata* scettica alla *busta* inzuppata. “No, grazie,” disse.
Poi prese un *sorso* di caffè. “Ah, fa proprio bene. Un caffè veramente eccellente, dottor Lombardo.”
“La ringrazio. Sono contento che Le piaccia, ma il complimento non mi *spetta*. È stato il mio misterioso visitatore a farlo.”
“Capisco,” *annuì* il commissario e attese che Lombardo si fosse seduto di nuovo.

Poi *riflették* brevemente e gli raccontò della *rapina* al museo e del misterioso sconosciuto che l'*aveva* appena *derubata*.
Quando ebbe finito di parlare Lombardo la guardò a bocca aperta.
"È incredibile. Lei *è stata rapinata*? Qui, nella nostra zona? E al museo è stata rubata una *scatolina* del leggendario Cagliostro?"
"Molto strano, no? Troppo strano per *trattarsi di* un puro caso. Voglio dire, al museo viene rubata una *scatolina appartenente* a Cagliostro, da un uomo che *sostiene* di riprendersi semplicemente ciò che è suo. E poco dopo viene a trovarLa un vecchio che Le *affida* l'*incarico* di trovare la formula dell'*immortalità* di Cagliostro."

Übung 43: Welcher Beruf ist gemeint?

1. lavora al bar ____________
2. lavora alla scuola ____________
3. controlla in spiaggia che gli ombrelloni e i lettini siano in ordine ____________
4. difende gli imputati in tribunale ____________
5. guida l'aereo ____________
6. prende le ordinazioni al ristorante ____________
7. cura gli ammalati ____________
8. guida l'autobus ____________
9. serve i clienti in negozio ____________
10. scrive al computer le lettere per il direttore ____________
11. vende le medicine ____________

"Effettivamente la cosa è molto strana," *annuì* Lombardo. "E più particolari vengo a conoscere, più mi sembra strana. Lei che ne pensa, commissario?"
Il commissario Nicoletti si alzò e cominciò a camminare su e giù per la stanza. In quel modo riusciva a *riflettere* meglio.
"Io la vedo così," disse infine. "Lo strano vecchio è venuto a sapere della leggenda secondo la quale Cagliostro *aveva scoperto* la formula dell'*immortalità.* E ora tenta disperatamente di impadronirsi di questo presunto *siero* per non dover morire."
"La spiegazione è *sensata*," *mormorò* Lombardo. "Il vecchio *era* sì ancora *in gamba*, ma sembrava effettivamente molto anziano. Probabilmente non gli mancano né tempo né soldi e ha letto un paio di libri emozionanti su Cagliostro."

Übung 44: Finden Sie die richtige Übersetzung!

1. Mio nonno è ancora in gamba. ☐
   a) Mein Opa ist immer noch rüstig.
   b) Mein Opa trägt keine Krücken mehr.
2. Carlo è una persona alla mano. ☐
   a) Carlo ist ein umgänglicher Mensch.
   b) Carlo ist hilfsbereit.
3. Lisa è una ragazza di parola. ☐
   a) Lisa redet viel.
   b) Lisa hält immer ihr Wort.
4. Tuo fratello ha le mani bucate. ☐
   a) Dein Bruder hat Wunden an den Händen.
   b) Dein Bruder gibt gerne Geld aus.
5. Il mio vicino non ha tutti i venerdì. ☐
   a) Mein Nachbar hat freitags selten Zeit.
   b) Mein Nachbar hat nicht alle Tassen im Schrank.

"Anch'io la penso così," *annuì* Rosa Nicoletti.
"E il rapinatore al museo? Perché ha rubato un oggetto *appartenuto* a Cagliostro? Voglio dire, al museo ci sono sicuramente cose molto più preziose. Perché ha preso proprio quella *scatolina*?"

ÜBUNG 45 !

Übung 45: Lesen Sie weiter und fügen Sie die Wörter in Klammern in die richtigen Lücken ein!
(a) venerdì, b) museo, c) fronte, d) pericoloso, e) immaginarlo, f) abilità, g) proprietà)

"Me lo sono chiesta anch'io, naturalmente," rispose la Nicoletti. "*Suppongo* semplicemente che l'uomo mascherato non abbia tutti i (1.) ________. Probabilmente crede di essere Cagliostro e rivuole indietro la sua (2.) ________."
Lombardo si toccò un paio di volte la (3.) ________ con un *dito*. "Vuol dire che è *pazzo*? Come uno che crede di essere Napoleone?"
"Esattamente," *assentì* Rosa Nicoletti. Ma non è solo *pazzo*, è anche (4.) ________. Dopotutto ha dimostrato una grande (5.) ________ nella *rapina* al (6.) ________ E *ha derubato* anche me nel canale *in secca*. Non è cosa da tutti."
Posso ben (7.) ________ pensò Lombardo.

"Ma perché è venuta da me?" chiese il dottore curioso. La domanda non gli *era* ancora *venuta in mente*.
Il commissario Nicoletti *si strinse nelle spalle*.
"In realtà volevo farLe vedere quell'antica *pallottola*," rispose. "Ma ormai non è più possibile. Però ho pensato che, in quanto esperto di

storia italiana, avrebbe potuto comunque dirmi qualcosa su Cagliostro. E, come si è visto, ho avuto un *colpo* di fortuna."
Lombardo *corrugò la fronte*.

Übung 46: Welche Körperteile sind gemeint? Enträtseln Sie die Definitionen und finden Sie das Lösungswort!

ÜBUNG 46 !

1. lasciano impronte quando si cammina sulla sabbia □ _ _ _ I
2. lo veste la manica _ _ _ _ _ □ O
3. fa spesso male a chi lavora a lungo seduto □ _ _ _ _ _ A
4. era il punto debole di Achille □ _ _ _ _ _ E
5. i rumori forti gli danno fastidio □ _ _ _ _ _ _ O
6. regge la testa _ _ □ _ O
7. serve per parlare B _ _ _ □

Lösungswort: _ _ _ _ _ _ _

"Ah, e come mai?"
"Beh, in fondo il vecchio Le ha dato l'*incarico* di trovare il *siero* dell'*immortalità* di Cagliostro."
"E allora?"

Übung 47: Unterstreichen Sie die richtige Alternative!

ÜBUNG 47 !

"*Suppongo* che il misterioso rapinatore dalla maschera rossa abbia la stessa intenzione. Se non ha niente in (1.) opposto/contrario L'accompagnerò nelle Sue ricerche. Con un po' di fortuna forse incontreremo di nuovo l'uomo mascherato."
"Capisco," *annuì* Lombardo. "Vuole adoperarmi come (2.) esca/attrazione." L'idea non gli piaceva troppo.

Il commissario Nicoletti gli sorrise. "Diciamo piuttosto che Le offro la (3.) protezione/compagnia della polizia per il Suo lavoro. Le suona meglio?"
"Non molto," rispose Lombardo. Poi gli venne in (4.) capo/mente ancora qualcosa. "Nelle Sue *supposizioni* ha dimenticato (5.) una possibilità/un'idea, commissario," disse.
Rosa Nicoletti lo *fissò* attenta. "Quale sarebbe?"
"E se l'uomo con la maschera fosse veramente Cagliostro? Se Cagliostro *avesse* veramente *scoperto* il *siero* dell'*immortalità* e fosse ancora in vita?"
Al commissario Nicoletti (6.) fuggì/scappò da ridere. "Non dirà sul serio, dottore?"
Il dottor Lombardo *inghiottì*. Non sapeva più che cosa (7.) sospettare/pensare …

Capitolo 5: L'indizio in biblioteca

Nel palazzo abbandonato c'era *odore* di *marcio*. Ma l'uomo dal mantello rosso si era abituato a quell'*odore*. Da due anni andava regolarmente al palazzo, nei cui *sotterranei* aveva installato un laboratorio. L'antico edificio *apparteneva* al comune che non aveva soldi. Da anni le vecchie mura *marcivano* lentamente.

ÜBUNG 48 !

Übung 48: Welche Paare gehören zusammen?

1. municipio	☐ a) primo ministro
2. università	☐ b) commissione
3. Comunità Europea	☐ c) papa
4. governo	☐ d) rettore
5. parlamento	☐ e) direttore

6. banca ☐ f) deputato
7. Chiesa cattolica ☐ g) sindaco

L'uomo si tolse il mantello e lo *gettò* a terra *sbadatamente*. Poi si tolse la maschera.
Apparve così il viso di un giovane uomo sui trentacinque anni. Aveva i tratti regolari ed era decisamente di bell'aspetto.
Ancora ridendo, l'uomo portò la mano alla cinta e tirò fuori due oggetti: una *bustina* di plastica con dentro una *pallottola* di *piombo* e una *scatolina* con decorazioni d'oro. La *scatolina* che aveva rubato un paio d'ore prima al museo.
L'uomo la osservò alla prima luce del sole che entrava dai vetri sporchi della finestra.
Quella *scatolina* non valeva molto, forse un paio di migliaia di euro. Normalmente l'uomo non *si sarebbe sprecato per* così poco, visto che i soldi non erano un problema per lui. Eppure quella *scatolina* aveva per lui un *valore inestimabile*.

Übung 49: Welches Adjektiv ist gemeint?
(a) inestimabile, b) irraggiungibile, c) proibito, d) indispensabile, e) infinito, f) potabile, g) infiammabile)

1. si può bere ☐
2. non si può fare ☐
3. non ha prezzo ☐
4. non si può avere ☐
5. non finisce più ☐
6. assolutamente necessario ☐
7. brucia facilmente ☐

ÜBUNG 49 !

L'aprì con attenzione, poi ne osservò l'interno. Sul fondo *scoprì* i resti di una polvere bianca. Solo qualche *granello*, ma sarebbe comunque bastato. Proprio per quello aveva rubato la *scatolina* e

aveva rapinato quel commissario per riprendere la *pallottola*. Era sempre importante non lasciare prove nelle mani della polizia.
L'uomo mise la *scatolina* su un ampio tavolo dove si trovavano già diversi altri oggetti: altre *scatoline*, lo *stelo* seccato di un fiore esotico, delle *provette* contenenti strani liquidi.
Presto avrebbe avuto tutto quello che gli serviva.
L'uomo rise di nuovo. "Un Cagliostro ottiene sempre ciò che vuole!" esclamò.
Il commissario Nicoletti e il dottor Lombardo scendevano le scale.
"In fondo sono proprio contento che mi accompagni," disse Lombardo. "Non che sia superstizioso, ma quell'uomo con la maschera rossa mi fa un po' *paura*."
"Oh, non ha niente a che vedere con la superstizione," rispose il commissario. "*Si tratta di* un individuo reale, mi creda."

! ÜBUNG 50

Übung 50: Sind die folgenden Sätze richtig ✔ oder falsch – ?

1. Una persona che crede alla magia è superstiziosa. ☐
2. Un migliaio di euro sono esattamente 1000 euro. ☐
3. Un'ampia piazza è una piazza grande. ☐
4. Una donna di bell'aspetto è una donna interessante. ☐
5. Bastare significa essere sufficiente. ☐
6. Un uomo sulla quarantina ha più o meno quarant'anni. ☐
7. L'acqua e il vino sono dei liquidi. ☐
8. L'ananas è un frutto esotico. ☐

In quel momento si aprì il portone.
Fu la *padrona* di casa ad aprirlo. Quando vide il commissario Nicoletti rimase un minuto sorpresa.

"Oh, dottore, ha visite femminili? Ma Lei lo sa che non lo *vedo di buon occhio*. Questa è una casa… ah, ma è Lei, commissario. Mi scusi non L'avevo riconosciuta subito."
Rosa indicò il *soffitto*.
"Forse dovrebbe sostituire la lampadina rotta," disse, "allora ci si vedrebbe meglio per le scale."
La *padrona* si limitò a ridere *imbarazzata*. Non *sopportava* le critiche.
"Oh, questo," disse, "di questo si occuperà mio marito. Non è vero, Luigi?" gridò *rivolta* all'indietro.
Luigi *brontolò* stancamente. Probabilmente la sera prima *aveva alzato* un po' troppo *il gomito*.

Übung 51: Fügen Sie die richtigen Präpositionen in die Lücken ein!
(a) per, b) ad, c) a, d) da, e) ai, f) in, g) al)

"In effetti ero venuta per ringraziarLa dell'*affitto*, dottor Lombardo. Suo zio è stato molto *generoso* a pagare i prossimi sei mesi (1.) ________ anticipo."
Lombardo non capiva più niente.
"Mio zio?" ripeté. "In anticipo?"
"Certamente. Suo zio, quel simpatico signore anziano, è passato prima (2.) ________ me. Mi ha detto che Lei sta lavorando (3.) ________ un nuovo progetto. E che ha bisogno di tutta la sua concentrazione. E chiaro che in una situazione così non ha tempo di pensare (4.) ________ soldi."
"Mio zio?" ripeté Lombardo di nuovo. Continuava a non capirci niente.

Rosa fece un risolino e gli diede un leggero *colpetto*. “Il vecchio,” *sussurrò*.

Finalmente Lombardo capì. Quel vecchio *pazzo si era spacciato* (5.) ______________ suo zio e aveva pagato l’*affitto*.

“Oh sì,” esclamò infine Lombardo, “capisco. Sì, mio zio è molto *generoso*. Buona giornata, signora Berlanti,” le augurò Lombardo.

“Grazie, anche (6.) ________ Lei,” rispose la *padrona* di casa. “E che i Suoi studi abbiano *successo*, dottore.”

“Glielo auguro anch’io, dottor Lombardo,” disse Rosa (7.) ________ suo accompagnatore.

I due uscirono. La nebbia *era sparita*. Il sole di febbraio splendeva nel cielo.

“È incredibile,” *mormorò* Lombardo, “quanto diventino gentili le persone quando credono che uno abbia *parecchi* soldi.”

“In particolare i *padroni* di casa,” *assentì* Rosa. “Ma, mi dica, dottore: dove cominciamo le nostre ricerche?”

! ÜBUNG 52

Übung 52: Lesen Sie weiter und schreiben Sie die Übersetzungen der Wörter in Klammern!

Lombardo (1. zuckte mit den Achseln) ________________________.

“Non so dove cominci le *indagini* la polizia, commissario,” rispose sorridendo. “Ma so dove ha inizio in genere uno studio (2. wissenschaftlich) ________________________: in biblioteca.

Dovremo *recarci* proprio lì.”

In biblioteca il commissario Nicoletti (3. blickte sich um) _______________. Dal suo esame finale in criminologia non era più stata in un posto del genere.
Gli unici *scaffali* pieni di libri li aveva visti ogni tanto (4. in der Buchhandlung um die Ecke) _______________. Ma qui, nella Biblioteca di Stato, c'erano (5. Tausende, Hunderttausende) _______________ di libri.
Gli *scaffali* sembravano non aver fine.
"Mamma mia," *mormorò* Rosa, "non ho mai visto tanti libri."

"Da dove cominciamo ora?" chiese Rosa scoraggiata. "Non Le ha detto niente il vecchio?"

Übung 53: Unterstreichen Sie nur die Paare, in denen ein Adjektiv das Gegenteil vom anderen ist!

ÜBUNG 53 !

1. scoraggiato / coraggioso
2. teso / rilassato
3. imbarazzato / disinvolto
4. credibile / incredulo
5. maleducato / ben educato
6. colpevole / innocente
7. sensato / incerto
8. sconosciuto / famoso

Lombardo si strinse nelle spalle. Ora sembrava anche lui un po' perso.
"No, ha detto solo che avrei trovato una *pista* alla Biblioteca di Stato. Io comincerei con i libri che trattano di Cagliostro. Venga, prego."
Il commissario *annuì*. "Mi sembra una cosa *sensata*."

ÜBUNG 54 !

Übung 54: Fügen Sie die Synonyme in Klammern in die passenden Lücken ein!
(a) invece, b) La guidò, c) Indicò, d) libri, e) trattano di, f) trascorso, g) sembravano)

Lombardo la *precedette*. (1. Le fece strada) ______________ lungo file di *scaffali* che (2. parevano) ______________ non aver fine. Dopo qualche minuto Rosa non avrebbe più saputo ritrovare da sola l'uscita. Il dottor Lombardo, (3. al contrario) ______________, *si comportava* come se fosse a casa propria. E in un certo modo lo era. Negli ultimi anni aveva (4. passato) ______________ più tempo in biblioteca che a casa.
"Ecco, ci siamo," disse infine. (5. Mostrò) ______________ una lunga fila di *scaffali* con dozzine di (6. volumi) ______________.
"Sono tutte opere che (7. parlano di) ______________ Cagliostro. In genere sono libri di argomento storico. C'è anche il mio."

"*Non vedo l'ora di* leggerli tutti," *sospirò* il commissario.
"Allora cominciamo," rispose Lombardo. Sembrava non *aver colto* l'ironia nella voce di Rosa.
Lombardo prese una *pila* di quattro libri da uno *scaffale* e la mise in mano al commissario. "Prego!" disse.
Rosa fece un altro *sospiro*. Sarà una giornata lunga, pensò.

Rosa *sospirò* e guardò l'orologio. Erano già le sei e mezzo di sera. Non poteva più leggere una parola senza che le lettere le ballassero davanti agli occhi.

"Non *ce la faccio* più!" si lamentò.
Il dottor Lombardo la guardò. Anche i suoi occhi erano arrossati. Richiuse il libro pesante che gli stava davanti.
"Il cervello mi fuma," disse.
Entrambi avevano letto per l'intera giornata tutto quello che c'era da leggere su Cagliostro.
E non avevano trovato nessuna *pista*.
Il *siero* dell'*immortalità* non *era menzionato* in nessuno dei libri.
"*Temo* che non abbia senso," *scosse* la testa il dottor Lombardo.
"Il vecchio non ha detto niente di più preciso?" chiese Rosa. Lombardo *scosse* la testa di nuovo.
"Ha detto soltanto che avrei trovato un indizio nella Biblioteca di Stato."
"Ma che diavolo voleva dire?" domandò Rosa ad alta voce.
Una signora anziana immersa in un libro alzò gli occhi con espressione di *rimprovero*.
"Scusi," *sussurrò* Rosa.
"*Temo* che la nostra ricerca sia finita ancora prima di cominciare," disse Lombardo.

Übung 55: Unterstreichen Sie das „schwarze Schaf"!

1. a) rimproverare, b) sgridare, c) urlare
2. a) avvertimento, b) indizio, c) traccia
3. a) senso, b) notizia, c) significato
4. a) ricerca, b) studio, c) informazione
5. a) ballare, b) cantare, c) danzare
6. a) menzionare, b) accettare, c) nominare
7. a) sperare, b) avere paura, c) temere

Però improvvisamente ebbe un'idea.
"A meno che..."
Il dottor Lombardo si alzò.
"Dove sta andando?" chiese Rosa.
La signora anziana li guardò *arrabbiata* e *sibilò*: "Silenzio!"
Ma Rosa non se ne curò e corse dietro al dottore.
"Ho un'idea," disse il dottor Lombardo mentre camminava lungo il *corridoio*. "Forse la cosa è veramente così semplice..."
"Che cosa è semplice? Che cosa vuol dire, dottore?"
Il dottor Lombardo si fermò. Stava esattamente davanti ad un grande *armadio* che gli arrivava fino ai *fianchi*.
"Questo è lo *schedario*," *spiegò* Lombardo. "Tutti i libri della biblioteca sono schedati qui. Normalmente quando si viene in biblioteca si fa così: si consulta lo *schedario* per vedere quali libri ci siano su un certo argomento. Qui *sono elencati* tutti i libri secondo un *indice* tematico."

ÜBUNG 56 !

Übung 56: Fügen Sie die passenden Wörter in die Lücken ein!
(a) calcolatore, b) mail, c) fotocopiatrice, d) computer, e) stampante)

1. Al giorno d'oggi in biblioteca tutti dati sono quasi sempre schedati nel ______________.
2. Se voglio fare una somma uso il ______________.
3. Quando voglio scrivere a qualcuno nel modo più veloce mando una ______________.
4. Per avere su *carta* quello che ho scritto nel computer uso la ______________
5. Per copiare un disegno uso la______________.

Lombardo toccò quasi orgoglioso lo *schedario*.
"E perché lo *schedario* ci dovrebbe aiutare?" chiese Rosa.
"Guardiamo sotto la 'c', come Cagliostro," rispose Lombardo.
Il dottore aprì un cassettino. Al suo interno c'erano centinaia di schede.
Lombardo *sfogliò* le schede. L'aveva già fatto migliaia di volte. Dopo un paio di secondi si fermò.
"Non è possibile!" esclamò.
"Che cosa c'è?" domandò Rosa.
Il dottore tirò fuori una piccola scheda gialla. "Un messaggio," disse. "*Nascosto* sotto la lettera 'c', come Cagliostro".
"Ben pensato," commentò Rosa. "E che cosa c'è scritto?"
Lombardo ebbe bisogno di un paio di secondi per *decifrare* la calligrafia. Erano lettere piccole, precise e scritte in modo molto elaborato. La calligrafia sembrava quasi medievale. Una calligrafia così si incontrava raramente al giorno d'oggi.

Übung 57: Ergänzen Sie folgende Sätze!

ÜBUNG 57 !

1. Una lettera senza la f _ _ _ _ è una lettera anonima.
2. Una lettera senza l'i _ _ _ _ _ _ _ _ non può essere consegnata.
3. Chi riceve una lettera senza il f _ _ _ _ _ _ _ _ _ _ paga una multa al postino.
4. Una lettera scritta a mano con una c _ _ _ _ _ _ _ _ _ _ poco chiara è illeggibile.
5. La persona che spedisce una lettera si chiama m _ _ _ _ _ _ _.

"È un messaggio del vecchio," disse infine Lombardo. "Ha scritto: 'Complimenti, dottor Lombardo. Sapevo che avrebbe trovato il mio indizio. La prego di scusare tanta segretezza. Lei però non è l'unico a voler *scoprire* il mistero di Cagliostro. Per questo devo usare molta *prudenza*. E veniamo ora al primo indizio. Come Lei sa, Cagliostro aveva ai suoi tempi continui problemi con la polizia. Per tale motivo *ha nascosto* la ricetta della sua formula *segreta* in luoghi diversi. In base alle mie ricerche la prima parte della formula *è nascosta* in un posto molto vicino.

ÜBUNG 58 !

Übung 58: Welcher Ort ist gemeint?

1. un posto dove andare a prendere un caffè: B _ _ _
2. un posto dove vedere un film: C _ _ _ _ _
3. un posto dove nuotare in città: P _ _ _ _ _ _ _
4. un posto dove vedere una partita di calcio: S _ _ _ _ _
5. un posto dove prendere il treno: S _ _ _ _ _ _ _
6. un posto dove comprare le medicine: F _ _ _ _ _ _ _
7. un posto dove andare d'urgenza quando si è feriti:

   P _ _ _ _ _ _ _ S _ _ _ _ _ _ _
8. un posto dove aspettare l'autobus: F _ _ _ _ _ _
9. un posto dove andare a ballare: D _ _ _ _ _ _ _ _

Là dove andavano a scuola i *Carmelitani*. Chieda al *leone* che legge. L'aiuterà!'"
"Come, prego?" chiese Rosa. "Questo è quello che c'è scritto?"
Lombardo *si strinse nelle spalle*.

Übung 59: Lesen Sie weiter und füllen Sie die Lücken und übersetzen Sie die Wörter in Klammern!

"(1. Wort für Wort) ____________. Non ho la minima idea di quello che significhi. Al vecchio piace evidentemente parlare per enigmi."

Rosa *annuì*. "Probabilmente in questo modo vuole (2. verhindern) ____________ che qualcun altro *scopra* il *segreto*. Ha fiducia nelle sue qualità d'*investigatore*, dottore."

Lombardo *scosse* la testa (3. entschieden) ____________.

"Ma io sono uno studioso, non un (4. Detektiv) ____________!"

"Per quanto possa *giudicare*, i due (5. Berufe) ____________ hanno dei punti *in comune*. Sia lo *scienziato* che l'*investigatore* devono risolvere un grosso (6. Rätsel) ____________ basandosi su un paio d'informazioni. Quindi *rifletta* bene, dottore!"

Lombardo *rifletté*. In effetti, le parole 'scuola' e '*ordine Carmelitano*' sembravano andare insieme in qualche modo. Ma in che modo?

"Ci sono!" esclamò. "Questa potrebbe essere la (7. Lösung) ____________ dell'enigma!"

"Allora, mi dica!" chiese Rosa curiosa.

"Nel quartiere di Dorsoduro c'è una scuola dell'*ordine Carmelitano*. Un edificio antichissimo. Ci sono passato davanti migliaia di volte."

Il commissario Nicoletti *rifletté*. A Dorsoduro ci andava *di rado*.

Übung 60: Ersetzen Sie folgende Adverbien durch eine Präposition in Kombination mit einem Substantiv!

1. continuamente ______ *in continuazione*
2. personalmente ______
3. affettuosamente ______
4. improvvisamente ______
5. silenziosamente ______
6. istintivamente ______
7. generalmente ______
8. attentamente ______

“Bene,” disse, “questo potrebbe essere il luogo dove dobbiamo cercare. Ma che cosa *c’entra* il ‘*leone* che legge’?”
Lombardo *sospirò*. “Non ne ho la minima idea, ma forse lo *scopriremo* quando saremo là.”
“Va bene,” disse Rosa e partì di corsa.
“Dove vuole andare?” le chiese Lombardo andandole dietro.
“A prendere la giacca, dottore. *Si sbrighi*!”

Übung 61: Welche Substantive und Verben gehören zusammen?

1. giacca	☐	a) macchina
2. enigma	☐	b) chitarra
3. suonare	☐	c) conto
4. mettere in moto	☐	d) capelli
5. pagare	☐	e) scherzo
6. fissare	☐	f) appendere
7. apparecchiare	☐	g) risolvere

8. tagliare ☐ h) appuntamento
9. fare ☐ i) tavola

Il dottor Lombardo *scosse* la testa. Poi seguì il commissario. Nessuno dei due aveva notato l'uomo che era seduto al tavolo vicino. L'uomo richiuse il libro che stava leggendo e seguì Lombardo. Sorrideva sicuro di sé.

Capitolo 6: Il leone che legge

Quando Lombardo e il commissario Nicoletti uscirono dalla biblioteca faceva già buio.
Era una notte stellata. La luna si specchiava sul canale.
"Che bella serata," disse Rosa.
In genere lavorava così a lungo in ufficio che solo *di rado* riusciva a *godersi* la serata. E quando finalmente tornava a casa, andava quasi sempre a letto per la stanchezza.
"Sì, siamo fortunati," sorrise Lombardo. "Quale altra città ha i canali al posto delle strade?"
Andarono alla fermata del vaporetto e si misero ad aspettare.

Übung 62: Lesen Sie weiter und unterstreichen Sie im Text die Übersetzung der Wörter in Klammern!
(1. heimlich, 2. blass, 3. schien, 4. zauberhaft, 5. tollpatschig, 6. vertiefen, 7. legte an, 8. Rufe, 9. Anlegesteg)

ÜBUNG 62 !

Lombardo guardò furtivamente il commissario. Aveva la *pelle* sempre un po' pallida, probabilmente per via del troppo lavoro in ufficio. Ma ora, alla luce della luna, il suo viso risplendeva in modo molto affascinante.

Lombardo si chiese quando fosse uscito l'ultima volta con una donna. Rosa non mostrò di aver notato gli *sguardi* del dottore. Lombardo era un po' impacciato, ma comunque un uomo attraente. E sembrava non avere problemi col fatto che lei fosse della polizia. Quasi tutti gli altri uomini invece ne *erano intimiditi*.
Probabilmente avevano qualcosa da *nascondere*.
Prima che potesse approfondire quest'idea, Rosa udì il rumore del vaporetto. Un paio di secondi più tardi l'imbarcazione attraccò. Lombardo e Rosa erano appena saliti sul vaporetto quando sentirono delle grida dietro di loro. Si voltarono.
Un gruppo di persone mascherate correva verso la barca.
"Aspettate!" gridò una delle maschere. "Vogliamo salire anche noi!"
L'uomo sul molo attese pazientemente che il gruppo fosse salito a bordo per dare il segnale di partenza al pilota. Il vaporetto si mosse.

Le persone in maschera ridevano allegramente. Probabilmente *si stavano recando* ad un ballo e avevano già bevuto qualche bicchierino di troppo.

ÜBUNG 63 !

Übung 63: Lesen Sie weiter. In vier Sätzen ist die Reihenfolge der Wörter falsch. Verbessern Sie sie!

1. (Una costume in un *sontuoso* prosecco bianco e nero offrì a donna di Lombardo una bottiglia)

....

2. (un vuole Ne *sorso*?) ".." chiese un po' *ubriaca*. "Ha una faccia così seria - proprio a carnevale!"
Lombardo scosse il capo. "No, grazie," rispose gentilmente.
La donna mascherata rise. "Pazienza!

3. (già dire che bevuto Vuol ha!)

____ !"

4. (Con suo queste *rivolgersi* al parole tornò gruppo a)

____

Le risate si fecero più forti.

"Dottor Lombardo, Lei non ama molto il carnevale, vero?" chiese Rosa con un *sorriso*.
"Non troppo," rispose Lombardo. "Non mi piace dover essere allegro solo perché è il periodo di carnevale. E Lei?"
Rosa *si schermì*.
"Il tempo per *festeggiarlo*, in ogni caso, mi manca."
Lombardo *annuì*.
"Capisco. Il crimine non dorme mai."
"Esatto. Per questo vado sempre a letto così tardi."

Übung 64: Entscheiden Sie, ob folgende Aussagen richtig ✔ oder falsch – sind!

ÜBUNG 64 !

1. Le persone mascherate stavano andando ad un ballo. ☐
2. Lombardo *non vede* l'ora che arrivi il carnevale. ☐
3. Rosa Nicoletti non si perde mai un ballo in maschera. ☐
4. Il commissario va a dormire col tramonto. ☐
5. La donna in costume bianco e nero era *sobria*. ☐

Si guardarono per un secondo.
Poi ci fu un movimento brusco dell'imbarcazione. Il vaporetto *aveva attraccato*. Il gruppo di persone mascherate scese rumorosamente.

Lombardo e Rosa Nicoletti lasciarono per ultimi il vaporetto. "Siamo arrivati," disse il commissario. "Dorsoduro. E ora? Io non conosco per niente questa zona."

ÜBUNG 65 !

Übung 65: Übersetzen Sie folgenden Dialog!

1. „Entschuldigen Sie bitte! Ich kenne mich in Venedig überhaupt nicht aus. Wo kann ich den Vaporetto nach San Polo nehmen?"

2. „Sehen Sie den Steg da drüben? Da können Sie die Linie C nehmen. Passen Sie aber auf und steigen Sie nicht in den Vaporetto D ein! Der fahrt nämlich direkt nach San Giorgio!"

3. „Muss ich die Fahrkarte an Bord stempeln?"

4. „Nein, auf dem Steg, bevor der Vaporetto anlegt. Gute Fahrt!"

Il dottor Lombardo si guardò intorno. Anche lui ebbe bisogno di qualche secondo per orientarsi.
Poi indicò un vicoletto non lontano dalla riva.

Übung 66: Ergänzen Sie die Sätze mit der Verkleinerungsform!

1. Un piccolo vicolo è un vicoletto.
2. Una piccola piazza è una ______.
3. Una piccola strada è una ______.
4. Una piccola casa è una ______.
5. Un piccolo abito è un ______.
6. Un piccolo bicchiere è un ______.
7. Un piccolo armadio è un ______.
8. Una piccola porta è una ______.
9. Una piccola valigia è una ______.

"Se mi ricordo bene, dobbiamo andare per di là. È lì che si trova la Scuola dei Carmini."

"Bene, La seguo, dottore. Ma ha idea di che cosa sia il '*leone* che legge'?"

Lombardo *sospirò* e *scosse* la testa. "Continuo a non averne la minima idea. Forse lo *scopriremo* quando saremo lì."

"Speriamo bene!" *mormorò* Rosa e andò dietro al dottore.

I due non *si accorsero di* una figura che li seguiva in silenzio. Di tanto in tanto, alla luce della luna, il suo mantello mandava *bagliori* rosso *sangue*.

Poco dopo la Nicoletti e Lombardo furono davanti alla Scuola dei Carmini. Mentre ammiravano la *facciata* stupenda, *apparivano* tutti e due un po' perplessi.

"Ci siamo," disse Rosa Nicoletti. "E ora?"

"Innanzitutto vediamo se ci fanno entrare," rispose Lombardo. *Bussò* al portone.

ÜBUNG 67 !

Übung 67: Lesen Sie weiter und ordnen Sie die Buchstaben zu sinnvollen Wörtern!

Per un po' non (1. scecusse) ______________ niente.

Poi si sentirono dei *passi esitanti*. La porta si aprì solo un po'. Un piccolo *prete* dall'abito nero guardò il dottore e il commissario.

"Prego?" chiese (2. tiseante) ______________. "In che cosa posso esservi utile?"

Il commissario *si raschiò* la *gola* e mostrò il tesserino della polizia.

"Buonasera, padre. La prego di scusarci se La *disturbiamo* così tardi. Sono il commissario Nicoletti della polizia cittadina. E questo è il mio, ehm, (3. satesisten) ______________, il dottor Lombardo."

Il *prete* diede un'*occhiata diffidente* al tesserino.

"Lieto di conoscerLa, signora. Posso aiutarLa in qualche modo?"

"Lo spero," rispose il commissario. "*Stiamo indagando* su un (4. lodetti) ______________. E pensiamo che qui vi sia una (5. tricaca) ______________ che porti alla soluzione del (6. saco) ______________. Qui, in questo (7. fecodiii) ______________."

Il *sacerdote* alzò un *sopracciglio*.
"Un delitto? Qui? Nella Scuola dei *Carmelitani*? Non me lo immagino proprio."
"Non *Si preoccupi*, padre," disse il commissario Nicoletti. "Stiamo solo cercando una *traccia* importante. Possiamo entrare brevemente?"

Übung 68: Welche Körperteile sind gemeint?

1. In Italia, quando ci si saluta, si usa baciarsi sulle g _ _ _ e.

2. Parecchi calciatori sono stati operati al g _ _ _ _ _ _ o.

3. Il fumo fa male ai p _ _ _ _ i.

4. Il tovagliolo serve a pulirsi le l _ _ _ a prima di bere.

5. Il c _ _ _ e è il "motore" del corpo umano.

6. La memoria umana è controllata dal c _ _ _ _ _ _ o.

Il *prete si strinse nelle spalle*. "Certo. Perché no?"
Si fece indietro ed aprì la porta. Lombardo e Rosa entrarono.
L'interno del palazzo era ancora più lussuoso dell'esterno. Gli alti *soffitti* erano decorati con *stucchi*. Meravigliosi dipinti di soggetto religioso *ornavano* le *pareti*.
"Le pitture sono bellissime," disse il commissario con ammirazione.
Il *prete* sorrise. "Vero? Sono di Gianbattista Tiepolo. *Sono state dipinte* tra il 1739 e il 1744. Ma Lei non è qui per ammirare le opere antiche, no?"
"No, padre," rispose Lombardo. "Cerchiamo qualcosa di preciso."
"E cioè?"
"Un *leone* che legge."
Il *prete* si mise a ridere. "Un *leone* che legge? Perché non *vi siete rivolti* ad uno zoo per animali particolarmente intelligenti? O è uno *scherzo* di carnevale?"
"Le assicuro che la cosa è seria e non *si tratta di* uno *scherzo*," rispose il commissario Nicoletti. "Anche se *mi rendo* perfettamente *conto di* quanto tutto ciò possa sembrare strano."

"È proprio così," commentò il *prete*. "Guardatevi intorno quanto volete. Io ho altro da fare. L'uscita la trovate da soli. Buonasera." Con queste parole il *sacerdote* se ne andò lasciando soli il commissario e Lombardo.

Lombardo lo guardò allontanarsi.

"Lo capisco se non crede alle nostre parole. Forse il vecchio era semplicemente affetto da demenza senile. Un *leone* che legge - una cosa simile non è mai esistita."

! ÜBUNG 69

Übung 69: Wo befindet sich was? Finden Sie die richtigen Paare!

1. piazza	☐	a) fiori
2. fontana	☐	b) tavola da surf
3. porto	☐	c) monumento
4. zoo	☐	d) vino
5. deserto	☐	e) benzina
6. stazione di servizio	☐	f) pinguini
7. mare	☐	g) pesci rossi
8. cantina	☐	h) oasi
9. tabaccaio	☐	i) navi
10. prato	☐	l) sigarette

"Almeno guardiamoci intorno, prima di *darci per vinti*," disse Rosa. Ma anche lei non sembrava troppo ottimista.

Sospirando, i due si mossero. Osservarono ogni *quadro*, ogni scultura, ogni *stucco*. Qui e là *scoprirono* anche delle immagini di *leoni*. Ma nessuno di quei *leoni* leggeva.

Dopo tre quarti d'ora *avevano perlustrato* l'intero edificio. Senza *successo*.

"Non ha senso," *sospirò* Rosa. "In questo modo non troveremo mai l'indizio."

"Lo credo anch'io. Smettiamo per oggi. Io sono stanco e mi fanno male i piedi," si lamentò Lombardo.
Un paio di minuti più tardi Rosa e il dottore erano di nuovo all'aperto.
La luna illuminava chiaramente i canali. Da qualche parte provenivano i rumori allegri di una festa di carnevale.

Übung 70: Hier geht es um Geräusche!
Sind folgende Sätze richig ✔ oder falsch – ?

1. Il pavimento di legno scricchiola. ☐
2. Il telefono squilla. ☐
3. I passi sussurrano. ☐
4. La porta cigola. ☐
5. La campana suona. ☐
6. La sirena urla. ☐
7. Il vento fischia. ☐
8. Il cuore batte. ☐

"Beati loro!" *sospirò* Rosa. "Loro *si divertono* e noi corriamo dietro a delle figure di fantasia."
Lombardo *annuì*. "Se solo il vecchio fosse stato un po' più preciso."
Improvvisamente Rosa sentì un rumore. Si girò. Le era sembrato di sentire dei *passi*. Dei *passi furtivi*.
"Tutto bene?" chiese Lombardo.
Rosa si guardò intorno. Il piccolo vicolo era deserto. Probabilmente si era sbagliata. O forse un topo aveva attraversato la strada.
"Mi pare già di sentire i *fantasmi*," disse *stringendosi nelle spalle*. "Andiamo. Dottore…?"
Il dottor Lombardo *fissava* come ipnotizzato la *facciata* della scuola.
"Che cosa Le succede, dottore?"

"La soluzione del mistero," rispose Lombardo con un *filo di voce*. Il commissario Nicoletti lo guardò con aria interrogativa. "Che vuol dire?" chiese.

Lombardo indicò la *facciata* di *pietra*. "Guardi un po' lì!"

Indicò una piccola decorazione di circa trenta centimetri sulla *facciata* della casa. Era un antichissimo medaglione che avrebbe dovuto proteggere l'edificio.

Übung 71: Übersetzen Sie folgende Sätze!

1. Ich hätte gerne einen Liter Wasser und ein Kilo Brot!

2. Der Bilderrahmen misst 12 mal 10 Zentimeter.

3. Ich habe ein Pfund Käse gekauft.

4. Die nächste Tankstelle ist fünf Kilometer entfernt.

5. Die Hecke ist anderthalb Meter hoch.

6. Für die Nachspeise brauche ich 50 Gramm Rosinen.

7. Der Park hat eine Fläche von zwölf Quadratkilometern.

Il medaglione rappresentava un *leone alato* che *reggeva* un libro! "Non è possibile!" esclamò Rosa. "Un *leone* che legge! O comunque

un *leone* che tiene un libro. Che il vecchio *intendesse* proprio questo?"
"*Suppongo* di sì," rispose Lombardo.
"E ora?" chiese Rosa eccitata. "Che cosa facciamo a questo punto?"
"*Suppongo* che il prossimo indizio sia proprio in quel piccolo *leone*. Ha per caso una lampada tascabile? È troppo scuro per leggere che cosa c'è scritto su quel libro in miniatura."
"Ma certo," rispose Rosa. Aveva sempre una *pila* attaccata al portachiavi. La prese e la *porse* al dottore.

Übung 72: Enträtseln Sie folgende Definitionen!
(Es sind alles zusammengesetzte Wörter.)

1. Ci butto la cicca della sigaretta.

   P _ _ _ _ _ _ _ _ _ E

2. Lo indossa chi non sa nuotare.

   S _ _ _ _ _ _ _ _ _ _ E

3. Quando vado a teatro, ci lascio il cappotto.

   G _ _ _ _ _ _ _ _ _ _ A

4. Ci appendo giacca e cappello quando torno a casa.

   A _ _ _ _ _ _ _ _ _ _ _ I

5. Permette di attraversare sottoterra una strada con molto traffico.

   S _ _ _ _ _ _ _ _ _ _ _ _ O

6. Ci lascio l'ombrello quando non mi serve.

   P _ _ _ _ _ _ _ _ _ _ _ I

7. In banca ci tengono i soldi al sicuro.

C _ _ _ _ _ _ _ E

8. La metto nel videoregistratore per vedere in casa il mio film preferito.

V _ _ _ _ _ _ _ _ _ _ A

9. È la lingua in cui i bambini dicono le prime parole.

M _ _ _ _ _ _ _ _ A

"Tenga, prego. Non fa molta luce, ma..."
"... è sufficiente," rispose Lombardo.
Accese la lampada tascabile e *diresse* il *raggio* di luce sul piccolo *leone*.
"Allora?" chiese Rosa curiosa.
"Sul libro che *regge* il *leone* ci sono delle parole minuscole incise nel metallo."
"E allora? Che cosa dicono?" chiese Rosa eccitata.
"Un momento. Ho bisogno degli occhiali."
Con una certa lentezza il dottor Lombardo *infilò* la mano nella tasca della giacca, tirò fuori gli occhiali e se li mise sul naso.

! ÜBUNG 73

Übung 73: Unterstreichen Sie das „schwarze Schaf"!

1. a) occhiali, b) binocolo, c) macchina fotografica
2. a) piccolissimo, b) invisibile, c) minuscolo
3. a) distratto, b) agitato, c) eccitato
4. a) tenere, b) dare, c) reggere
5. a) costume da bagno, b) due pezzi, c) giacca
6. a) temere, b) supporre, c) immaginare

Poi studiò di nuovo la piccola *iscrizione* sulla figurina.
"Allora?" chiese Rosa impaziente.
"Piano, commissario," rispose Lombardo. "Sto facendo del mio meglio. Qui c'è scritto: 'La settima pianta *cresce* dove le gondole trovano aiuto'."
"Come, prego?" domandò Rosa. "E che significa?"
Lombardo si tolse gli occhiali.
"Mi dispiace, commissario. Purtroppo non lo so neanch'io. Posso solo leggere quello che c'è scritto."
"Dove le gondole trovano aiuto," ripeté Rosa. "E qual è poi la 'settima pianta'?"

Übung 74: Lesen Sie weiter und fügen Sie die Wörter in Klammern in die passenden Lücken ein!
(a) silenziosamente, b) indovinare, c) riparano, d) formula, e) stretto, f) elementi, g) coppia)

"Posso solo tirare a (1.) ______________. Probabilmente la (2.) ______________ è costituita da diversi (3.) ______________ a base vegetale. E il settimo di questi elementi è *appunto* una pianta che *cresce*… dove Lei sa."
"Il vecchio ci rende la cosa proprio difficile," *mormorò* Rosa.
Rivolse lo *sguardo* verso l'acqua dello (4.) ______________ canale ai suoi piedi. Una gondola *avanzava* (5.) ______________. A bordo c'era una (6.) ______________ in maschera. La scena avrebbe potuto svolgersi nel diciassettesimo secolo.
"Un momento!" disse Rosa. "Potrebbe essere così!"
Il dottore la guardò curioso. "Che cosa *intende* dire?"

"Beh, 'dove le gondole trovano aiuto' potrebbe significare 'dove si (7.) ________________ le gondole'. Io non sono un'esperta, ma in questa zona non ci sono *parecchi cantieri* per le gondole?"

Lombardo *rifletté*.
"Dire '*cantieri*' è forse un po' esagerato. Però ci sono *parecchie officine* specializzate nel riparare le gondole. Lei ha ragione, forse questa è l'interpretazione giusta."
"Allora, che cosa aspettiamo?" chiese Rosa che *non vedeva l'ora di* mettersi in azione.

ÜBUNG 75

Übung 75: Unterstreichen Sie die richtige Alternative!

1. Il meccanico/l'operaio ripara l'automobile rotta.
2. Se i freni non funzionano bene, porto la macchina all'officina/al distributore di benzina.
3. Per accorciare i pantaloni vado dal sarto/dall'aggiustatore.
4. Il muratore/il falegname costruisce la casa.
5. Se parcheggio in sosta vietata, rischio che il trattore/il carro attrezzi mi porti via la macchina.
6. Se i tacchi delle mie scarpe sono consumati, vado dal calzolaio/dallo scarparo.
7. Quando un elemento del motore deve essere sostituito, il meccanico ordina un pezzo di ricambio/una parte di riserva.

"Aspettiamo una gondola," disse Lombardo sorridendo. "La cosa migliore è andarci per via d'acqua. Allora facciamo come i turisti e prendiamo una gondola. Non credo che il vaporetto passi da quelle parti."
Lombardo andò sulla riva del canale e cercò con lo *sguardo*. Nel

periodo di carnevale anche a quell'ora c'erano *parecchie* gondole. Lombardo *fece cenno ad* un gondoliere.

Un paio di minuti più tardi Rosa e il dottore sedevano nella parte posteriore di una gondola. Il gondoliere lasciò la riva.

A Rosa *scappò* un *sorriso*. "Sa che non sono mai stata in gondola?" disse. "Eppure sono nata a Venezia."

"Ha perso molto," commentò Lombardo guardando il commissario negli occhi.

Rosa sorrise *imbarazzata*.

"Peccato che sia in servizio," *aggiunse*.

"Dove andiamo?" chiese il gondoliere.

"Al Rio San Trovaso, per favore, dove si riparano le gondole. Sa dov'è?"

L'uomo sorrise. "Certo che lo so. Ci sono stato spesso con la mia gondola. *A dire il vero*, sarebbe ora che ci torni di nuovo."

Rosa *inghiottì*.

"Sa nuotare, no?" chiese per scherzo Lombardo.

*Übung 76: Übersetzen Sie folgende Sätze! Achtung: Das Wort **"ora"** (bzw. **"ore"**) soll in jedem Satz vorkommen!*

1. Es ist Zeit abzufahren.

____

2. Wir sehen uns morgen zur selben Zeit.

____

3. Ich kann es kaum erwarten, dich zu besuchen.

____

4. Es ist höchste Zeit, dass er weggeht.

5. Ich versuche immer, die Stoßzeit zu vermeiden.

6. Marco verdient 30 € pro Stunde.

7. Marisa arbeitet stundenweise.

! ÜBUNG 77

Übung 77: Lesen Sie weiter und unterstreichen Sie die Wörter, die falsch geschrieben sind!

Un paio di minuti dopo la gondola attaccò ad un piccolo *pontile*. Il dottor Lombardo aiutò Rosa a scendere. Poi tirò fuori il portofogli per pagare il gondoliere.
"Quanto Le devo?" chiese.
"Aspetti, sono… nove euri."
"Nove euri?" ripeté Lombardo. "È un prezzo da *usuraio*! Per un paio di metri?!" Il gondoliere si strinze nelle spalle.
"È il periodo di carnevale. E anche i prezi ne risentono, signore. Ma Le faccio un offerta: per venti euri L'aspetto e La riporto indietro. D'accordo?"

Lombardo rifletté brevemente.
Il commissario Nicoletti lo *precedette*. "Buona idea."
"Per me continua ad essere un *usuraio*… comunque, pazienza. Non ci resta altro da fare se vogliamo muoverci da qui."

"Via, non *esageri*, dottore. Dopotutto *ha* appena *incassato* 5000 euro."

Lombardo *sospirò*. Il commissario aveva ragione. Era successo quella mattina stessa, eppure gli sembrava che fossero passati giorni.

"Va bene," disse infine. "Ci aspetti qui, d'accordo?"

Il gondoliere *annuì*. "Ma *Si sbrighi*. Non ho tempo tutta la notte. A carnevale faccio gli *affari* migliori."

Lombardo si limitò ad *annuire* e seguì il commissario Nicoletti.

Übung 78: Entscheiden Sie, ob folgende Aussagen zum Text richtig ✔ oder falsch – sind!

ÜBUNG 78 !

1. La corsa in gondola costa nove euro andata e ritorno. ☐
2. A Venezia, nel periodo di carnevale, tutto costa di più. ☐
3. Il commissario Nicoletti è di Venezia. ☐
4. Le officine dove si riparano le gondole si trovano nel Rio San Polo. ☐
5. Il gondoliere sta in piedi nella parte posteriore della gondola. ☐
6. Rosa e Lombardo prevedono una lunga visita alle officine. ☐

Capitolo 7: I sospiri sull'acqua

I due risalirono un'ampia passerella di *legno*. A destra e a sinistra c'erano gondole *in secca*. Alla luce della luna sembravano dei grandi pesci *arenati*.

"Questo posto mette un po' *paura*," *sussurrò* Lombardo. A quell'ora le *officine* erano deserte. Solo qua e là *brillava* una lucina dietro alle finestre delle *capanne*.

Il commissario *annuì*. Si guardò intorno. Era ancora febbraio e il terreno era gelato.
Non ci *cresceva* proprio nessuna pianta.

! ÜBUNG 79

Übung 79: Fügen Sie die Wörter in Klammern in die passenden Lücken ein!
(a) bosco, b) alghe, c) erba, d) rose, e) cipressi, f) palme, g) siepe)

1. Nel ______________ ci sono moltissimi alberi.
2. Ai Caraibi i turisti prendono il sole all'ombra delle ___________.
3. In Toscana ci sono parecchi ______________.
4. In giardino un'alta ___________ protegge dagli occhi indiscreti dei vicini.
5. Mio marito mi ha regalato un mazzo di ______________ rosse.
6. Non mi piace fare il bagno in mare quando ci sono troppe ______________
7. L'______________ del vicino è sempre più verde.

"Non so perché siamo venuti fin qui," disse scoraggiata. "O forse vede qualche pianta, dottore?"
Anche il dottore si guardò intorno. "No, purtroppo no. Forse le piante *erano intese* in senso simbolico."
"Un altro enigma, vero? Ma se è così, io sono troppo stanca per risolverlo. Che cosa avrà voluto dire il vecchio?"
Lombardo respirò profondamente. Sentiva freddo.
Impossibile che in quella stagione *crescessero* dei fiori. A meno che non *si trattasse di*... piante sempreverdi.
Lombardo osservò la *facciata* di una delle *capanne*. Poi rise. "Ma

certo! Ci siamo stati davanti tutto il tempo. Commissario, guardi!"
Rosa Nicoletti alzò gli occhi.
Il dottore indicò eccitato la *facciata* della *capanna* davanti a loro. Era completamente ricoperta d'*edera*.
Lombardo si avvicinò, *strappò* un paio di foglie d'*edera* e le *agitò* con aria trionfante.

Übung 80: Welche Substantive und Verben gehören zusammen?

1. vincitore	☐	a) inquinare	5. stelle	☐	e) crescere
2. piante	☐	b) scorrere	6. acqua	☐	f) recitare
3. smog	☐	c) remare	7. gondoliere	☐	g) brillare
4. attore	☐	d) trionfare			

"Il vecchio deve *aver inteso* proprio questo."
"Ma questa è *edera* comune."
Lombardo *si strinse nelle spalle*. "Può darsi. Forse però produce un effetto speciale insieme agli altri ingredienti della formula. Chi lo sa?"
Il commissario *scosse* la testa. "A questo punto sembra quasi che Lei creda a tutte quelle *sciocchezze* sul *siero* dell'*immortalità*."
"Ma no, certo che no," rispose Lombardo con decisione.
Però non ne era più tanto sicuro. Voleva *aggiungere* qualcosa quando, nella tasca della sua giacca, qualcosa vibrò. Era il *cellulare*. "Oh, mi scusi," disse tirando fuori il telefonino. Lombardo *accostò* il *cellulare* all'orecchio. Chi sarà mai, si chiese. Normalmente riceveva poche telefonate al *cellulare*, e poi mai a quell'ora.
"Pronto," rispose.

ÜBUNG 81

Übung 81: Übersetzen Sie folgende Sätze!

1. Wo ist die nächste Telefonzelle?

___

2. Die Nummer ist besetzt.

___

3. Haben Sie eine Telefonkarte zu 15 Euro?

___

4. Tut mir leid. Sie haben sich verwählt.

___

Una voce *roca tossì* all'altro capo della linea.
"La prego di scusarmi, dottore. La mia *salute* non è delle migliori."
Era il vecchio!
"C-Come conosce il numero del mio *cellulare*?" domandò Lombardo sorpreso. "Non è nell'*elenco telefonico*."

ÜBUNG 82

Übung 82: Ergänzen Sie die Sätze mit den Adjektiven in Klammern! ***(a) impaziente, b) sorpreso, c) bugiardo, d) indeciso, e) raffreddato)***

1. Un uomo che non sa o non vuole aspettare è ___.
2. Un uomo che non dice la verità è ___.
3. Un uomo che esita prima di fare qualcosa è ___.
4. Un uomo che riceve una notizia inaspettata è ___.
5. Un uomo che tossisce e starnutisce è ___.

Il vecchio all'altro capo della linea rise.
"Non crederà che *affidi* un lavoro a qualcuno senza prima aver preso esatte informazioni sul suo conto, caro dottore. Ma lasciamo perdere… *Suppongo* che nel frattempo abbia trovato il settimo elemento."

Übung 83: Lesen Sie weiter und streichen Sie die vier textfremden Sätze durch!

"Ehm, sì, credo di sì," rispose Lombardo un po' insicuro. "Noi…"
Il vecchio lo interruppe. Sapeva quello che stava facendo il gondoliere.
"Non abbiamo molto tempo, dottore. L'*edera* non era difficile da trovare e sono sicuro che anche lui ne abbia ormai un paio di foglie."
"Lui chi?" chiese Lombardo meravigliato. Ma il vecchio ignorò la sua domanda.
"Deve mettersi subito alla ricerca del prossimo ingrediente. E questa volta la cosa non sarà così facile. *Si tratta di* un sacchetto di *pelle*. Lo troverà dove la speranza sulla *carta* passa ai *sospiri* sull'acqua. La saluto, dottore."
"Un momento! Aspetti!" gridò il dottor Lombardo.
Troppo tardi. Il vecchio *aveva* già *riattaccato*. Una mosca si mise a ronzare.
"Che cos'è successo?" chiese il commissario. "Chi ha chiamato?"
Le veniva da urlare. Eppure non stava piovendo.
Lombardo *scosse* il capo. Gli enigmi del vecchio stavano cominciando ad *urtargli i nervi*.

Übung 84: Unterstreichen Sie die richtige Übersetzung!

1. "Luisa ha i nervi" heißt
   a) Luisa hat gute Nerven.
   b) Luisa hat schlechte Laune.
2. "Mi dà ai nervi!" heißt
   a) Es geht mir auf die Nerven!
   b) Ich bin mit den Nerven fertig!
3. "Marco ha i nervi a fior di pelle" heißt
   a) Marco kann sich sehr gut beherrschen.
   b) Marco ist ein Nervenbündel.

Poi *riferì* al commissario Nicoletti le misteriose parole del vecchio.
"Che cosa avrà voluto dire?" chiese Rosa perplessa.
"Non lo so," rispose Lombardo. "E perché poi il vecchio parla sempre per enigmi?"
Il commissario *si strinse nelle spalle.*
"*Suppongo* abbia *paura* di avere il telefono sotto controllo. O che le sue telefonate, dottore, *vengano intercettate*."
"Le mie telefonate? Lei vuol scherzare, commissario!"
"Niente affatto," rispose Rosa. "I telefonini sono incredibilmente pratici, ma anche uno stupido può *intercettarne* le telefonate. Basta avere le *apparecchiature* giuste. E chiunque può *procurarsele* se ha i soldi per pagarle."
"Lei allora crede che il nostro misterioso *inseguitore abbia intercettato* le mie conversazioni al *cellulare*?"
"È possibilissimo," si limitò a rispondere Rosa. Lavorando nella polizia non si meravigliava certo di una cosa del genere.
"E ora che facciamo?" domandò Lombardo. Rimise il telefonino

nella tasca della giacca, ma prima gli *aveva lanciato* uno *sguardo diffidente*.
"Propongo per prima cosa di tornare indietro. Sempre che il gondoliere ci aspetti ancora..."
Lombardo si mise in tasca un paio di foglie d'*edera* e seguì il commissario fino al canale.

Übung 85: Füllen Sie die Lücken mit dem passenden Wort!
(a) affari, b) appena, c) impaziente, d) passi, e) ondeggiando, f) ombra, g) fretta, h) Calma)

Il gondoliere li aspettava sulla riva fumando (1.) __________ una sigaretta.
"Finalmente!" esclamò quando vide la Nicoletti e Lombardo uscire dall' (2.) __________. "Per poco sarei partito senza di voi!"
"Eccoci, veniamo. (3.) __________!"
"Lei parla bene," *ribatté* il gondoliere. "Non è Lei a perdersi gli (4.) __________ migliori dell'anno."
Con (5.) __________ veloci Rosa e Lombardo *raggiunsero* la gondola. Avevano (6.) __________ fatto in tempo a salire che il gondoliere ripartì. Aveva veramente (7.) __________.
Qualche secondo dopo la gondola si muoveva (8.) __________ sul canale.

"Se va ancora più veloce mi farà venire il *mal di mare*," si lamentò Rosa.
Lombardo non l'ascoltava. Ripeteva a bassa voce le parole del vecchio.

"Dove la speranza sulla *carta* passa ai *sospiri* sull'acqua. Che vorrà dire?"

Il gondoliere si girò verso Lombardo.

"Mi scusi, signore: ho sentito per caso le sue parole. Non so a che gioco giochiate voi due, ma questo enigma è piuttosto facile da risolvere. Almeno se si è della zona."

Il commissario e Lombardo lo guardarono meravigliati.

"Che *intende* dire?" chiese Rosa stupita.

! ÜBUNG 86

Übung 86: Unterstreichen Sie die richtige Alternative!

"Beh," disse il gondoliere, "io porto a spasso tutto l'anno i turisti per i canali. E più gli parlo delle bellezze di Venezia, più sono *generosi* con (1.) gli assegni/le mance. Capisce?"

Il gondoliere *fece l'occhiolino* divertito *a* Lombardo e Rosa.

"Capisco," disse Lombardo. "Ma questo che (2.) c'entra/ci va con l'enigma?"

"È molto semplice, signore. Conosce il Palazzo Ducale in Piazza San Marco?"

"Certo," rispose Lombardo. Era uno degli edifici più famosi e più belli della città.

"Come forse sa, era (3.) tradizione/obbligo in passato attaccare all'ingresso principale del palazzo (4.) degli appunti/dei biglietti con le richieste *rivolte* ai dogi."

"È vero!" esclamò il dottor Lombardo. Perché non ci era arrivato da solo? (5.) Anni/Secoli prima, gli abitanti di Venezia mettevano per iscritto preoccupazioni e (6.) sogni/desideri su dei *foglietti* che attaccavano all'ingresso del palazzo, nella (7.) speranza/volontà che il doge ne tenesse conto.

"Per questo quell'ingresso era (8.) chiamato/nominato allora anche 'Porta della *Carta*'!"

"Quindi la speranza sulla *carta* sono i *foglietti* che venivano attaccati sulla Porta," *annuì* Rosa. "Capisco. Ma la seconda parte dell'enigma? Dov'è che la speranza passa al *sospiro* sull'acqua? È una frase poetica, ma non ha (9.) senso/contenuto, se vuole la mia opinione."
"Via, signora, è proprio facile. È chiaro che *si tratta del*... Ponte dei *Sospiri*!"
Lombardo si batté la *fronte* col (10.) dorso/palmo della mano.
"Chiaro! Avrei dovuto pensarci anch'io. Può portarci là?"
Il gondoliere *tese* la mano. "Volentieri, signore. Al prezzo di... diciamo... 50 euro in più!"

Übung 87: Setzen Sie ein passendes Synonym in die Lücken!
(a) circa, b) costumi, c) giungevano, d) la spensieratezza, e) portare, f) i contorni, g) proibito, h) veloce)

ÜBUNG 87

Di buon umore, il gondoliere impiegò (1. più o meno) __________ mezz'ora per (2. condurre) __________ il dottore e il commissario a Piazza San Marco.
Alla luce argentea della luna Lombardo e Rosa Nicoletti potevano già riconoscere (3. le forme) __________ del Palazzo Ducale.
"Non può *remare* un po' più (4. rapido) __________?" chiese il commissario impaziente.
Il gondoliere *scosse* la testa. "Lo sto già facendo, cara signora. Si calmi."

Rumore di risate e musica (5. venivano) ____________________ da Piazza San Marco. Nel periodo di carnevale la Piazza era il centro dei festeggiamenti. Anche a quell'ora c'erano ancora dozzine di persone in maschera.

Mentre la gondola si avvicinava, Lombardo potè distinguere gli stupendi (6. abiti) ____________________ delle maschere.

Molti di quei costumi erano ispirati a quelli originali del *Medioevo*.

Il carnevale a Venezia aveva una lunga tradizione. E dire che per 200 anni era stato (7. vietato) ____________________.

A Napoleone e alla Chiesa infatti (8. l'allegria) ____________________ del carnevale nella città lagunare non piaceva per niente.

Solo nel 1978 il carnevale *venne reintrodotto* ufficialmente. Da allora, nei dieci giorni precedenti il *mercoledì delle ceneri*, l'intera città era *dedita ai* festeggiamenti.

ÜBUNG 88 !

Übung 88: Sind folgende Aussagen zum Text richtig ✔ oder falsch – ?

1. Il Palazzo Ducale è dietro Piazza San Marco. ☐
2. A Venezia il carnevale si festeggia da 200 anni. ☐
3. Napoleone amava i balli di carnevale. ☐
4. Il carnevale si festeggia fino a mezzanotte. ☐
5. Le maschere di oggi assomigliano spesso a quelle medievali. ☐

6. Rosa e Lombardo si godono la romantica gita in gondola. ☐
7. Il *mercoledì delle ceneri* è l'ultimo giorno di carnevale. ☐

Qualche *sfortunato* però doveva lavorare anche in quei giorni. Il dottor Lombardo e il commissario Nicoletti, per esempio.
Impazienti, i due mettevano fretta al gondoliere.
Finalmente la gondola *raggiunse* l'antichissimo Ponte dei *Sospiri*.
"Siamo arrivati," disse il gondoliere. "Ecco il Ponte dei *Sospiri*. Collega il Palazzo Ducale con le *prigioni* dall'altra parte del canale, per questo si chiama così. In quelle *prigioni* furono rinchiusi personaggi famosi. Casanova, per esempio, che però riuscì a *fuggire*. E poi…"
Il commissario Nicoletti *tagliò corto* lasciandolo a bocca aperta.

Übung 89: Vervollständigen Sie die italienische Übersetzung!

1. Viel Glück! In bocca al ____________!
2. Ich bin nicht wählerisch. Sono di bocca ____________.
3. Kein Wort darüber! ____________ in bocca!
4. Er ist leer ausgegangen. È rimasto a bocca ____________.
5. Ich stand mit offenem Mund da. Sono rimasto a bocca ____________.

"Basta così, amico. Noi non siamo turisti. Conosciamo già la storia della nostra città."
Il gondoliere sorrise. "Va bene, cara signora. È una malattia del mestiere. *Sono* così *abituato* a mostrare la città ai turisti che, non

appena vedo un edificio famoso, comincio subito a raccontarne la storia."

"D'accordo," disse Lombardo. "Mi dica piuttosto come facciamo ad arrivare là sopra."

Il commissario guardò in alto. La gondola si trovava ora esattamente sotto il Ponte dei *Sospiri*. Il problema era solo che il ponte stava a otto metri buoni sul *livello* dell'acqua. E il vecchio, al telefono, aveva detto che il sacchetto si trovava sulla parte inferiore del ponte. Lombardo si guardò intorno: a destra e a sinistra dello stretto canale *si elevavano* verticali le *facciate* del Palazzo e delle *prigioni*.

"*Ci* dovremo *arrampicare*," disse il commissario.

"Ci?" chiese Lombardo con un certo timore.

"Diciamo che...," lo tranquillizzò Rosa, "... io penso di essere più in forma di Lei. Dopotutto *mi alleno* regolarmente al lavoro."

"Ma come pensa di *farcela*?" chiese Lombardo.

Rosa indicò la *facciata* della *prigione*. "Beh, la *facciata* è di *mattoni*.

E ci sono abbastanza decorazioni che possono servirmi da *appiglio*. Almeno spero..."

ÜBUNG 90 !

Übung 90: Welche Paare gehören zusammen?

1. muro	☐ a) tegole
2. monumento	☐ b) oro
3. collana	☐ c) ghiaia
4. tetto	☐ d) mattoni
5. cancello	☐ e) marmo
6. viale del giardino	☐ f) roccia
7. montagna	☐ g) ferro

"È una *follia*," disse Lombardo. "Non *ce la farà* mai."
"Se non ci provo, no. Può avvicinarmi la gondola il più possibile alla *facciata*?" chiese al gondoliere.
"Certo. Ma rischio di *graffiare* la *vernice* della gondola. Che ne dice di un supplemento assicurativo? Diciamo… altri 50 euro."
Lombardo alzò gli occhi al cielo. "A questo punto, euro più euro meno…"
Lombardo tirò fuori il portafoglio e mise in mano all'uomo un biglietto da 50 euro. Se continuava così presto non sarebbe rimasto più niente dell'*acconto* di 5000 euro.
"*Forza*, presto," disse Rosa.
Il gondoliere fece *sparire* la banconota nella tasca dei pantaloni. Poi avvicinò con attenzione la gondola alla *facciata*. Rosa si mise in piedi con *cautela*. La gondola *ondeggiò*.
Il commissario fece un *profondo* respiro. Poi *si chinò* in avanti e incominciò ad *arrampicarsi*.

Übung 91: Unterstreichen Sie das „schwarze Schaf"!

ÜBUNG 91 !

1. a) pazzia, b) follia, c) rischio
2. a) riuscire, b) provare, c) tentare
3. a) scomparire, b) sparire, c) chiarire
4. a) rompere, b) spalancare, c) danneggiare
5. a) restare, b) spostare, c) rimanere
6. b) supplemento, b) aggiunta, c) acconto
7. a) girarsi, b) ondeggiare, c) oscillare
8. a) sicurezza, b) cautela, c) prudenza

"*Ce la fa*?" chiese Lombardo preoccupato.
"Devo *farcela*!" rispose Rosa.

Respirava a fatica. Come un *ragno* umano *si arrampicava* centimetro per centimetro. Con attenzione cercava *appigli* per le mani e i piedi. *Per fortuna* le *fessure* tra i *mattoni* erano abbastanza ampie da poterci *infilare* le *dita*. Però la *facciata* era liscia e *scivolosa*. E poi continuava a fare freddo. Il commissario sentì che le sue *dita* lentamente *si intorpidivano* per il freddo.

Comunque era già arrivata a metà strada. Lo specchio d'acqua del canale era a circa quattro metri sotto di lei.

Con *cautela* guardò in alto. Era troppo scuro perché potesse distinguere già qualcosa sulla parte inferiore del ponte.

Improvvisamente la mano sinistra le *scivolò*. Rosa urlò.

Un tuffo in acqua non l'*avrebbe* certo *uccisa*. Ma, con quel freddo, non sarebbe stato divertente finire nel canale. Per non parlare poi dell'acqua sporca. "Commissario! Faccia attenzione!" gridò Lombardo *spaventato*. La sua voce *tradiva* una vera preoccupazione.

Disperata, Rosa cercò di tenersi. All'ultimo minuto riuscì ad *aggrapparsi* ad un'altra *fessura*.

Sotto di lei il gondoliere *scosse* la testa.

ÜBUNG 92 !

Übung 92: Lesen Sie weiter und unterstreichen Sie die richtige Alternative!

"Se ci vedono," si lamentò, "perdo la (1.) patente/licenza."

Rosa non lo ascoltava. Se non *si fosse sbrigata*, le sue *dita* sarebbero presto diventate troppo (2.) rigide/pesanti per poter continuare ad *arrampicarsi*.

Si fece avanti… centimetro per centimetro, *mattone* per *mattone*. I minuti sembravano non (3.) correre/passare mai, ma alla fine *ce la fece*. *Aveva raggiunto* la parte inferiore del ponte.

"Bravissima!" *esultò* Lombardo (4.) sotto di lei/in basso a lei.

Rosa non *osò* guardare in giù. Da sotto il ponte non sembrava tanto alto. Si chiese se l'acqua del canale fosse veramente così (5.) profonda/alta da *attutire* una caduta. Meglio non pensarci, si disse. Con attenzione (6.) portò via/staccò una mano dalla *parete* e prese la sua piccola lampada tascabile che *aveva infilato* prima sotto il (7.) braccialetto/cinturino dell'orologio.
Lentamente sfilò la *pila*, l'accese e se la mise tra i denti. In questo modo poteva (8.) risplendere/illuminare il ponte senza usare le mani.

"Non è coraggiosa?" commentò orgoglioso Lombardo da sotto. "Riesce già a vedere qualcosa?" chiese a Rosa.
Rosa mosse la testa. Il *raggio* della lampada *scivolò* sulla superficie inferiore del ponte.

Übung 93: Welche Eigenschaft passt zu welchem Tier? Fügen Sie die Namen der Tiere in die Lücken ein!
(a) serpente, b) volpe, c) zanzara, d) elefante, e) leone, f) lumaca, g) aquila, h) leopardo)

1. Astuto come una ______________.
2. Lento come una ______________.
3. Dalla memoria lunga come un ______________.
4. Forte come un ______________.
5. Dalla vista acuta come un' ______________.
6. Infido come un ______________.
7. Veloce come un ______________.
8. Fastidioso come una ______________.

"Mm-mmh," rispose Rosa. Con la *pila* tra i denti non poteva parlare bene.

Poi *si irrigidì*. "C'è qualcosa appeso!" *mugugnò*.

Rosa poteva vederlo bene. Sotto il ponte c'era un piccolo *gancio*. E attaccato al *gancio* c'era... un sacchettino di *pelle* marrone! Proprio come aveva detto il vecchio.

"Come? Che cosa c'è?" gridò Lombardo.

Rosa, con la lampada tascabile tra i denti, non poteva rispondergli. Inoltre aveva un problema: come fare a *raggiungere* il sacchetto? Il *gancio* era distante appena un metro, ma Rosa doveva tenersi *aggrappata* al muro con tutte e due le mani.

Eppure doveva provarci. Facendo attenzione, spostò in avanti l'*equilibrio* del corpo e *si schiacciò* col *busto* contro la *parete*. Poi, con *cautela*, *staccò* la mano sinistra.

"Per l'amor del cielo, che cosa sta facendo?" gridò Lombardo *sconvolto*. "Finirà col cadere in acqua!"

Ma Rosa lo ignorò. A quel punto non poteva *arrendersi*.

Girò la testa in modo da illuminare con la *pila* il sacchetto. Poi *allungò* con molta attenzione il braccio sinistro.

"Non *ce la faccio* a guardare," disse Lombardo a otto metri sotto di lei.

Rosa *si allungò* ancora un po'. Le sue *dita* erano distanti solo dieci centimetri dal sacchetto. Solo qualche centimetro e poi... con uno *strappo tese* al massimo la mano e *afferrò* il sacchettino.

Übung 94: Beantworten Sie folgende Fragen zum Text!

1. Perché Rosa non riesce a parlare bene?

____

2. Come fa il commissario a dirigere il raggio di luce sul sacchetto?

____

3. Con quale mano Rosa cerca di afferrare il sacchetto?

____

4. Riesce a prenderlo?

____

5. Di che colore è il sacchetto?

____

6. Lombardo è calmo?

____

La *pelle* del sacchetto era fredda e fragile.
Rosa stava già per *esultare* quando la mano destra le *scivolò*. Aveva perso la presa!
Per un secondo rimase sospesa tra il cielo e la terra. Poi gridò.
La *pila* le cadde dalla bocca e Rosa *precipitò* verso il basso. Il commissario cercò ancora di *aggrapparsi* alla *facciata*, ma era troppo tardi.
"Commissario!" urlò Lombardo dal basso.
Rosa sentiva il *vento* freddo sulle *guance*. L'acqua si faceva sempre più vicina. Presto avrebbe sentito ancora più freddo.

Almeno il sacchetto l'ho preso, pensò. Poi *all'improvviso* cadde nell'acqua fredda del canale.
"Commissario!" urlò di nuovo Lombardo.
Ma il commissario non poteva più sentirlo. L'acqua si era richiusa sopra la sua testa.
Lombardo *si sporse sconvolto* oltre il bordo della gondola. Dal punto in cui Rosa era caduta saliva solo qualche *bollicina* d'aria. Improvvisamente Lombardo udì uno strano rumore. Era il rumore di un motore.
All'inizio il commissario Nicoletti non sentì niente.
Solo il rumore *attutito* dell'acqua che le si richiudeva sopra. Poi il freddo la colpì. Per un minuto *temette* che il suo cuore si fermasse. Per la *paura*, *spalancò* gli occhi sott'acqua.
Fu un errore, perché l'acqua dei canali di Venezia era tutt'altro che *pulita*. Il commissario sentì un bruciore agli occhi e li richiuse subito. *Per fortuna* l'acqua era veramente tanto *profonda* da *attutire* la sua caduta. *Nonostante* ciò non era un piacere fare il bagno in quella stagione. Doveva uscire di lì il prima possibile. Con un paio di rapide *bracciate* ritornò *a galla*.

ÜBUNG 95 !

Übung 95: Welches Verb passt zu folgenden Sätzen?
(a) nuotare, b) sentire, c) tremare, d) socchiudere, e) preoccuparsi, f) galleggiare, g) spalancare, h) sporgersi)

1. Eine Flasche schwimmt auf dem Wasser des Kanals. ☐
2. Die Frau lehnte die Tür an. ☐
3. Carlo machte sich Sorgen um seine Tochter. ☐
4. Der Mann riss das Fenster weit auf. ☐
5. Luigi schwimmt mit kräftigen Zügen. ☐
6. Marta spürte ein leichtes Kribbeln. ☐

7. Rosa bibberte vor Kälte. ☐
8. Das Kind lehnte sich gefährlich weit über das Balkongeländer. ☐

Continuava a tenere stretto in mano il sacchetto.
Il commissario ormai nuotava già in superficie. Cercò di riaprire gli occhi, ma bruciavano ancora.
"Commissario!" gridò una voce. Era la voce di Lombardo.
"Tutto bene," rispose Rosa e *sputò* dell'acqua. "Non mi sono fatta niente. Aiutatemi ad uscire!"
Un minuto dopo sentì una mano che *afferrava* la sua. Ci fu uno *strappo* e Rosa fu tirata fuori dall'acqua.
Poi *fu sollevata* oltre il bordo della barca. Soltanto ora, al contatto con l'aria, sentì veramente freddo.
Il commissario cominciò subito a *tremare*, ma non *importava*. L'essenziale era il sacchettino che aveva in mano.
L'*agitò* in aria trionfante. "Guardi che cosa ho!" gridò orgogliosa.
Rosa sentì che qualcuno le *strappava* di mano il sacchetto. "Ehi! In modo meno *rozzo*!" protestò.

Übung 96: Manche Aussagen stimmen nicht. Kreuzen Sie sie an!

ÜBUNG 96 !

1. Un'impresa grandiosa è un'impresa fuori del comune. ☐
2. Un uomo con la testa fra le nuvole è un uomo al settimo cielo. ☐
3. Un gesto rozzo è un gesto poco gentile. ☐
4. Una persona coi piedi per terra è una persona pratica. ☐
5. Un tecnico competente è un tecnico con un campo di lavoro ben preciso. ☐
6. Una donna comprensiva è una donna che ha letto molti libri. ☐

Capitolo 8: Il palazzo abbandonato

Cercò di nuovo di aprire gli occhi. L'acqua sporca le bruciava ancora, ma questa volta ci riuscì.
Aveva ancora lo *sguardo* un po' *opaco*. *Strizzò* gli occhi e si trovò davanti… una maschera rossa!

ÜBUNG 97

! *Übung 97: Lesen Sie weiter und unterstreichen Sie die Synonyme für die Wörter in Klammern!*
(1. certamente, 2. sfacciato, 3. meravigliata, 4. tirata fuori dall'acqua, 5. arrabbiatissima, 6. criminale, 7. ridacchiò, 8. i suoi sforzi, 9. barca)

"La ringrazio molto," disse la maschera. "È stato molto gentile da parte Sua tirare giù da là sopra la mia proprietà. Non ha sicuramente niente in contrario se me la riprendo?" chiese poi impertinente.
Rosa la *fissò* stupita. Un paio di metri più in là, a bordo della gondola, c'era il dottor Lombardo.
Lombardo guardò Rosa con aria colpevole.
"Mi dispiace," le gridò, "è venuto *all'improvviso* col *motoscafo*. L'ha ripescata prima che arrivassimo noi!"
Rosa *fissò* furente il delinquente mascherato. "Non sa che è vietato usare il *motoscafo* a Venezia?" gli chiese.
"Ma non in casi eccezionali e di emergenza," sogghignò l'uomo dietro la maschera. "E questo era un caso di emergenza, direi. Ancora grazie per la sua premura. Ora però devo pregarLa di lasciare la mia imbarcazione. Quindi, permette?"
L'uomo con la maschera rossa fece *scomparire* il sacchettino sotto il mantello. Poi, senza *esitare*, diede a Rosa uno *spintone*. Prima che il commissario potesse reagire perse l'*equilibrio*. Un attimo dopo era finito di nuovo in acqua.

Fece ancora in tempo a sentire le risate dell'uomo mascherato. Poi l'acqua si richiuse sopra la sua testa.
Per la seconda volta in quel giorno. Stava diventando un'abitudine!
Sott'acqua sentì il *motoscafo* che si allontanava. Poi *riemerse*.
Con un paio di rapide *bracciate raggiunse* la gondola dove l'aspettavano Lombardo e il gondoliere.
I due uomini aiutarono il commissario a salire a bordo.
Lombardo si tolse il cappotto e glielo mise sulle *spalle*, poi la *strinse* con un braccio. Il commissario *tremava* dal freddo, ma non lo diede a vedere. "Che cosa facciamo ora?" chiese Lombardo. Poi si rispose da solo. "Intanto La riportiamo a casa. Prima che Si ammali sul serio."
Rosa *scosse* energicamente la testa.
L'uomo mascherato non solo le aveva rubato il sacchetto, ma l'*aveva* anche *spinta* in acqua. Il commissario era davvero *arrabbiato*. Pur *tremando* dal freddo nel suo intimo *ribolliva dalla rabbia*. Quel tipo non le sarebbe sfuggito così.

Übung 98: Welche Wörter stehen in Zusammenhang miteinander?

1. spintone	☐ a) allegria
2. risate	☐ b) paura
3. firma	☐ c) cadere
4. tremare	☐ d) moto
5. bollire	☐ e) tristezza
6. delinquente	☐ f) contratto
7. casco	☐ g) minestra
8. sospiro	☐ h) prigione

"Non se ne parla nemmeno!" gridò. "Inseguiamo quel *delinquente*. Perlomeno fino a *scoprire* dove si *nasconde*."
Lombardo *fissò incredulo* il commissario. "Ma come vuol fare?" domandò. "Col suo *motoscafo chissà* dove sarà ora."

ÜBUNG 99 !

Übung 99: Lesen Sie weiter und fügen Sie das passende Wort ein!
(a) fortuna, b) l'acqua, c) rinunciare, d) sospirò, e) nascondiglio, f) fango, g) gas, h) almeno, i) scia, l) mormorò)

"Non è detto," (1.) ____________ Rosa.

Indicò l'acqua. L'elica del motore aveva rimosso (2.) ____________ lasciando una *scia* di *fango*.

"Se *ci sbrighiamo*, possiamo seguire questa *traccia* prima che il (3.) ____________ si depositi di nuovo sul fondo. Con un po' di (4.) ____________ la (5.) ____________ ci porterà direttamente al (6.) ____________ dell'uomo mascherato. Quanto sa *remare* veloce, caro mio?" chiese al gondoliere.

Quello sorrise. "Dipende. Una piccola mancia aggiuntiva potrebbe motivarmi. Diciamo…"

"50 euro?" (7.) ____________ il dottor Lombardo.

"Diciamo piuttosto 100," *ribatté* l'uomo.

Il dottore alzò gli occhi al cielo. Poi tirò fuori un biglietto da 100 euro e *porse* la banconota al gondoliere. Quello la prese con un *sorriso* e la fece *sparire* in tasca.

"Adesso, però, vada a tutto (8.) ____________!" esclamò Lombardo.

Se il commissario non si convinceva a (9.) __________ all'*inseguimento*, (10.) __________ questo doveva essere veloce. Lombardo era in pensiero per il commissario, le cui labbra erano già tutte blu.

Il commissario Nicoletti però non diede a vedere nulla quando la gondola si mosse.
Ansimante per la fatica il gondoliere *immergeva* il remo nell'acqua.
Rosa stava a *prua* e osservava concentrata l'acqua davanti a lei.
Per fortuna c'era la luna piena e la *scia* di *fango* si distingueva abbastanza facilmente.
Era bene che i *motoscafi* fossero vietati nei canali, pensò Rosa. Così non c'era *pericolo* di confondere la *scia* dell'uomo mascherato con un'altra. Inoltre a quell'ora i canali erano quasi deserti. Seguire la *traccia* del *delinquente* era in fondo un *gioco da ragazzi*. E del resto l'uomo non poteva lasciare il canale tanto facilmente. Bastava solo che Rosa facesse un po' d'attenzione, nel caso il *motoscafo imboccasse* un braccio laterale.
Dopo qualche centinaio di metri il gondoliere esclamò *ansimante*: "Non *ce la faccio* più!"
"Non provi nemmeno a chiedere un altro euro," *brontolò* Lombardo. Rosa stava ancora a *prua* e *fissava* l'acqua. Il suo istinto di caccia era stato risvegliato e non sentiva quasi più freddo.

Übung 100: Enträtseln Sie folgende Definitionen und finden Sie das Lösungswort!

ÜBUNG 100 !

1. Il contrario di falso. ☐ _ _ O
2. Lo usa il gondoliere per mandare avanti la gondola. _ ☐ _ O
3. Il tassista è contento quando la riceve. _ _ ☐ _ _ A

4. Lo usa il cacciatore per *sparare*. F _ _ _ _ ☐
5. Una casa di lusso. P _ _ _ ☐ _ _
6. Gira quando l'elicottero è in volo. E _ ☐ _ _
7. Le hanno sia gli uccelli che gli aerei. ☐ _ I

Lösungswort: _ _ _ _ _ _ _

Improvvisamente la *scia* di *fango* davanti a loro fece una curva. Il *delinquente aveva imboccato* un canale laterale.
"Stop!" gridò Rosa. "Da quella parte!"
Indicò un piccolo canale che *si ramificava* sulla destra. "Il tipo è entrato in quel canale."
Il gondoliere fece appena in tempo a girare la gondola.
Il piccolo canale laterale *si snodava* silenzioso alla luce della luna.
"Strano," disse Lombardo. "Questo canale non lo conosco."
"Non mi meraviglia. Qui non c'è altro che qualche edificio cadente," *ribatté* il gondoliere. "Non ci abita nessuno. E in più si sono rifugiati qui un paio di ratti."
Rosa *annuì*. "E un ratto molto particolare. Che palazzo è quello piccolo davanti a noi?" Il gondoliere *si strinse nelle spalle*.

! ÜBUNG 101

Übung 101: Lesen Sie weiter und bringen Sie die Wörter in die richtige Reihenfolge!

"Non ne ho la minima idea. (1. sempre è disabitato Mi sembrato)
____."
"Ci vada, per favore. Ho un certo sospetto."
"Che cosa *intende* dire?" chiese Lombardo. "Pensa che l'uomo mascherato *si sia nascosto* proprio lì?"

"Potrei ben immaginarlo," *assentì* Rosa. "(2. Quel passato sembra nel *pazzo* vivere) ______________________________

______________________. È cosa da lui *nascondersi* in un vecchio palazzo."

La gondola *aveva raggiunto* il muro esterno del palazzo. Era proprio così: (3. un piccolo ad *motoscafo* legato c'era il molo del *delinquente*) ______________________________

______________________.

"*Abbiamo fatto centro*," disse Rosa a bassa voce.

"E ora?" chiese Lombardo. "(4. non Spero abbia entrare di intenzione) ______________________________."

"No, certo," lo tranquillizzò Rosa.

"Grazie al cielo," *sospirò* Lombardo. *Aveva* già *temuto* il peggio. "Prima di entrare ad *acchiappare* quel tipo devo logicamente tornare a casa a cambiarmi. (5. Ora ci sfuggirà l'uomo mascherato che *è nascosto* non sappiamo dove.) ______________________________

______________________________."

Lombardo *scosse* la testa. Non ci mancava altro.

Mezz'ora più tardi il dottor Lombardo sedeva nel soggiorno del commissario. Sebbene abitasse al piano di sopra, Lombardo non era mai stato a casa di Rosa Nicoletti. I due si erano sempre incontrati solo per caso per le scale e salutati *di sfuggita*.

ÜBUNG 102 !

Übung 102: Lesen Sie weiter und streichen Sie die nicht dazugehörigen sechs Adjektive durch!

Rosa era in bagno e faceva una simpatica doccia calda. Lombardo aveva un po' di tempo per guardarsi intorno. L'appartamento di Rosa era semplice ma arredato con *gusto*. Lombardo si alzò e *si diresse verso* lo *scaffale* dei libri.

Per saper qualcosa di più su una certa persona era sempre interessante vedere che libri noiosi leggesse.

Lombardo si era appena avvicinato allo *scaffale* quando si spaventò. Qualcosa di scuro era corso via *sfiorandogli* le magre gambe. Impaurito, Lombardo fece un *passo* indietro.

Un gatto nero lo *fissava* con i suoi occhi verdi. Il dottore *si chinò* e gli *accarezzò* la testa interessante.

"Mi hai spaventato, piccolino!" disse.

A Lombardo i gatti piacevano e quel gatto, in qualche modo, sembrava sentirlo. Cominciò a *fare le fusa*.

"Oh, come vedo ha già fatto conoscenza con Giuseppe. Ho l'impressione che Lei gli piaccia."

Lombardo alzò gli occhi arrossati. Il commissario Nicoletti stava sulla porta del bagno. *Indossava* un antichissimo accappatoio bianco. Con un asciugamano *si stava asciugando* i capelli.

Era incantevole, pensò Lombardo.

"Giuseppe è il gatto di casa," sorrise Rosa. "Non solo mi fa compagnia, ma mi tiene anche lontani i topi, sa? Io non *sopporto* i ratti."

"Nessuno li *sopporta*," *ribatté* Lombardo. "Ma in casa non ne ho mai visti."

"Certo, ci ha pensato Giuseppe a farli *scappare*."

Lombardo rise. "*Mi sono permesso di* fare un tè caldo mentre Lei era in bagno. Ne vuole una tazza?"

Übung 103: Welche Gegenstände befinden sich in einer Küche?

☐ 1. tostapane	☐ 5. gabbia	☐ 9. ago
☐ 2. saliera	☐ 6. cavatappi	☐ 10. cassetto
☐ 3. strofinaccio	☐ 7. poltrona	☐ 11. pentole
☐ 4. fornello	☐ 8. bottone	☐ 12. padella

"Oddio, spero che il disordine in cucina non L'abbia spaventata troppo," disse Rosa. "Ma una tazza di tè la bevo volentieri. Molto gentile da parte Sua… Mi ci vogliono ancora un paio di minuti perché i capelli siano asciutti."

Si sedettero al tavolo del soggiorno. Lombardo versò al commissario una tazza di tè. Rosa lo ringraziò.

"Fa proprio bene," disse dopo che ne ebbe bevuto un lungo *sorso*. "È veramente un tesoro, dottore. Strano che non *me ne sia accorta* prima. E dire che siamo vicini di casa da anni."

Lombardo *arrossì* un poco. Sperò che non si notasse.

"Vuole veramente tornare in quel palazzo?" chiese dopo un po'. "Non sarebbe meglio chiamare i Suoi colleghi?"

"No, non credo. Li conosco, i miei ragazzi. *Prenderebbero d'assalto* il palazzo *comportandosi* come un elefante in un negozio di cristalli. E prima che *ce ne accorgiamo* l'uomo mascherato *sarà* già *fuggito* dall'uscita posteriore. No, preferisco fare a modo mio. Ma non c'è bisogno che Lei venga se non vuole, dottore."

ÜBUNG 104 !

Übung 104: Entscheiden Sie, welche Übersetzung stimmt!

1. Mio figlio ha fatto di testa sua. ☐
   a) Mein Sohn hat seinen eigenen Kopf durchgesetzt.
   b) Mein Sohn hat seinen Kopf riskiert.
2. Matteo ha fatto carte false per ottenere la promozione. ☐
   a) Matteo hat wichtige Papiere gefälscht, damit er versetzt wird.
   b) Matteo hat alles Mögliche gemacht, damit er versetzt wird.
3. All'esame ho fatto fiasco. ☐
   a) Ich bin bei der Prüfung durchgefallen.
   b) Ich habe auf das gute Ergebnis meiner Prüfung getrunken.

"Non ci penso nemmeno a lasciarLa andare da sola, commissario! Non voglio che Le succeda qualcosa. E poi il vecchio ha dato a me l'*incarico* di trovare gli ingredienti di Cagliostro."
"Oh, è *carino* da parte Sua. E mi ha già aiutato molto." Rosa sorrise al dottore. Poi si alzò. "Mi vesto *in fretta*, poi possiamo uscire." Con queste parole *scomparve* di nuovo nel bagno. Nemmeno dieci minuti dopo era di nuovo nel soggiorno. Ora *indossava* un paio di jeans e una semplice *felpa* grigia.
Nonostante ciò Lombardo la trovò incantevole. Purtroppo non aveva il *coraggio* di dirglielo.
Rosa si mise una giacca di *pelle*. Sulla porta si fermò ancora. "Trova che odori di acqua del canale?" chiese insicura.
"Niente affatto!" rispose Lombardo rapidamente. "Ha un *odore* stupendo."

Übung 105: Welche Gegenteile gehören zusammen?

ÜBUNG 105 !

1. profumare	☐ a) elaborato	5. confortevole	☐ e) curare
2. orribile	☐ b) scomodo	6. vivace	☐ f) stupendo
3. semplice	☐ c) smorto	7. ferire	☐ g) decollare
4. sensato	☐ d) puzzare	8. atterrare	☐ h) insensato

Nel frattempo si erano fatte le undici di sera.
Le strade di Venezia erano piene di gente mascherata con costumi a colori *vivaci* che passava da un ballo all'altro.
Il commissario guardava la *piantina* della città che teneva in mano. Con un po' di abilità si poteva arrivare al vecchio palazzo senza usare la gondola. Ma le strade di Venezia erano un vero labirinto. Persino gli abitanti della città rischiavano di perdersi senza una *piantina*.

Übung 106: Unterstreichen Sie das „schwarze Schaf"!

ÜBUNG 106 !

1. a) profumo, b) odore, c) doccia
2. a) minigonna, b) ombrello, c) felpa
3. a) foglietto, b) piantina, c) carta stradale
4. a) costume da bagno, b) crema da sole, c) panchina
5. a) folla, b) gente, c) spettatori
6. a) pesca, b) assicurazione, c) caccia

"Credo che dobbiamo andare in quella direzione," disse il commissario.
Lombardo si massaggiò la *costola* che gli faceva male.
"Vada pure avanti, io La seguo," disse.

! 107

Übung 107: Lesen Sie weiter und unterstreichen Sie die Synonyme für die Wörter in Klammern!
(1. certa, 2. matto, 3. crimini, 4. progettati, 5. un colpetto, 6. allarmarLa, 7. una stradina, 8. più importanti)

"Non sono poi tanto sicura che quell'individuo sia veramente pazzo," disse Rosa. Stavano attraversando un vecchio ponte di *pietra* sopra un piccolo canale. "Mi pare che i suoi delitti, finora, siano stati pianificati abbastanza bene e *realizzati* in modo molto razionale."
Lombardo *corrugò* la *fronte*. "E allora perché dice di riprendersi solo ciò che gli *appartiene*? Non crederà sul serio che sia l'immortale Cagliostro, no?"
Il commissario *scosse* la testa con decisione. "No, certo che no. Perché lo dice non l'*ho* ancora *scoperto*. Però credo ugualmente che abbiamo a che fare con un *delinquente* pericoloso che non si ferma davanti a niente."
Lombardo fece una risata *secca*.
"Molto *incoraggiante*," disse. Il commissario Nicoletti gli diede una pacca sulla *spalla* per fargli *coraggio*. "Mi dispiace, non volevo metterLa in ansia. Quell'individuo deve *fare i conti con* noi."
Il dottor Lombardo *inghiottì* e continuò a seguire il commissario nel buio. Dopo qualche minuto erano giunti in un vicoletto solitario. Il rumore della gente che *festeggiava* sulle piazze principali arrivava fin lì solo *attutito*.
"È sicura che sia la strada giusta?" chiese Lombardo. Sebbene conoscesse Venezia come le sue tasche, aveva perso anche lui l'orientamento.

"Penso di sì," rispose Rosa. Ma la sua voce non suonava più così sicura. Poi però, alla luce della luna, vide *balenare* la *facciata* grigia del vecchio palazzo. *Si erigeva* sul canale quasi come una vecchia casa di *fantasmi*. Le finestre vuote *fissavano* la notte come gli occhi di un morto.

"È lì davanti!" disse Rosa.

Senza che lo volesse la sua voce era diventata un sussurro.

"Proprio grandioso," commentò Lombardo. In effetti, non avrebbe avuto niente in contrario se non fossero riusciti a ritrovare il vecchio palazzo. E poi avrebbe preferito trascorrere la serata con il commissario davanti a un buon bicchiere di vino e a un bel piatto di spaghetti.

"Allora andiamo," disse Rosa distogliendo Lombardo dai suoi *sogni*. I due si avvicinarono al palazzo. Visto da fuori sembrava deserto e abbandonato. Alcune finestre avevano i vetri *in frantumi*, altre *erano sbarrate* da *assi* di *legno*.

"Sembra che non ci sia stato più nessuno da anni," disse Lombardo.

"*Macché*, da secoli."

"È proprio questa l'impressione che deve dare," *mormorò* Rosa. "Ma io non *ci casco*."

Übung 108: Sind folgende Aussagen zum Text richtig ✔ oder falsch – ?

ÜBUNG 108 !

1. Rosa dà un calcetto a Lombardo per fargli coraggio. ☐
2. Il dottor Lombardo conosce benissimo Venezia e non ha mai bisogno di una piantina della città. ☐
3. Lombardo avrebbe passato più volentieri la serata a casa davanti alla televisione. ☐
4. Il palazzo sembra abbandonato da secoli. ☐
5. Per la paura il commissario grida. ☐
6. Rosa ha dimenticato a casa il casco. ☐
7. Le finestre del palazzo hanno le persiane grigie. ☐

Rosa aprì la pesante borsa che aveva portato a tracolla tutto il tempo con rabbia.
"Ma che diavolo ha là dentro?" chiese Lombardo curioso.
"Oh, solo qualche *attrezzo*," rispose il commissario. "Cose che possono servire."
Con queste parole tirò fuori una *sbarra* di ferro, un *cacciavite*, un *martello* ed altri *attrezzi*.
"Dio mio!" esclamò Lombardo. "Che intenzioni ha?"
"Lei che ne dice?" domandò Rosa sorridendo. "*Scassiniamo* il portone!"
Non durò molto e la vecchia *serratura cedette*. Con uno *scricchiolio* l'antico portone di *legno* si mosse.
A Lombardo venivano i *brividi*. "*Rapina* nel palazzo di un principe," *mormorò*. "Prima per una cosa del genere si rischiava la testa."
"*Per fortuna* non ci abita più nessun principe," disse Rosa. "Da circa 300 anni."
Cautamente il commissario aprì il portone. Nell'ingresso del palazzo era buio. La luce della luna non passava attraverso le finestre *sbarrate*.

ÜBUNG 109 !

Übung 109: Lesen Sie weiter und unterstreichen Sie die richtige Alternative!

Rosa portò la mano alla cinta e tirò fuori una lampada tascabile. L'altra era finita sul (1.) fondo/pavimento del canale, ma *per fortuna* il commissario ne aveva *parecchie* a casa.
Il *raggio* di luce (2.) illuminò/esplorò l'ingresso buio. Il *pavimento* era ricoperto (3.) da/di polvere.
Poi la luce si fermò su una (4.) figura/persona bianca.
Il dottore e il commissario *trasalirono*. Per un secondo ebbero

(5.) l'impressione/la vista che un bianco *fantasma si precipitasse* verso di (6.) essi/loro.
Poi i due sospirarono di (7.) sollievo/speranza. Ciò che li aveva tanto spaventati era solo un vecchio (8.) tappeto/armadio sul quale era stata buttata (9.) una coperta bianca/un accappatoio bianco. Solo alla luce della lampada era sembrato per un attimo uno spirito del passato.

"Dio mio!" *ansimò* Lombardo. "Penso di essere troppo vecchio per queste *avventure*."
Rosa *scosse* il capo. "*Sciocchezze*," disse.
Il commissario continuò a far girare il *raggio* di luce.
Nell'ingresso c'erano dappertutto mobili ricoperti da *teli* bianchi.

Übung 110: Übersetzen Sie die Wörter in Klammern!

Lombardo *aveva la tremarella*. "Brrr, sembra di stare in un (1. Friedhof) ______________ per mobili. E fa pure freddo qua dentro."
Lombardo aveva (2. Recht) ______________.
"Freddo come in una (3. Grab) ______________," *annuì* Rosa. Girò ancora intorno il fascio di luce. Il palazzo era veramente (4. verlassen) ______________. "Non sono sicuro che siamo sulla (5. Spur) ______________ giusta," (6. murmelte) ______________ Lombardo. "Sembra che qui non sia venuto più nessuno da anni."
"Io la vedo (7. anders) ______________," *ribatté* Rosa.
Poi illuminò con la *pila* il (8. Boden) ______________. "Guardi là!"
Lombardo seguì il suo (9. Blick) ______________. Il *pavimento* era di

lastre di (10. Marmor) ______________ nero. (11. Der Staub) ______________ che ricopriva tutto lo faceva *apparire opaco*.

Il dottore *scoprì* allora delle *impronte* di piedi! Qualcuno era passato da poco sulla polvere e aveva lasciato delle *impronte*.
"*Abbiamo fatto centro*!" *esultò* Rosa. "Deve essere stato qui poco fa."
"E adesso?" chiese Lombardo.
"Adesso seguiamo le *impronte*. Faccia piano, dottore."
"Non me lo deve ripetere due volte, commissario," *ribatté* Lombardo.
Senza fare rumore e con grande cautela i due attraversarono l'ampio ingresso.
Le *tracce* erano recenti e ben chiare, ma finivano *all'improvviso*, esattamente davanti ad una *lastra* di *pietra incastonata* sulla *parete* dell'ingresso.
"Non è possibile!" esclamò Rosa. "Sembra che sia passato attraverso il muro!"
"Vuol dire… come un *fantasma*?"
"*Sciocchezze*," disse Rosa. "Anche se devo *ammettere* che quel tipo comincia a *mettermi a disagio*. Ma deve esserci un *trucco*."

ÜBUNG 111

Übung 111: Lesen Sie weiter und ordnen Sie die Buchstaben zu sinnvollen Wörtern!

Rosa fece (1. scavilero) ______________ il *raggio* di luce della lampada sulla *lastra* di *pietra* massiccia.
Poi tastò la *lastra* con le (2. dati) ______________.
"Forse è una specie di porta (3. gastere) ______________.
Ma come si apre?"

"Non ne ho la minima idea," rispose Lombardo. "Che cosa c'è scritto lì?" Il dottore indicò alcune (4. rapleo)__________ incise nella *pietra*.
Non era facile (5. lefridecar)__________ al buio. Finalmente il dottore ci riuscì.
"È (6. tolain) __________. La (7. dirauzotne)__________ più o meno dice: l'ingresso è riservato ai giusti."
Perplessi la Nicoletti e Lombardo (8. sarovoserno) __________ la (9. tarlas)__________ di *pietra*.
"Ingresso riservato ai giusti? Che cosa vuol dire?"

Lombardo si guardò intorno. Poi, vicino a lui, *scoprì* qualcosa.
"Mandi la luce in questa direzione, per favore," disse.
Il commissario *diresse* il *raggio* di luce su un piccolo *comò* che si trovava alla sinistra del dottore.
Era l'unico mobile dell'ingresso non ricoperto da un *telo*. Sul *comò* c'era una statuetta di bronzo che risplendeva alla luce della *pila*.
La statua rappresentava una donna che teneva in una mano una *spada* e nell'altra una *bilancia*. La donna aveva gli occhi *bendati*.
"Ehi, questa signorina la conosco," disse il dottor Lombardo.
"È la *dea* della giustizia, non è vero?"
"Proprio così," *annuì* Lombardo. "Penso che non sia un caso che la statuetta si trova direttamente vicino alla *lastra* di *pietra*. Guardi qui, commissario."
Il dottore indicò la statua.
"Il metallo è *lucido*. Non c'è un *granello* di polvere."
"Strano," *mormorò* Rosa. "Che cosa significa?"

Übung 112: Welche Wörter gehören inhaltlich zusammen?

1. bilancia	☐ a) arredamento
2. statua	☐ b) mano
3. comò	☐ c) peso
4. aspirapolvere	☐ d) museo
5. pollice	☐ e) elettrodomestici

Il dottore osservò la statua della giustizia meglio. I piatti della *bilancia* non erano in *equilibrio*. Come su un'*altalena*.
"Un momento," *sussurrò* Lombardo. "Forse ci siamo."
Cautamente *spinse* verso il basso con il *dito indice* il piatto che si trovava più in alto.
"Che cosa fa?" chiese il commissario *corrugando* la *fronte*.
"Faccio in modo che *regni* la giustizia mettendo in *equilibrio* i piatti della *bilancia*. Vediamo che cosa succede."
Il dottore *ritrasse* la mano. I piatti si trovavano ora alla stessa altezza. Sulle prime non successe niente. Poi si sentì uno *scatto*. Nello stesso momento la *lastra* di *pietra* si spostò di *lato*.

Übung 113: Lesen Sie weiter und fügen Sie die Wörter in Klammern in die passenden Lücken ein!

(a) funzionato, b) sottoterra, c) tunnel, d) scala, e) nuvolette, f) mascalzone, g) cosa rara, h) via)

Dietro *apparve* una specie di (1.) ____________. La (2.) ____________ era libera.

"Bravissimo, dottore!" *esultò* Rosa.

"Ha (3.) ____________! E ora andiamo ad *acciuffare* quel (4.) ____________!"

Rosa illuminò il passaggio. Una stretta (5.)____________ di *pietra* conduceva in basso.

"Brrr, fa sempre più freddo," *sussurrò* Lombardo.

"Silenzio!" *sibilò* Rosa. Il *pazzo* con la maschera poteva essere già molto vicino.

Lombardo però aveva ragione. Ad ogni *passo* sembrava che facesse più freddo. Ormai dovevano essere (6.) ____________. Evidentemente il passaggio portava nei *sotterranei* – una (7.) ____________ ____________ nella città lagunare.

Era così freddo che Rosa poteva vedere le (8.)____________ del respiro davanti ai suoi occhi.

Capitolo 9: Il conte Cagliostro

I gradini sembravano non finire mai. Finalmente il commissario *scoprì* davanti a se un rettangolo più chiaro. Doveva essere la fine del tunnel.

Spense la lampada tascabile.

"Che cosa fa?" *sussurrò* Lombardo.

"Da qui in poi dovrà fare a meno della luce," rispose Rosa a bassa voce. "Siamo quasi arrivati, credo."

In *punta* di piedi il commissario e il dottore scesero gli ultimi gradini. In effetti, la scala portava ad un *sotterraneo* dal *soffitto a volta*. I muri *trasudavano* gocce d'umidità. C'era *odore* di *marcio* e di muffa. Ma anche uno sconosciuto profumo esotico. Sulle *pareti tremolava* la fiamma di alcune *fiaccole*.

ÜBUNG 114

Übung 114: Ergänzen Sie folgende Sätze!

1. Dal s _ _ _ _ _ _ o della stanza pendeva un lampadario di vetro di Murano.
2. Il gorgonzola è un formaggio con una m _ _ _ a verdastra.
3. La scala di casa mia ha i g _ _ _ _ _ i ricoperti di marmo.
4. Ho comprato delle f _ _ _ _ _ _ _ e per illuminare il giardino durante la festa.

A Rosa sembrava di ritrovarsi nel *Medioevo*.
I suoi occhi ebbero bisogno di qualche secondo per abituarsi alla luce *tremolante*. Poi il commissario *si accorse* che il *sotterraneo* non era abbandonato.
Al centro dell'enorme stanza c'era una figura *avvolta* in un mantello rosso e con una maschera rossa sul viso.
L'uomo mascherato stava in piedi davanti ad un grande tavolo. Sul ripiano c'erano diversi strumenti chimici. Era tutto un ribollire e un *sibilare*.

ÜBUNG 115

Übung 115: Welche Person benutzt welches Objekt?

1. sarto	☐ a) rete
2. chimico	☐ b) stetoscopio
3. cuoco	☐ c) obiettivo
4. insegnante	☐ d) forbici
5. fotografo	☐ e) trattore
6. medico	☐ f) provetta
7. pescatore	☐ g) coltello
8. contadino	☐ h) lavagna

“Dio mio!” *sussurrò* Rosa. “Sembra di essere nella grotta di una *strega*!”
“O meglio, nel laboratorio di un alchimista,” disse Lombardo.
I due erano rimasti nell’ombra del tunnel. L’uomo con la maschera non li aveva ancora notati. Era occupato a rovesciare in una *provetta* una polverina dal sacchetto di *pelle*.
Poi ci versò sopra un liquido verdastro. Si levò del fumo e il liquido diventò blu.
L’uomo con la maschera *esultò*. “Ci sono! Il *siero* dell’*immortalità*!” gridò. “L’opera è compiuta.”
Trionfante *sollevò* in aria la *provetta*.

Übung 116: Unterstreichen Sie das „schwarze Schaf“!

1. a) maga, b) alchimista, c) strega
2. a) pelle, b) cotone, c) cuoio
3. a) scala, b) cantina, c) sotterraneo
4. a) gradino, b) scalino, c) pianerottolo
5. a) pazzia, b) influenza, c) follia

“È completamente *pazzo*,” *sibilò* Rosa. “È ora di porre fine a questa *follia*.”
Con queste parole *estrasse* una pistola dalla cinta.
“Non mi piacciono le *armi* da fuoco,” disse con tono quasi di scusa, “ma quel tipo è terribilmente pericoloso.”
“Che intenzioni ha?” *sussurrò* Lombardo *spaventato*.
“Lo vedrà,” rispose Rosa con un *ghigno* deciso. Poi uscì dall’ombra.
“La dichiaro in arresto!” disse.
L’uomo con la maschera si girò *di scatto*. Poi cominciò a ridere.

Übung 117: Lesen Sie weiter und unterstreichen Sie im Text das Gegenteil der Wörter in Klammern!
(1. piangere, 2. per finta, 3. abbassi, 4. facilmente, 5. male, 6. diurno, 7. lentamente, 8. intelligente, 9. rado)

"Non vedo che cosa ci sia da ridere!" esclamò Rosa. "Faccio sul serio! Alzi le mani e *si diriga* verso il muro."
L'uomo con la maschera *fissò* Rosa. A fatica *trattenne* un'altra risata.
"Commissario!" disse. "Che piacere incontrarLa. Vedo che ha superato bene il suo bagnetto notturno. E c'è anche il dottor Lombardo. Benvenuti nella mia *modesta* casetta. Devo ringraziarVi entrambi. Senza di Voi non avrei ottenuto tanto rapidamente gli ingredienti per il mio *siero* dell'*immortalità*."
"Ma che *sciocchezze* sta dicendo?" domandò Rosa. "E chi è Lei? Si tolga dal viso questa stupida maschera!"
"Ora mi *delude*," la derise l'uomo mascherato. "Dovrebbe sapere chi sono… il conte Cagliostro, naturalmente! E per ciò che riguarda la maschera… purtroppo devo *deluderLa*!"
Con queste parole l'uomo mascherato *infilò* la mano sotto il mantello. Prima che Rosa potesse reagire, tirò fuori una bottiglietta. Senza *esitare* la *lanciò* ai piedi del commissario.
"Ehi, che cosa sta facendo?" fece ancora in tempo a gridare Rosa. Nello stesso momento la bottiglietta si ruppe sul *pavimento* di *pietra*. Nel giro di pochi secondi si alzò un fumo denso.

Rosa *tossì*. Anche Lombardo aveva la vista *annebbiata*.
"*Farabutto*!" urlò il commissario attraverso il fumo. Ma non poteva fare niente. Il fumo sembrava *aver invaso* la stanza.
Ancora una volta la risata dell'uomo mascherato *risuonò* nel

sotterraneo. "E ora, se vogliono scusarmi... Ho ancora un appuntamento... con l'eternità!"
Cagliostro corse dall'altra parte della stanza. Un ampio passaggio portava di sopra. Prima di lasciare la stanza però l'uomo mascherato si fermò.

Übung 118: Übersetzen Sie die angegebenen Wörter!

Il fumo *si era* già un poco *diradato*. A Rosa (1. tränten) __________ ancora gli occhi, ma riusciva a vedere.
Il commissario *si precipitò* in avanti. Non avrebbe lasciato *fuggire* quel criminale tanto facilmente.
Vide Cagliostro tirare una grande leva di *legno* sul muro. Si udì un (2. furchtbar)______________ *cigolio*. Cagliostro rise ancora una volta e poi (3. verschwand)______________ nel passaggio.
Lombardo (4. hustete) ____________. Anche lui aveva visto quello che l'uomo aveva fatto.
"Che diavolo *avrà combinato*?" chiese il dottore. Non presagiva niente di buono. E aveva ragione. Con un forte schianto, una *parete* di *pietra* del *sotterraneo cedette*.
"Oh no!" gridò Rosa. "Un altro di quei (5. Mechanismen) ______________ *nascosti*!"
(6. Steinbrocken) ____________________ caddero rumorosamente sul *pavimento* e una massa d'acqua sporca *invase* il *sotterraneo*.
"Non è possibile!" esclamò Lombardo.

"Andiamo!" disse Rosa. "Dobbiamo *fuggire*! L'acqua *inonderà* tutto il *sotterraneo*!"

L'acqua *aveva* già *raggiunto* il tavolo nel mezzo della stanza. Sotto la sua (7. Druck)________________ il tavolo *cedette*. *Provette* e *alambicchi furono trascinati* via dalla (8. Strömung) ________________.

"Dobbiamo uscire di qui!" urlò Rosa. Indicò il secondo passaggio, quello per il quale *era sparito* Cagliostro. "È la nostra unica speranza!"

I due si misero a correre.

ÜBUNG 119 !

Übung 119: Welche Verben und Substantive gehören zusammen?

1. licenziare	☐	a) un esame
2. fare	☐	b) un impiegato
3. accendere	☐	c) una scuola
4. superare	☐	d) un boccone
5. inghiottire	☐	e) la spesa
6. frequentare	☐	f) una fiaccola

L'acqua *inondava* il *sotterraneo* sempre di più. All'ultimo momento i due *raggiunsero* il passaggio. *Si precipitarono* verso la scala. Lombardo *gettò* uno *sguardo* alle *spalle*. "Non voglio metterLe fretta," disse *spaventato*, "ma dobbiamo *sbrigarci*!"

L'acqua sembrava salire più rapidamente di quanto il commissario e Lombardo riuscissero ad andare su per le scale.

Sulle *pareti* del passaggio erano montate delle *fiaccole* che face-

vano un po' di luce. Man mano che l'acqua le *raggiungeva*, però, *si spegnevano* una dopo l'altra con un sibilo. Era sempre più scuro.
"Ma non finisce mai questo passaggio?" chiese Lombardo.
Dietro di lui l'acqua saliva sempre più rapidamente.
Poi il dottor Lombardo sentì un altro rumore. Sembrava il *calpestio* di mille piccoli piedi.
"Dio mio!" gridò il dottore.

Übung 120: Übersetzen Sie folgende Sätze!

1. Es ist verboten, den Rasen zu betreten.

____

2. Das Wasser hat die Felder überflutet.

____

3. Wir müssen uns beeilen, wenn wir den Bus nicht verpassen wollen!

____

____

"Cos'è questo rumore?" chiese Rosa *spaventata*. Continuava a salire le scale insieme a Lombardo.
"Non ho il *coraggio* di dirglielo - ma sono topi!"
"Oh, no!" esclamò Rosa *inorridita*. "Io odio i topi!"
"L'acqua deve averli messi in allarme. Sono proprio dietro di noi!"
"Se *acchiappo* quel *pazzo*!" gridò il commissario e corse ancora di più.

Übung 121: Lesen Sie weiter und fügen Sie die Wörter in Klammern in die passenden Lücken ein!
(a) pausa, b) all'improvviso, c) rami, d) frenare, e) parte, f) divertente, g) scortese)

Poi si fermò (1.) ______________. Lombardo non riuscì a (2.)______________ e le venne addosso.

"Non voglio sembrare (3.) ______________," disse, "ma non c'è tempo per una (4.) ______________."

"Molto (5.) ______________," *ansimò* Rosa. "Guardi lì davanti. E adesso che facciamo?"

Il dottor Lombardo seguì lo *sguardo* di Rosa. Davanti a loro il passaggio si biforcava: una (6.)______________ andava verso destra, l'altra verso sinistra.

"Da che parte andiamo ora?" chiese Rosa. "Se uno dei due (7.)______________ del passaggio è senza uscita la cosa diventa problematica."

Lombardo *inghiottì* e si guardò alle *spalle*. L'acqua era lontana solo qualche metro e saliva rapidamente.
E direttamente davanti all'acqua correvano centinaia di topi impauriti.
Forse però quei ratti significavano la salvezza.
Lombardo *inghiottì* e abbracciò Rosa. "Saranno i topi ad indicarci la strada," disse.
"Come? Che cosa vuol dire?" chiese Rosa *inorridita*.
"Beh, quando è in gioco la sopravvivenza, i ratti sono imbattibili. Dobbiamo solo lasciarli passare avanti."

Übung 122: Übersetzen Sie die Ausdrücke in Klammern!

1. Perché vuoi (aufs Spiel setzen) ______________ il futuro della *ditta*?

2. Ho deciso di (mit offenen Karten spielen) ______________.

3. A quasi tutti i ragazzi piace (Fußball spielen) ______________.

4. In questo paese (das Glücksspiel) ______________ è vietato.

5. I bambini (spielen Versteck) ______________ in giardino.

"Ci mancava anche questo," *mormorò* Rosa e chiuse gli occhi.
Un attimo dopo sentì centinaia di piccoli esseri correre avanti *sfiorandole* le gambe. Lo *squittio* dei topi eccitati riempiva lo stretto passaggio.
Anche il dottor Lombardo chiuse gli occhi. Poi però si costrinse a riaprirli. Dopotutto doveva guardare da quale parte *fuggivano* i topi. I piccoli esseri pelosi presero senza *esitare* il *corridoio* di destra. Qualche secondo dopo *erano scomparsi* da quella parte.
Lombardo sentì che l'acqua fredda gli *aveva raggiunto* i piedi. *Riscosse* Rosa.
"Venga! Non c'è tempo da perdere! Da questa parte! Nel *corridoio* di destra!"
Rosa aprì cautamente un occhio per assicurarsi che i ratti *fossero* veramente *scomparsi*.
Poi seguì Lombardo verso destra sperando che i topi non si fossero sbagliati.

Übung 123: Lesen Sie weiter und unterstreichen Sie die richtige Alternative!

Il commissario Nicoletti e il dottor Lombardo continuavano a salire. Quel (1.) ramo/tronco del passaggio era ancora più buio e i gradini erano (2.) ruvidi/scivolosi.
Ma l'acqua era (3.) alla loro schiena/alle loro spalle. *Scivolando* avrebbero rischiato la (4.) testa/vita.
"Non *ce la faccio* più!" disse Lombardo. "Speriamo di arrivare presto (5.) sulla terra/al pianterreno!"
Rosa guardava avanti. Non si vedeva forse un rettangolo più chiaro nell'oscurità?
"Credo che siamo quasi arrivati," disse. "Là davanti deve esserci una porta o qualcosa di (6.) simile/uguale."
In effetti il passaggio finiva davanti ad un vecchio portone.
"Speriamo che non sia chiuso!" esclamò Rosa e ci si buttò contro. Il portone *cedette*. Rosa, che *aveva spinto* il portone con *forza*, cadde a terra. L'aria fresca della notte le *raggiunse* (7.) il cuore/i polmoni. Subito arrivò il dottor Lombardo e la tirò (8.) in piedi/in alto.
"Venga, commissario!" disse. Il dottore *spinse* Rosa di *lato*.
Nello stesso momento (9.) una massa/un mucchio d'acqua uscì dal portone. L'acqua aveva *inondato* tutto il passaggio. Se i due fossero stati appena un poco più lenti avrebbero rischiato di *annegare*.

Adesso invece l'acqua si riversava senza *pericolo* sulla piazzetta davanti all'antico palazzo.
Il commissario Nicoletti e il dottor Lombardo *ansimavano*.
"*Per un pelo*!" commentò Rosa infine.

Übung 124: Nicht alle Ausdrücke sind Synonyme. Unterstreichen Sie das „schwarze Schaf“!

ÜBUNG 124 !

1. a) Per un pelo! b) Per poco! c) Per davvero!
2. a) ansimare, b) essere perplesso, c) respirare a fatica
3. a) fuggire, b) inseguire, c) correre dietro
4. a) avere l'acqua alla gola, b) essere in gravi difficoltà, c) non riuscire a parlare
5. a) notte in bianco, b) notte insonne, c) notte di luna
6. a) avere la puzza sotto il naso, b) sentirsi male, c) fare lo snob
7. a) farcela, b) acciuffare, c) prendere

"Davvero!" *annuì* Lombardo. "Sto cominciando anch'io ad odiare quel tipo - che sia sul serio Cagliostro o no."
Il commissario si guardò intorno. "Non può essere andato lontano," disse. "Noi *siamo fuggiti* subito dopo di lui. Deve essere qui vicino."
Anche Lombardo si guardò intorno.
La piazzetta era illuminata dalla luce della luna.
Un paio di metri più in là qualcosa attraversò velocemente il buio.
Un'ombra rossa!
"È lui!" esclamò Lombardo indicando l'ombra. La figura *sparì* dietro l'*angolo* di una vecchia casa.
"Inseguiamolo!" disse Rosa.

Übung 125: Ordnen Sie die Buchstaben zu sinnvollen Wörtern!

ÜBUNG 125 !

I due *erano esausti*, ma l'(1. tonisit) __________ di caccia li *spingeva* ad andare avanti. Se non *avessero acciuffato* Cagliostro ora, non ci sarebbero (2. irusicit)__________ mai più.
I *passi* del dottore e del commissario *risuonavano* nella notte.

Rosa fu la prima a *svoltare* l'(3. glaono) ______________. Il criminale mascherato era a pochi metri da loro. Il suo (4. tomalnel) ______________ svolazzava al (5. tevon) ______________ e l'uomo sembrava muoversi assolutamente senza (6. remuor) ______________. Il commissario stava accorciando la (7. tidanzas) ______________.

"Avanti così!" disse Lombardo *ansimando* dietro di lei. "L'*ha* quasi *raggiunto*!"
Poco prima che Rosa lo *acciuffasse*, però, l'uomo voltò ancora l'*angolo*. Il commissario lo seguiva a pochi *passi* di distanza. Non mi sfuggirà, fece ancora in tempo a pensare. Poi si trovò in mezzo ad un gruppo di gente che si era radunata in una piazza.
Dozzine di persone ballavano al suono di una musica medievale, ridevano, bevevano vino e *si divertivano*. Erano tutte in maschera.

! ÜBUNG 126

Übung 126: Lesen Sie weiter und übersetzen Sie die angegebenen Wörter!

"Non è possibile!" *sospirò* il commissario. "Come facciamo a trovarlo in questa confusione?"
"A questo punto non dobbiamo *darci per vinti*," la incoraggiò Lombardo. "Probabilmente *si nasconde* tra la (1. Menschenmenge) ______________. Ma se *ci sbrighiamo* riusciremo a trovarlo. Prima che sfrutti (2. die Gelegenheit) ______________ e *sparisca* in un vicolo buio."
"Ha ragione," disse Rosa. "(3. Sich für geschlagen geben) ______________ ora sarebbe abbastanza stupido."

Con ritrovato (4. Mut) ______________ i due si fecero strada tra la *folla*. C'erano (5. Dutzende)______________ di persone che *festeggiavano* e tutte *indossavano* maschere di colori *vivaci*. Alcune erano mascherate in modo moderno ma la maggior parte *indossava* (6. mittelalterliche Gewänder) ____________________________. Trovare il fuggitivo era perciò ancora più difficile.

Per fortuna soltanto pochi avevano costumi di colore rosso. La Nicoletti e Lombardo videro più volte il mantello rosso del criminale *balenare* tra la *folla*.

"Eccolo!" esclamò il commissario quando si trovò a pochi metri (7. von dem Flüchtigen) ________________________________.

Senza badare alle proteste di quelli che *festeggiavano*, *spinse* da parte un paio di persone in maschera.

Poi fece un balzo in avanti per *acciuffare* l'uomo mascherato.

Riuscì davvero ad *afferrare* un lembo del suo mantello rosso. Ma all'ultimo minuto la stoffa *si strappò*.

Übung 127: Welche Wörter gehören inhaltlich zusammen?

ÜBUNG 127 !

1. suora	☐	a) proteste
2. regista	☐	b) ferro da stiro
3. architetto	☐	c) orchestra
4. casalinga	☐	d) redazione
5. giornalista	☐	e) multa
6. direttore	☐	f) progetto
7. vigile	☐	g) convento
8. manifestanti	☐	h) film

"*Accidenti*!" *imprecò* Rosa *fissando* il pezzo di stoffa rossa che le era rimasto in mano.

Lombardo si era già messo all'*inseguimento*.

"Aspetti!" gridò il commisario. "Quel tipo è pericoloso!"

Lombardo però non l'ascoltò. Seguì Cagliostro attraverso tutta la piazza fino ad una fila di case. Poi i due *scomparvero* nel buio.

ÜBUNG 128 !

Übung 128: Fügen Sie die Wörter in Klammern in die passende Lücke ein!

(a) uno spicchio, b) un pezzo, c) una fetta, d) un filo, e) un mazzo, f) un sorso, g) una frazione, h) un grappolo, i) una fila)

1. ____________ di limonata
2. ____________ di ombrelloni
3. ____________ di un secondo
4. ____________ d'arancia
5. ____________ di legno
6. ____________ di perle
7. ____________ di torta
8. ____________ di fiori
9. ____________ d'uva

Speriamo che non gli succeda niente, pensò Rosa e gli andò dietro di corsa.

Velocemente *svoltò* l'*angolo* della fila di case. Un vicolo buio si apriva davanti a lei. Per poco non andò a finire contro il dottor Lombardo che con le mani alzate stava in piedi sul bordo di un canale.

Davanti a lui c'era l'uomo mascherato che gli *puntava* contro la sua antica pistola e rideva dietro la maschera.

Übung 129: Lesen Sie weiter und unterstreichen Sie im Text die Synonyme der Wörter in Klammern!
(1. Ho paura, 2. una fine, 3. delinquente, 4. aveva in mano le carte migliori, 5. pensare, 6. di vista, 7. cortesemente)

"Che bello ritrovarci ancora una volta tutti insieme. Temo però che questa volta il nostro incontro abbia un esito mortale."
Cagliostro *puntò* la pistola contro il commissario. "Le dispiacerebbe mettersi vicino al suo amico, cara signora? E alzi pure le mani."
"Farabutto!" *ringhiò* Rosa. Ma non le rimase altro che fare quanto le veniva detto. In quel momento l'uomo mascherato aveva il coltello dalla parte del manico.
"Che cos'è tutta questa commedia?" domandò Rosa.
Cagliostro sembrò riflettere brevemente, poi *si strinse nelle spalle*.
"E va bene. A questo punto posso pure raccontare tutta la storia. Tanto non potrete *riferire* più niente a nessuno."
Senza *perdere d'occhio* Lombardo e Rosa il criminale si tolse la maschera dal viso. Era un uomo di bell'aspetto, di circa trentacinque anni.
Sorrise gentilmente al commissario e a Lombardo. "Permettete che mi presenti: sono il conte Cagliostro."

"Non ci crederà sul serio?" disse Lombardo.
L'uomo con la pistola rise.
"Mi creda pure, dottore. Io sono il conte Cagliostro."
"Allora deve avere centinaia d'anni," *ribatté* il commissario. "Lei racconta solo *sciocchezze*!"
"Niente affatto, gentile signora. Su un punto, però, ha ragione: io

non sono così vecchio. *A dire il vero*, non sono nemmeno *quel* Cagliostro. Il Cagliostro passato alla storia era un mio *antenato*."
Lombardo scoppiò a ridere. "Beh, allora può essere orgoglioso di essere un *discendente* dell'*imbroglione* più grande del suo tempo."
"Niente affatto, mio caro. Il mio *antenato ha* di sicuro *imbrogliato* persone ricche e *creduloni*, ma era anche un alchimista geniale. E ha veramente creato un *siero* per *raggiungere* l'*immortalità*. Solo che *ha nascosto* ricetta e ingredienti molto, molto bene. Mi ci sono voluti anni per ritrovarli. Ma finalmente *ho raggiunto* ciò che volevo!"

Übung 130: Beantworten Sie folgende Fragen zum Text!

1. Perché l'uomo mascherato decide di dire la verità?

2. Chi è l'uomo mascherato?

3. Che relazione c'è tra l'uomo mascherato e il Cagliostro del Medioevo?

4. L'uomo mascherato è armato?

5. Quanto tempo ha impiegato l'uomo mascherato per ritrovare gli ingredienti?

Con aria orgogliosa Cagliostro junior portò la mano alla cinta e tirò fuori una bottiglietta piena di un liquido blu.
"E la bottiglietta del laboratorio," *ansimò* il commissario.
"Esatto!" rispose Cagliostro trionfante. "Purtroppo ho dovuto distruggere il mio laboratorio. Ma è servito allo scopo. Ora berrò il contenuto di questa bottiglietta e diventerò immortale!"
"Mi dispiace, ma non posso permetterlo!" disse una voce nell'oscurità.
Nello stesso momento volò per aria un bastone dal *pomo* d'argento.
Il commissario Nicoletti e Lombardo *spalancarono* gli occhi.
Il bastone era decorato con un *pomo* d'argento che rappresentava la testa di un *leone*.
Con una precisione mostruosa il *pomo* andò a colpire la mano di Cagliostro. Il giovane uomo gridò per il *dolore* e per la *sorpresa*. E lasciò la bottiglietta.
La bottiglietta volò in alto oltre le teste di Rosa e di Lombardo. Poi cadde nell'acqua del canale.
"No!" gridò Cagliostro per la rabbia e la delusione. "Non è possibile!"
Furibondo si girò *di scatto* e *puntò* la pistola verso l'uomo che ora stava uscendo dall'ombra.
"Lei?" chiese Lombardo stupito.
Era il vecchio, quello che *aveva affidato* a Lombardo l'*incarico*.
"Proprio io, dottor Lombardo. Mi dispiace di aver creato tante difficoltà a Lei e al commissario. Ma dovevo *impedire* ad ogni costo che mio nipote si impadronisse del *siero*."
"Nipote?" chiese Rosa stupefatta. "Ho sentito bene?"
Il vecchio *annuì* con aria bonaria.
"Ha sentito bene, gentile signora."

Übung 131: Sind folgende Aussagen zum Text richtig ✔ oder falsch – ?

1. Cagliostro junior teneva la bottiglietta nascosta in tasca. ☐
2. Il bastone da passeggio colpisce il braccio di Cagliostro. ☐
3. Cagliostro lancia la bottiglietta contro il vecchio,
   ma la bottiglietta finisce a terra. ☐
4. Il vecchio è il nonno dell'uomo mascherato. ☐
5. Rosa aveva intuito già da tempo la verità. ☐
6. Il vecchio vuole evitare che Cagliostro junior beva il siero. ☐
7. Lombardo non riconosce il vecchio. ☐

"Posso presentarmi? Sono il conte Cagliostro. L'originale, per così dire."
Lombardo non capiva più niente.
"M-ma allora Lei deve essere incredibilmente vecchio!"
"Lo sono, in effetti, mio caro dottore. Ai miei tempi sono riuscito veramente a creare un *siero* dell'*immortalità*. Ma ho dovuto constatare che l'*immortalità* è più una *maledizione* che una benedizione. Per questo *ho nascosto* formula e ingredienti per tutta Venezia. Volevo *impedire* che i miei *discendenti* facessero lo stesso errore che *ho commesso* io. Si diventa la persona più sola del mondo quando si è immortali e si sopravvive a tutti gli amici." Il vecchio guardò in modo molto triste per terra.
"Ma perché allora mi ha incaricato di trovare gli ingredienti?" chiese Lombardo.
"E semplice: volevo che prevenisse mio nipote. Non potevo permettere che la formula finisse nelle sue mani portandolo alla rovina."

Übung 132: Ergänzen Sie die Sätze mit dem passenden Verb in der richtigen Form!
(impedire, fissare, prevenire, constatare, commettere, sopravvivere, partecipare)

1. In gioventù ho ________________ parecchi errori.
2. Il ragazzo si mise a ___________ tristemente l'orizzonte.
3. La petroliera ha perso diverse tonnellate di petrolio; temo che molti pesci non riusciranno a ________________.
4. Volevo andare in aiuto del mio amico, ma tu mi hai __________.
5. Luca è un ciclista famoso: ha ________________ a molte gare.
6. In parlamento l'opposizione non è riuscita ad ___________ che la legge ottenesse la maggioranza dei voti.
7. I soldi sono stati versati sul conto. L'ho ___________ di persona.

Il giovane Cagliostro continuava a *fissare costernato* il suo *antenato*. "Che cosa hai fatto?" chiese infine. "L'*immortalità*! Avrei potuto vivere *in eterno*. Ma forse non è ancora troppo tardi!" *aggiunse* poi. Prima che qualcuno potesse reagire il giovane Cagliostro corse via. "No!" gridò Rosa. "Non lo faccia!"
Troppo tardi. Il giovane Cagliostro *spinse* da parte Rosa e Lombardo. Poi *si tuffò* a testa in giù nel canale, là dove era affondata la bottiglietta col *siero*.
Il dottor Lombardo, il commissario Nicoletti e il vecchio si avvicinarono *increduli* al bordo del canale. Si vedevano soltanto un paio di *bollicine* che salivano in superficie.
"Crede che *sia annegato*?"

Il vecchio *scosse* la testa. “Non penso,” rispose con un sottile *sorriso*. “Per noi Cagliostro riesce sempre a beffare in qualche modo la morte.”
Poi il vecchio si girò e *scomparve* di nuovo nell’ombra.

ÜBUNG 133

Übung 133: Unterstreichen Sie das „schwarze Schaf“!

1. a) eterno, b) duraturo, c) immortale
2. a) impotente, b) incapace, c) svogliato
3. a) innocente, b) costernato, c) dispiaciuto
4. a) nemico, b) delinquente, c) farabutto
5. a) depresso, b) stanco, c) avvilito
6. a) beffare, b) prendersi gioco, c) festeggiare
7. a) arrabbiatissimo, b) violento, c) furibondo

“Grazie ancora una volta per i servizi resi,” disse dal buio. “Nei prossimi giorni troverà una somma notevole sul suo conto. Addio, dottor Lombardo. Addio anche a Lei, commissario Nicoletti.”
Poi *sparì*.
Rosa e Lombardo rimasero a lungo a *fissare* l’oscurità. Già adesso quello che era successo sembrava loro un *sogno*.

ÜBUNG 134

Übung 134: Markieren Sie die Wörter, die nicht mit Venedig assoziiert werden können!

☐ 1. carnevale	☐ 6. arte	☐ 11. gondola
☐ 2. topi	☐ 7. alghe	☐ 12. maschere
☐ 3. innamorati	☐ 8. turismo	☐ 13. autostrada
☐ 4. tram	☐ 9. ponte	☐ 14. marcio
☐ 5. vaporetto	☐ 10. dogi	☐ 15. vicolo

Infine *risuonò* da qualche parte un'allegra musichetta di carnevale. Lombardo si fece *coraggio* e mise un braccio intorno alla *spalla* di Rosa.

"Pensa che troviamo ancora un vino rosso decente da qualche parte?"

Il commissario sorrise.

"Proviamoci."

FINE

Abschlusstest

Übung 1: Finden Sie die Gegenteilpaare!

1. generoso	☐ a) agitato
2. allegro	☐ b) attento
3. scuro	☐ c) esitante
4. gentile	☐ d) avaro
5. distratto	☐ e) esterno
6. interno	☐ f) chiaro
7. teso	☐ g) posteriore
8. calmo	☐ h) sgarbato
9. anteriore	☐ i) triste
10. deciso	☐ l) rilassato

Übung 2: Welcher Ort ist gemeint? Vervollständigen Sie die Sätze!

1. Mio marito è medico. Lavora nell'o ________ qui vicino.
2. Stasera al c ______ Rex danno un bel film giallo.
3. Lisa arriva all'a ________ col volo delle dieci da Londra.
4. Nel mio u ______ ci sono dei computer modernissimi.
5. In questo m ____ sono esposte opere importanti del Tiziano.
6. Al c ________ di San Giorgio ci sono le tombe di molti artisti famosi.
7. Il rapinatore è finito in p _______.
8. Se vuoi prendere un libro in prestito vai in b ________.

Übung 3: Unterstreichen Sie das „schwarze Schaf"!

1. a) stupito, b) meravigliato, c) impaurito
2. a) orgoglioso, b) furente, c) arrabbiatissimo
3. a) folla, b) turisti, c) gente
4. a) casa, b) soffitto, c) edificio
5. a) pazzo, b) perplesso, c) matto
6. a) denaro, b) soldi, c) mancia
7. a) gradino, b) panino, c) scalino
8. a) depresso, b) stanco, c) esausto
9. a) tranquillo, b) deluso, c) calmo

Übung 4: Übersetzen Sie folgende Sätze!

1. Ich kann nicht mehr!

---

2. Ich meine es ernst!

---

3. Die Arbeit war ein Kinderspiel.

---

4. Hast du was dagegen?

---

5. Mein Sohn zittert vor Kälte.

---

6. Ich habe keine Ahnung, wo der Schlüssel sein könnte.

---

7. Ich habe keine Absicht, ihn zu treffen.

Übung 5: Unterstreichen Sie die richtige Alternative!

1. L'impiegato mi ha detto di compilare/scrivere il modulo verde.
2. Vorrei accordare/fissare un appuntamento col dottor Rossi.
3. Prima di salire in autobus bisogna timbrare/attaccare il biglietto.
4. Non dimenticare di spegnere/abbassare la luce prima di andare a letto.
5. Il ladro è sparito/abbandonato senza lasciare tracce.
6. La mia vicina di casa brontola/sospira se ascolto la musica ad alto volume.

Übung 6: Entscheiden Sie, ob folgende Ausdrücke richtig ✔ oder falsch – sind!

1. un raggio di luce ☐
2. una fila di case ☐
3. un granello di polvere ☐
4. una pila di sassi ☐
5. una fetta di legno ☐
6. un pezzo di formaggio ☐
7. un gruppo di mobili ☐

Übung 7: Ergänzen Sie die Übersetzung der deutschen Verben mit den Substantiven in Klammern!

(attenzione, coraggio, fiasco, fretta, impressione, paura, tardi)

1. beachten = fare attenzione
2. beängstigen = fare ______
3. hetzen = fare ______
4. sich verspäten = fare ______
5. aufmuntern = fare ______
6. scheitern = fare ______
7. beeindrucken = fare ______

Übung 8: Welche Wörter gehören inhaltlich zusammen?

1. serratura	☐ a) carnevale
2. medicina	☐ b) portafoglio
3. maschera	☐ c) tassista
4. remo	☐ d) chiave
5. caccia	☐ e) cucina
6. mancia	☐ f) farmacia
7. banconota	☐ g) gondola
8. pentole	☐ h) fucile

Übung 9: Welches Kleidungsstück ist gemeint? Vervollständigen Sie die Sätze!

1. Se ho freddo alle mani mi metto i ______.
2. Quando piove si indossa l’______.
3. L’uomo mascherato indossava un ______ rosso.

4. Per evitare un colpo di sole porto sempre in testa un

   _______________.

5. Franco alzò il bavero del _______________ per ripararsi dal vento.
6. I blue jeans sono dei _______________ sportivi.
7. Se vai in spiaggia, non dimenticare il _______________ da bagno e gli _______________ da sole.

Übung 10: Unterstreichen Sie das „schwarze Schaf"!

1. a) sussurrare, b) mormorare, c) chiacchierare
2. a) urlare, b) parlare, c) gridare
3. a) tenere, b) iniziare, c) cominciare
4. a) capire, b) imparare, c) comprendere
5. a) avere paura, b) inghiottire, c) temere
6. a) spalancare, b) aprire, c) cigolare
7. a) sentire, b) risuonare, c) udire

Übung 11: Welche Übersetzung stimmt?

1. In bocca al lupo!
   - ☐ a) Viel Glück!
   - ☐ b) Donnerwetter!
2. Carlo è snervato.
   - ☐ a) Carlo hat gute Nerven.
   - ☐ b) Carlo ist entnervt.
3. Lisa ha fatto un buco nell'acqua.
   - ☐ a) Lisa war erfolglos.
   - ☐ b) Lisa ist ins Wasser gesprungen.

Lernkrimi Italienisch
Wortschatz

Pericolo sul Ponte Vecchio

Alessandra Felici Puccetti

Inhalt

Lernkrimi 279
Abschlusstest 408
Lösungen 432

Story

Kommissarin Rosa Nicoletti ist in Venedig eine von allen Verbrechern gefürchtete Kriminalistin. Sie wird von der Polizei immer dann eingesetzt, wenn alle anderen Ermittler vor unlösbaren Rätseln stehen und Verbrecher ihr undurchsichtiges Spiel treiben.

Diesmal verschlägt es Rosa Nicoletti nach Florenz. Der berühmte Modeschöpfer Vannini feiert mit seinen engsten Freunden die neu entworfene Schmuckkollektion. Am nächsten Morgen ist er spurlos verschwunden. Niemand hat etwas bemerkt. Handelt es sich um eine Entführung oder gar um Mord? Doch wo ist die Leiche? Und wie sieht es mit den Alibis der Gäste aus?
Rosa und ihr florentinischer Kollege Tinti tappen zunächst im Dunkeln, bis Rosa bei ihren Ermittlungen auf eine heiße Spur stößt und sich bei einer abenteuerlichen Verfolgungsjagd in große Gefahr begibt.

Capitolo 1: Dov'è Ernesto Vannini?

Rosa Nicoletti cammina lentamente lungo il viale e si guarda intorno. Di notte c'è stato un forte *temporale*. La pioggia ha lavato via la polvere e ora l'aria è *limpida*. Nel Giardino di Boboli il verde delle piante è rilassante. Il sole della primavera illumina i riflessi rossi dei capelli di Rosa.

Dietro i *cespugli* un gruppo di americani parla ad alta voce. Rosa è di Venezia e conosce bene i turisti. Da bambina cercava sempre di indovinarne la provenienza dalla lingua e anche dall'accento. Rosa si siede su una *panchina* e chiude gli occhi.

"Le dispiace se mi siedo vicino a Lei, signorina?"

Rosa riconosce subito la voce del dottor Lombardo.

"Ludovico! Cosa fai qui a quest'ora?" chiede con un *sorriso.* "Non dovevi essere al lavoro?"

"Hai ragione, Rosa! Dovevo cercare dei libri alla Biblioteca Nazionale, ma la biblioteca è chiusa per *sciopero*. Così ho pensato di fare una passeggiata nel verde. Con questo tempo splendido non ho voglia di tornare subito all'università. Le ricerche sulla famiglia dei Medici possono aspettare. E tu? La polizia di Firenze lavora solo la mattina?"

"Come sei divertente!" risponde Rosa. "Poco fa sono stata da un antiquario in via Maggio. Mi servivano delle informazioni tecniche. Poi ho comprato un panino in un bar e sono venuta al Giardino di Boboli per il pranzo. Sai, la collaborazione con i colleghi di Firenze comincia a dare buoni frutti. Per la fine del mese le *indagini* sul *traffico* di opere d'arte saranno concluse e potremo tornare a Venezia insieme."

Ludovico Lombardo è contento di aver incontrato la sua ragazza.

"Senti, ti va di finire il pranzo con un gelato?" chiede. "Conosco una gelateria fantastica all'uscita del Giardino."

"Veramente ho un appuntamento con l'ispettore Tinti tra mezz'ora..." risponde Rosa.
Lombardo insiste: "Via, poi ti accompagno in commissariato..."
Il commissario Nicoletti arriva in Piazza Duomo con dieci minuti di ritardo. L'ispettore Tinti non è di *buonumore*.
"Ah, Nicoletti! È andato bene il *giro* turistico?"
Rosa decide di scusare il sarcasmo di Vittorio Tinti. Il fine settimana arriverà a Firenze il Presidente della Commissione Europea in visita ufficiale. In commissariato sono tutti molto nervosi.

ÜBUNG 1

Übung 1: Beantworten Sie die Fragen zum Text!

1. Da dove viene Rosa Nicoletti?

____

2. Qual è il nome del dottor Lombardo?

____

3. Che lavoro fa Rosa?

____

4. Perché la Biblioteca Nazionale è chiusa?

____

"Ci sono novità?" chiede Nicoletti.
"Eccome!" esclama l'ispettore. "Ho appena ricevuto una telefonata della signora Vannini. Le dice niente il nome Ernesto Vannini?"
"Sì, certo!" risponde Rosa. "È il famoso designer di moda. La pubblicità con il suo nome è su tutti i giornali. Ho letto proprio ieri

che presto sarà in vendita una nuova collezione di *gioielli* firmati Vannini."

"Bene," annuncia Tinti. "Ernesto Vannini *è scomparso*!"

"Come *scomparso*?"

I colleghi seduti alle scrivanie alzano gli occhi attenti, ma la loro curiosità rimane insoddisfatta.

"Venga nella mia stanza, Nicoletti. Le dirò i dettagli."

L'ispettore Tinti si siede e racconta:

"Sabato sera c'è stata una cena nella villa di Ernesto Vannini, una cena per pochi amici. Verso mezzanotte alcuni *ospiti* sono andati via e anche la signora Vannini è andata a dormire. Il marito invece è rimasto con gli altri amici in soggiorno. Il mattino dopo Vannini *era scomparso*. Col passare delle ore la signora ha cominciato a *preoccuparsi* e ha chiamato la polizia. Penso proprio che dobbiamo andare alla villa. I Vannini abitano appena fuori Firenze, in una zona molto esclusiva. Mi accompagna Nicoletti? Così può continuare il Suo *giro* turistico!"

Übung 2: Welches Wort ist das „schwarze Schaf"? Unterstreichen Sie das nicht in die Reihe passende Wort!

1. minuto, secondo, tempo, ora
2. soggiorno, studio, camera da letto, giardino
3. pane, cena, colazione, pranzo
4. tazza, tavolo, piatto, bicchiere
5. mattino, domani, pomeriggio, sera
6. vicino, madre, figlio, sorella
7. bar, ristorante, caffè, picnic
8. strada, monumento, automobile, traffico
9. università, professore, esame, permesso

Il commissario Nicoletti accetta l'invito. Sulla sua scrivania l'aspettano molti documenti da leggere. Il caso Vannini è sicuramente più interessante.
L'ispettore Tinti intanto si lamenta: "Con tutto il lavoro che abbiamo per la visita del Presidente della Commissione… Ma Vannini non poteva *sparire* la settimana prossima?"
L'Alfa blu della polizia lascia il centro della città.
Dopo qualche chilometro un cartello stradale indica l'inizio del comune di Fiesole. Rosa ha letto sulla sua guida turistica che Fiesole ha *origini* molto antiche.
"Qui hanno abitato prima gli etruschi e poi i romani," dice l'ispettore Tinti. "A Fiesole c'è anche un anfiteatro romano. Peccato che non possiamo andarlo a vedere. La signora Vannini ci aspetta. Nelle sere d'estate all'anfiteatro ci sono *spettacoli* molto interessanti. Se ritorna a luglio, commissario, Le trovo io i biglietti!"
Lontano dal commissariato, Tinti ha ritrovato il *buonumore*.
"Anche Firenze è una città romana?" chiede Rosa.
"Certo! Conosce Piazza della Repubblica? Sicuramente è già stata in uno dei caffè della piazza con i tavolini all'aperto. Bene, il centro del villaggio romano era proprio lì."
Rosa guarda meravigliata il collega: "Vedo che Si interessa di storia, ispettore!"

ÜBUNG 3 !

Übung 3: Finden Sie die passende Farbe zu jedem Begriff!

1. ☐ banana	a) blu
2. ☐ latte	b) verde
3. ☐ mare	c) giallo
4. ☐ elefante	d) rosso
5. ☐ foglia	e) bianco

6. ☐ fragola f) grigio
7. ☐ asfalto g) nero

Il paesaggio fuori dai finestrini è meraviglioso. Tra gli alberi si vedono alcune ville.
"Già qualche secolo fa," *spiega* Tinti "i ricchi fiorentini *costruivano* le loro ville su queste colline. Da allora il paesaggio non è cambiato molto."
La macchina della polizia lascia la via principale e *imbocca* una stradina. Poi si ferma davanti all'ingresso di Villa Vannini. Dietro il *cancello* c'è un grande parco. Lontano si vede un'elegante villa a due piani. Tinti suona il campanello. Nessuno apre.
"Strano," commenta Rosa, "la signora Vannini sapeva del nostro arrivo."
Tinti suona ancora tre volte e finalmente il *cancello* si apre elettricamente. Dalla casa del *custode* vicino all'ingresso esce un anziano signore con una giacca a *righe* verdi e rosse e dei pantaloni neri.
"Siete della polizia, vero? Entrate, prego! C'è un parcheggio per le automobili qui dietro. Il signor Vannini non vuole macchine nel parco. Venite, Vi accompagno. La signora vi aspetta."

Übung 4: Welche Gegenteile gehören zusammen? Ordnen Sie zu!

1. ☐ davanti a) arrivare
2. ☐ lontano b) basso
3. ☐ giovane c) dietro
4. ☐ aprire d) piccolo
5. ☐ entrare e) brutto
6. ☐ grande f) vecchio

ÜBUNG 4 !

7. ☐ alto — g) vicino
8. ☐ bello — h) nero
9. ☐ partire — i) uscire
10. ☐ bianco — j) chiudere

Marisol Vannini è in piedi davanti al portone d'ingresso: una giovane donna alta e magra con lunghi capelli castani e degli incredibili occhi verdi. È vestita con un paio di jeans e una camicia bianca. Rosa è stupita. Ha visto un paio di volte Ernesto Vannini in televisione. Il famoso designer è un signore di mezza età *abbronzato* e con qualche capello grigio. *Indossa* sempre una camicia aperta sul *petto* e una *catena* d'oro al collo. *Nonostante* i modi giovanili Vannini deve avere più di cinquant'anni. La ragazza dagli occhi verdi è sicuramente sua figlia, non sua moglie.
Quando l'ispettore Tinti fa le presentazioni, però, Rosa capisce di essersi sbagliata.
"Le cose non sono mai come sembrano!" dice piano tra sé.

ÜBUNG 5 !

Übung 5: Übersetzen Sie!

1. Kannst du mir ein paar Fotos zeigen?

____

2. Lisa und Mario sind ein schönes Paar.

____

3. Gestern habe ich ein Paar Schuhe gekauft.

____

4. Wie alt ist Marco? Er ist ein paar Jahre älter als ich.

---

5. Ich habe ihn ein paar Mal im Fernsehen gesehen.

---

6. Rita hat ein befreundetes Paar eingeladen.

Nicoletti e Tinti seguono la *padrona* di casa. Nel soggiorno della villa si sente musica brasiliana. Davanti al camino c'è un cane. Appena vede i visitatori il cane si alza e fa un paio di *giri* intorno a Tinti e Nicoletti. Poi inizia ad *abbaiare*.
La signora Vannini lo allontana: "Basta, Nello!"
"Chiedo scusa!" dice Marisol Vannini. "Nello non *abbaia* quasi mai, ma da quando mio marito *è scomparso* il suo cane *si comporta* in modo strano."
Nello, triste, ritorna in silenzio al suo posto davanti al camino.

Übung 6: Lesen Sie weiter und fügen Sie die Wörter in Klammern in die passenden Lücken ein!
(fiori, bicchieri, acqua, piscina, marito, finestre)

La signora Vannini apre le grandi (1.) __________ che danno sul giardino. Poi indica le *poltrone* della veranda e dice agli *ospiti*:
"Si accomodino, prego!"
Dalla veranda si vede sulla destra una piscina. Un leggero *venticello* muove la superficie dell'(2.) __________. Vicino alla

(3.) ______________ ci sono grandi vasi di terracotta con (4.) ______________ bianchi e rosa.

"Prendono qualcosa da bere?"

La signora Vannini porta un vassoio con dei (5.) __________ e del tè freddo.

Rosa le chiede: "Ci dica, signora… Ci sono novità?",

"No, purtroppo no: nessuna notizia di mio (6.) __________," risponde Marisol Vannini.

Poi, con un *sospiro* un po' teatrale, continua: "Non voglio pensare al peggio, ma…"

Di nuovo un *sospiro*.
"Che cosa vuol dire?" chiede Rosa.
"Beh, penso che a Ernesto sia successo qualcosa di brutto. Forse ha avuto un *incidente*. O *è stato rapito*. Tutto è possibile."
"L'automobile di Suo marito è nel garage?"
"Sì, la macchina di Ernesto è qui. Ho controllato ieri mattina. Spesso però mio marito va a Firenze in tassì. Da quando il centro della città è chiuso al *traffico* ci vogliono tanti permessi. E poi è difficilissimo trovare un parcheggio libero. È molto più pratico prendere il tassì."
Dipende dai soldi che uno ha…, pensa Rosa.
L'ambiente esclusivo, l'accento sudamericano della signora Vannini e i suoi *sospiri* danno a Rosa una strana impressione. Le sembra di essere in uno di quei serial televisivi che hanno avuto tanto *successo* negli ultimi anni.
Rosa guarda l'ispettore.

Tinti è seduto comodamente con un bicchiere di tè in mano.
"Ci racconti i fatti, signora," dice. "Quando ha visto suo marito per l'ultima volta?"
"Sabato sera," risponde la donna. "Come Le ho detto al telefono, avevamo invitato degli amici a cena per le nove. Volevamo *festeggiare* la nuova collezione di *gioielli* Vannini. Alla fine del mese ci sarà la presentazione ufficiale. Come forse sa, mio marito disegna anche *gioielli*. Per ora i suoi *gioielli* sono in vendita soltanto nel nostro negozio di Ponte Vecchio. Presto però apriremo delle filiali a Roma e a Milano."

Übung 7: Lesen Sie weiter und setzen Sie die Possessivpronomen ***suo, sua (2x), nostri, sue*** *und* ***mia*** *ein!*

ÜBUNG 7 !

"Durante la cena ha notato qualcosa di particolare?" chiede Rosa.

"No, assolutamente no. Era tutto normale. Alle undici il *cuoco* e il cameriere sono andati via. Noi siamo rimasti a parlare in soggiorno. Poi verso mezzanotte alcuni dei (1.) ______ *ospiti* sono andati a casa. Io ero molto stanca. Il giorno dopo dovevo partire per Parigi. Così ho augurato a Ernesto e agli altri amici la buonanotte e sono salita a letto."

"La (2.) ______ stanza da letto è al piano superiore? Non ha sentito qualche rumore? Non so, delle *grida* per esempio, o il motore di una macchina… dopotutto in una casa isolata come la (3.) ______ le notti sono molto silenziose."

"No, purtroppo no. La (4.) ______ stanza è dall'altra parte della villa. Mi sono addormentata subito. Avevo bevuto un po' troppo e…" dice la signora Vannini.

Le (5.) ______ *guance* sono diventate leggermente rosse.

"E (6.) ______ marito?" la interrompe Rosa.

"Ernesto è rimasto con gli ultimi *ospiti*. Dopo la loro partenza voleva fare un *giretto* in giardino con il cane. Ernesto *vuole* molto *bene* a Nello. Quella sera lo avevamo chiuso in cantina perché una delle invitate ha una gran *paura* dei cani."
Ancora un *sospiro*.
"Continui, La prego," dice il commissario.
"Sì, certo!" risponde Marisol Vannini. "Ieri mattina, quando mi sono svegliata, mio marito non era in casa. Ernesto voleva accompagnarmi all'aeroporto. L'aereo partiva alle due del pomeriggio. A mezzogiorno però mio marito non era ancora tornato. Ho provato a chiamarlo, ma il suo *cellulare era spento*. Allora ho cominciato a *preoccuparmi* e sono rimasta qui. Mio marito non è mai uscito *all'improvviso* senza lasciare nemmeno un biglietto."

ÜBUNG 8

Übung 8: In welche Wörter haben sich Rechtschreibfehler eingeschlichen? Kreuzen Sie an und korrigieren Sie gegebenenfalls!

1. celulare ☐ ______
2. valigia ☐ ______
3. camerere ☐ ______
4. aeroporto ☐ ______

5. chiave ☐ ______________

6. passaporte ☐ ______________

7. guancie ☐ ______________

8. penna ☐ ______________

9. occhiali di sole ☐ ______________

10. negozio ☐ ______________

La signora Vannini si muove nervosamente sulla *poltrona*. Poi si alza improvvisamente ed entra in casa. Quando ritorna *si asciuga* gli occhi con un *fazzolettino di carta*.
"Capisco la Sua preoccupazione, signora," dice il commissario Nicoletti. "Noi siamo qui per ritrovare suo marito. Però Lei deve aiutarci. Deve darci tutte le informazioni possibili. Anche un dettaglio che a Lei sembra senza importanza può portare la polizia sulla strada giusta."
Marisol Vannini si siede di nuovo sulla *poltrona* con un *sospiro*. "Chieda pure…" dice a voce bassissima.

Übung 9: Fügen Sie die passende Präposition ein!

ÜBUNG 9 !

1. Ci vediamo ________ due ore.

2. ________ quanti giorni sei ________ Firenze?

3. ________ Sicilia d'estate fa molto caldo.

4. Vai ancora ________ scuola o sei già ________ vacanza?

5. Sono appena tornato ________ supermercato.

6. Il cuscino è ________ sedia.

7. ________ chi sei andato al cinema?

8. ________ quattro anni Luigi sapeva già leggere.

9. ________ dove sei?

10. ________ mia stanza si vede il mare.

“Signora Vannini, ieri mattina, quando si è alzata, il soggiorno Le è sembrato come sempre?” vuole sapere Tinti. “*Mi spiego* meglio: c’erano *armadi* aperti, libri sul *pavimento*, bicchieri rotti o cose di questo tipo? E soprattutto: mancava qualcosa? Forse la notte tra sabato e domenica c’è stato un *furto*. Forse Suo marito ha visto un *ladro*, ha cercato di fermarlo e…”
Tinti si interrompe, ma è troppo tardi.
Marisol Vannini domanda: “Vuol dire… vuol dire che un *ladro ha ucciso* Ernesto?”
Rosa cerca di calmare la signora: “Naturalmente è solo una possibilità, una possibilità fra tante.”
Marisol Vannini si alza in piedi e cammina nervosamente avanti e indietro.

! ÜBUNG 10

Übung 10: Lesen Sie weiter und ordnen Sie die Buchstaben in Klammern zu sinnvollen Wörtern!

“*A dire il vero*, ispettore,” dice, “non ho controllato bene se manca qualcosa. Non ho pensato ad un (1. rutof) ________. La finestra del soggiorno che dà sul (2. ginodiar) ________ era chiusa e nella (3. zasant) ________ era tutto come sempre.”

"Meglio così," commenta Nicoletti.

"Un (4. tomomen) ______________, commissario," la interrompe la signora Vannini. "Qualcosa manca, ma è una cosa senza *valore*. È solo un vecchio *tappeto* dove dorme Nello. Sabato sera era davanti al camino, mi sembra. Ora invece non c'è più. A parte questo, però, non ho visto niente di strano. Voglio dire: non c'erano (5. catisets) ______________ aperti o cose sul (6. vapitomen) ______________. Forse il (7. tatepop) ______________ era vecchio e qualcuno l'ha buttato via."

"Forse," dice Rosa. "Dovremo controllare."

Poi, dopo qualche secondo di silenzio, chiede: "Signora, cerchi di ricordare... Ultimamente suo marito era preoccupato, nervoso? Aveva problemi sul lavoro?"
"No, al contrario: Ernesto era molto contento della nuova collezione di *gioielli*. Nelle ultime settimane mio marito era un po' sotto stress, lavorava troppo, ma non aveva certo motivo di *preoccuparsi*. I suoi *affari* vanno molto bene."

Übung 11: Lesen Sie weiter und unterstreichen Sie im Text die Übersetzung der Wörter in Klammern!
(1. Model, 2. Abendessen, 3. Verlobte, 4. Ehefrau, 5. Geschichte)

"Da quanto tempo *è sposata* col signor Vannini?" domanda Tinti alla giovane donna.
"Da tre anni," risponde Marisol Vannini. "Prima di *sposarmi* lavoravo come modella."

Rosa riporta la conversazione sulla sera del sabato:
"Chi aveva invitato alla cena, signora?"
"Alcuni amici: il signor Storti, che lavora nella *gioielleria* Vannini a Ponte Vecchio, con la fidanzata, Matteo D'Alessio con la moglie…"
"Matteo D'Alessio? Vuol dire il *proprietario* del 'Ritmo', la discoteca vicino a Porta Romana?" chiede Tinti.
"Esatto!" risponde Marisol Vannini.
E bravo il nostro ispettore Tinti!, pensa Rosa. A quanto sembra, conosce bene non solo la storia, ma anche la vita notturna di Firenze.

La signora Vannini continua: "Sabato sera c'era anche Chiara Masi, l'ex moglie di Ernesto. La signora Masi è venuta insieme al signor Duca."
Rosa chiede: "Può scrivere i nomi dei Suoi amici con gli indirizzi e i numeri di telefono, per favore? Noi intanto guardiamo il giardino. Che ne dice, ispettore?"
Tinti *annuisce*. L'ispettore non sembra scontento del mio aiuto, pensa Rosa. Non è uno di quei colleghi che vogliono fare tutto da soli per fare bella figura con i superiori. Forse le discoteche lo interessano più della carriera!

! ÜBUNG 12

Übung 12: Wie heißt der Markt im Zentrum von Florenz? Enträtseln Sie die Definitionen und finden Sie die Lösung!

1. Il contrario di no ☐ _
2. La capitale d'Italia _ _ _ ☐
3. La città del Vesuvio ☐ _ _ _ _ _
4. Il lavoro di Marisol Vannini _ _ _ _ ☐ _ _

5. Mi dice che ora è _ _ ☐ _ _ _ _ _
6. L'automobile ne ha quattro ☐ _ _ _ _
7. Famosa famiglia fiorentina _ ☐ _ _ _ _
8. Il nome del cane di Vannini ☐ _ _ _ _
9. Il pasto del mattino _ _ _ _ ☐ _ _ _ _
10. Un sinonimo per invitato ☐ _ _ _ _ _

Lösung: Mercato di _ _ _ _ _ _ _ _ _ _ _

Nicoletti e Tinti si alzano in piedi.
La signora Vannini li avverte: "Attenzione! Il *custode* non sa ancora niente. Sua moglie parla troppo. Così ho detto che siete qui per un *furto* d'auto."
Mentre Rosa e l'ispettore camminano sul *prato*, Tinti si guarda intorno.
"Che bello! Non vorrebbe abitare qui anche Lei, commissario?"
Rosa risponde senza pensarci un minuto: "*A dire il vero*, no! Io sono di Venezia e non so stare lontano dal mare. Vicino al mare la luce e l'aria sono diverse. Firenze è una bellissima città, ma io *sono abituata* ai canali, alle gondole..."

Capitolo 2: Qualcuno parla troppo

Dal parco di Villa Vannini si vede la città di Firenze nella luce dorata del pomeriggio.
"Vede la cupola del Duomo, commissario?" chiede Tinti. "Non è fantastica? La cupola è alta più di 90 metri. Con una cupola così alta non si potevano usare *impalcature* da terra. Un bel problema per l'architetto Brunelleschi. Ma Brunelleschi l'ha risolto con una tecnica speciale. È stato davvero geniale!"

ÜBUNG 13

Übung 13: Lesen Sie weiter und unterstreichen Sie die Präpositionen im folgenden Textabschnitt!

Come tutti i fiorentini l'ispettore pensa di abitare nella città più bella del mondo. Quando parla dei monumenti di Firenze gli *brillano* gli occhi.
A qualche metro dalla villa Tinti chiede a Nicoletti:
"Allora, commissario, che ne pensa? Secondo Lei la signora Vannini dice la verità? Io non ne sono tanto sicuro."

"Sono della stessa idea, ispettore! La signora fa troppi *sospiri*. Forse prima non era solo modella, ma anche *attrice*!"
"Andiamo a parlare con il *custode* che abbiamo visto all'ingresso," propone Tinti. "Forse può dirci qualcosa d'interessante. Se un poliziotto fa le domande giuste con il tono giusto ottiene sempre *un sacco di* informazioni utili."
Rosa è più scettica: "Se lo dice Lei..."

ÜBUNG 14

Übung 14: Schreiben Sie das Gegenteil der Adjektive auf!

1. cattivo ________	5. perfetto ________
2. chiaro ________	6. giusto ________
3. corto ________	7. utile ________
4. facile ________	8. caldo ________

Il parco di Villa Vannini *è* molto *curato*. *Cespugli* e vasi di fiori creano una scenografia perfetta. Nessun dettaglio è lasciato al caso. La casetta del *custode* ha lo stesso stile della villa, è soltanto molto più piccola.

Il vecchio signore è seduto su una *panchina* vicino al *cancello*. Alle domande dell'ispettore Tinti risponde con poche parole. È chiaro che quel colloquio non gli piace e che non vuole *guai*, né con la polizia, né con i Vannini.

"Purtroppo non posso dirLe molto sulla notte di sabato scorso, ispettore. Alla mia età si ha la memoria corta. Mi pare di ricordare un rumore di macchina verso le due, ma non ne sono sicuro."

Tinti è un po' *deluso*. Si aspettava di più.

Evidentemente abbiamo fatto le domande sbagliate con il tono sbagliato, pensa Rosa con un po' di cattiveria.

Per fortuna la moglie del *custode* ha più voglia di parlare. Ed è decisamente più curiosa del marito.

Übung 15: Sind die folgenden Sätze korrekt? Markieren Sie mit richtig ✔ oder falsch – !

ÜBUNG 15

1. Pietro è più grande che Guido. ☐
2. Secondo me è meglio telefonare che mandare un fax. ☐
3. È più importante capire il testo che tradurre parola per parola. ☐
4. Questo è il più antico monumento di Firenze. ☐
5. Il film di oggi è meno interessante di quello di ieri. ☐
6. Questa poltrona è più comoda che il divano. ☐
7. Enzo è più furbo che intelligente. ☐
8. Massimo è il più simpatico nella classe. ☐

Appena vede Tinti e Nicoletti dalla finestra la *custode* esce di casa. Con un forte accento toscano chiede: "È successo qualcosa? La signora è più nervosa del solito e il signore non è ancora uscito! E ora la visita della polizia! C'è stato un *incidente*? Con me si può parlare: so tenere la bocca chiusa!" assicura la *custode.*

Rosa non ne è troppo sicura: "Non è successo nulla di preoccupante, signora. Siamo venuti per delle *indagini* sul *furto* di un'automobile in una villa qui vicino. Visto che Lei abita all'ingresso del parco, forse sabato sera, dopo mezzanotte, ha sentito rumori strani sulla stradina?"

"Mi dispiace proprio, ma sabato sera c'era solo mio marito in casa. Il fine settimana sono andata a trovare mia sorella. Del resto, io sono sempre contenta quando posso lasciare la villa per qualche giorno."

La *custode* si guarda intorno e abbassa la voce: "Lavorare per la signora Vannini non è facile! Quella donna si crede importante soltanto perché le sue foto erano sui giornali di moda un paio d'anni fa. Ma ormai nessuno si ricorda più di lei! Il signor Vannini è gentile. Anche se ora è famoso non ha dimenticato di aver iniziato dal nulla. La brasiliana invece è così arrogante... Marito e moglie *litigano* spesso. Vuole sapere una cosa? Secondo me, lei *l'ha sposato* solo per i soldi!"

"Maria!" esclama il *custode arrabbiato*.

"Beh, ho detto solo la verità. Lo sai anche tu come stanno le cose tra quei due!" risponde la moglie.

ÜBUNG 16

Übung 16: Fügen Sie die Wörter in Klammern in die passenden Redewendungen ein!
(solo, piano, tempo, dito, cane, acqua)

1. Tra moglie e marito non mettere il ____________.

2. Meglio ____________ che male accompagnato.

3. Rosso di sera bel ____________ si spera.

4. ______________ che abbaia non morde.

5. Chi va ______________ va sano e va lontano.

6. È facile come bere un bicchier d' ______________.

Nicoletti *si rivolge* al *custode* con aria *indifferente*: "Bel parco! Lo *cura* Lei?"
"No, ora non più. Prima, quando ero giovane, facevo tutto io. E il giardino era ancora più bello. Questi giardinieri di adesso pensano di sapere tutto, ma con le piante ci vuole pazienza. Le piante sono come le persone, hanno i loro *gusti*, i loro posti preferiti. Io le conosco bene."
"Lo so," commenta ironica la *custode*. "Tu con le piante ci parli tutti i giorni!"
"Al signor Vannini piacciono i fiori?" domanda Rosa.
"Il signore ogni tanto fa un *giretto* per il parco e controlla se tutto *è a posto,*" risponde il *custode*. "Il problema è che Vannini non c'è quasi mai. Lavora molto. Quando mi vede, però, si ferma sempre a scambiare due parole."
"Anche ieri?"
"No, ieri non l'ho visto."
Rosa e Tinti ritornano alla villa.
Marisol Vannini li aspetta con una *busta* in mano.

Übung 17: Welche Wörter gehören zusammen? Ordnen Sie zu!

ÜBUNG 17 !

1. ☐	parco	a) francobollo
2. ☐	automobile	b) denti
3. ☐	frase	c) parole
4. ☐	film	d) cioccolata

5. ☐	giornale	e) motore
6. ☐	ladro	f) albero
7. ☐	bocca	g) attore
8. ☐	busta	h) articolo
9. ☐	fiume	i) furto
10. ☐	torta	j) acqua

"Ecco i nomi degli *ospiti,*" dice la donna.
"Senta, commissario," chiede poi a Nicoletti con un *sorriso,* "ho una cosa da chiederLe. Può mantenere il silenzio sulla scomparsa di mio marito? Almeno finché non sappiamo qualcosa di preciso. Io conosco i giornalisti. Se sanno di Ernesto, vengono alla villa con le loro macchine fotografiche e non se ne vanno più. E allora addio privacy! E poi tra due settimane c'è la presentazione dei *gioielli*. Uno scandalo è l'ultima cosa di cui abbiamo bisogno!"
"Faremo del nostro meglio, signora," risponde Rosa. "Probabilmente Suo marito *è stato rapito*. Dobbiamo aspettare che i *rapitori* si mettano in contatto con Lei. Metteremo il Suo telefono sotto controllo."

ÜBUNG 18 !

Übung 18: Welches Wort passt nicht in die Reihe? Unterstreichen Sie das „schwarze Schaf"!

1. chiedere, conoscere, domandare, voler sapere
2. famoso, noto, geniale, conosciuto
3. soldi, quattrini, denaro, portafoglio
4. assicurazione, controllo, esame, analisi
5. lasciare, osservare, smettere, abbandonare
6. alzare, cominciare, iniziare, avviare
7. pensare, riflettere, ascoltare, immaginare

8. macchina fotografica, lente, fotocamera, apparecchio fotografico
9. leggere, vedere, osservare, guardare

"Però c'è una cosa che non capisco," continua Rosa dopo qualche secondo di riflessione. "Se c'è stato un *rapimento*, sono entrate nel parco almeno due persone per trasportare *in fretta* un uomo come Vannini fino al cancello.
Immaginiamo la scena: i *rapitori* aspettano che il designer sia solo. Quando Vannini li vede cerca di *difendersi* energicamente, però invano. I *rapitori* lo prendono e lo portano in macchina. L'automobile riparte a gran velocità. Anche se i *rapitori* sono dei professionisti, è quasi impossibile che il *rapimento* si sia svolto senza *tracce* e senza rumore. Invece nessuno ha sentito niente e in soggiorno tutto è in *ordine*. Strano! Chi *rapisce* qualcuno non si ferma a *mettere a posto* la stanza!"

Übung 19: Lesen Sie weiter und fügen Sie die Wörter in Klammern in die Lücken ein!
(regole, idea, novità, sospiro, Firenze, strada, indagini)

ÜBUNG 19 !

"Qual è la Sua (1.) ____________, allora?" domanda Marisol Vannini.
"Per il momento non ho un'idea precisa," dice Rosa. "Le (2.) ____________ sono appena all'inizio. Noi ora torniamo in commissariato, signora. Lei intanto controlli se in casa manca qualcosa. In caso di (3.) ____________ ci avvisi immediatamente. Ah, dimenticavo: Lei non dovrà lasciare (4.) ____________ fino a

quando il caso non sarà risolto. Questo è importante."

"*Non sospetta mica* di me, commissario?"

"Si figuri, signora Vannini!" risponde Nicoletti. "Però ci sono (5.) ______________ ben precise in questi casi e le regole vanno sempre rispettate."

"Capisco!" conclude Marisol con un (6.) ______________.

In macchina Tinti *guida* in silenzio fino alla (7.) ______________ principale. Ogni tanto *scuote* la testa. Evidentemente *riflette* sul caso Vannini.

"Incredibile!" dice Tinti tra sé. "Vannini *scompare all'improvviso*! E noi da dove cominciamo le *indagini*? La signora non sa darci nessuna informazione utile. Il personale della villa il fine settimana non c'è. Il *custode* non ha sentito nulla. In giardino il *temporale* di ieri sera ha cancellato ogni *traccia*. Non è una situazione *incoraggiante*! Nei prossimi giorni tornerò a casa ancora più tardi la sera. E a mia moglie cosa racconto? Speriamo almeno che i *rapitori si facciano vivi* presto."
Il commissario Nicoletti preferisce ignorare le preoccupazioni familiari dell'ispettore. Apre la *busta* della signora Vannini e legge ad alta voce i nomi dei presenti alla cena:

Chiara Masi e Paolo Duca
Guido Storti e Francesca Dani
Matteo e Laura D'Alessio

"Con questi signori parleremo domani," dice Rosa. "Per il momen-

to è più importante avere informazioni sul designer *scomparso*."
"Beh, qualche indiscrezione sulla sua vita privata l'abbiamo già avuta dalla *custode*," commenta Tinti con un *sorrisetto* ironico.

Übung 20: Setzen Sie die Verben in die richtige Zeitform!

1. Domani Lucio (incontrare) ________________ il suo nuovo collega.
2. Le previsioni del tempo dicono che da domani ci (essere) ________________ il sole.
3. Quando ero piccolo mi (accompagnare) ________________ a scuola il nonno.
4. Sono stanco, non (avere) ________________ voglia di camminare.
5. (volere) ________________ invitarla alla festa, ma ho saputo che (partire) ________________ ieri.
6. Che impressione (avere) ________________ la prima volta che sei stata in Germania?

Nicoletti continua: "Ispettore, ora che la signora Vannini non ci sente possiamo parlarne. Io penso che dovremo anche far controllare il parco dai nostri agenti. Non è detto che non troviamo il cadavere di Vannini da qualche parte sotto un *cespuglio*. O nei *campi* fuori della villa. Un *furto* non è così improbabile. Forse il designer ha veramente sorpreso un *ladro* ed è stato eliminato."
"Del resto è possibile che la signora non sappia se in casa sua

manca qualcosa," dice Tinti con un po' d'*invidia*. "Chi deve lavorare per vivere tiene di più alle cose che ha. La signora invece non *si preoccupa* del prezzo quando vuole comprare qualcosa. Il lusso per lei è normale. *Scommetto* che Marisol Vannini non sa nemmeno quanti *gioielli* le ha regalato il marito!"

Capitolo 3: Un uomo fortunato

Il mattino dopo Rosa si sveglia con il *mal di testa*.
A Venezia non ci sono macchine e Rosa dorme decisamente meglio. A Firenze invece c'è molto *traffico*, troppo per le strette strade della città. Il mattino presto il rumore di autobus, automobili e moto è terribile per chi non ci è abituato.
Rosa abita con il dottor Lombardo a San Frediano. Una collega che è stata appena trasferita in un'altra città ha prestato loro l'appartamento per un mese. Una bella fortuna con i prezzi degli *affitti* a Firenze.

! ÜBUNG 21

Übung 21: Übersetzen Sie folgende Sätze!

1. Wie viel kostet die Fahrkarte nach Mailand?

____

2. Kann ich mit Kreditkarte bezahlen?

____

3. Wenn sie bar bezahlen, bekommen Sie fünf Prozent Rabatt.

____

4. Soll ich eine Anzahlung machen?

---

5. Ich muss meine Telefonrechnung bezahlen.

---

6. Ich zahle 600 € Miete für meine Wohnung.

---

7. Kann ich ein Girokonto eröffnen?

---

8. Florenz ist eine teure Stadt.

San Frediano è uno dei quartieri più tipici della città. Ci sono ancora i negozi di una volta.
A Rosa piace fare la spesa nel piccolo negozio di alimentari sotto casa. Il *proprietario* ormai la conosce. Spesso la saluta con un "Ciao, bella!" che la mette un po' in *imbarazzo*.

Ancora insonnolita Rosa entra in cucina.
Appena si sveglia Rosa è di poche parole. Lombardo lo sa e le augura il buongiorno senza dire altro.
Nicoletti risponde con un *sorriso* e si siede al tavolo. Il *mal di testa* non le è ancora passato.
Per fortuna Ludovico ha già preparato il caffè: forte e caldissimo come piace a Rosa. Lombardo non è un buon *cuoco*. Quando cucina è *distratto*, pensa sempre ai suoi libri. Il suo caffè, però, è veramente perfetto.

ÜBUNG 22 !

Übung 22: Welche Definition stimmt? Markieren Sie mit richtig ✔ oder falsch – !

1. Un caffè macchiato è un caffè con un po' di latte. ☐
2. Un caffè ristretto è un caffè molto forte. ☐
3. Un caffè corretto è un caffè con molto zucchero. ☐
4. Un caffè amaro è un caffè senza zucchero. ☐
5. Un caffè lungo è un caffè con liquore. ☐
6. Un caffè americano è un caffè preparato con carta da filtro. ☐
7. Un caffè nero è un caffè molto leggero. ☐

"Sono sceso al bar a comprare i cornetti alla crema. Sono ancora caldi," dice Lombardo a Nicoletti. "Dopo la colazione devo andare via subito. Ieri con lo *sciopero* ho perso molto tempo. Tu che cosa fai?"

"Io vado in commissariato," risponde Rosa. "*Mi occupo* di un nuovo caso."

Dopo il caffè Rosa si sente meglio.

"Che caso è?" chiede Lombardo curioso.

"Non ci crederai: Ernesto Vannini *è scomparso*!" dice Rosa.

"Il Vannini che fa quei vestiti dai prezzi altissimi?"

"Proprio lui! Mi raccomando, però: silenzio! Nessuno sa ancora niente."

"Che cosa è successo?" domanda Lombardo.

"Non lo sappiamo ancora. È un caso complicato."

"A stasera, allora. Vai tu a fare la spesa? Il frigorifero è quasi vuoto."

"Oggi, veramente, *tocca a te*."

"Ma io ho già comprato i cornetti!"

"Va bene... sarò buona!"

"*Ti sei guadagnata* un bacio... Ciao tesoro!"

Übung 23: Lesen Sie weiter und fügen Sie die Wörter in Klammern in die passenden Lücken ein!
(bravo, libro, dappertutto, pavimento, biblioteca, frigorifero, finestra, braccia)

Dopo un secondo Lombardo ritorna in cucina.

"Scusa, hai visto per caso il (1.) __________ che leggevo ieri sera?" chiede a Rosa. "Devo riportarlo in (2.) __________, ma non riesco a trovarlo."

Nicoletti si guarda intorno e *allarga* le (3.) __________.

La stanza è piena di libri e *fogli* d'*appunti*. Ce ne sono (4.) __________: sul *davanzale* della (5.) __________, sopra al tavolo, sulle sedie e anche sul (6.) __________.

Ludovico è un (7.) __________ ragazzo, ma l'*ordine non è il suo forte*.

"Hai provato a guardare nel (8.) __________?" risponde Rosa con un *sorriso* ironico. "Non si sa mai..."

Verso le nove Nicoletti esce di casa e decide di andare al commissariato a piedi.
Il suo appartamento è vicino a Porta San Frediano, una delle poche porte delle antiche mura di Firenze che sono rimaste intatte.
Sotto la porta Rosa vede un cartello che indica il *livello* dell'acqua durante l'*alluvione* del 1966. Se pensa a quella tragedia Rosa *rabbrividisce*.

ÜBUNG 24 !

Übung 24: Lesen Sie weiter und unterstreichen Sie die Übersetzungen der Wörter in Klammern!
(1. Seiten, 2. schmutzig, 3. Kirchen, 4. Familien, 5. Strom, 6. Hilfe, 7. Kunstwerke, 8. Welt)

Una volta Lombardo ha mostrato a Rosa un vecchio libro della Biblioteca Nazionale. Sulle pagine c'erano ancora le *tracce* dell'acqua sporca e *oleosa*.
"Nessuno si aspettava l'*alluvione*" *ha spiegato* allora Lombardo. "Il *livello* del fiume Arno era salito già molte altre volte, ma poi era sempre tornato normale. Quel novembre invece l'acqua *ha raggiunto* in brevissimo tempo chiese, musei e le case di interi quartieri. Ci sono state *vittime*. Moltissime famiglie sono rimaste senza casa e anche quelle che abitavano ai piani più alti non avevano né acqua da bere, né corrente elettrica, né *riscaldamento*. Anche il telefono non funzionava più. La gente era isolata in casa. Poteva solo chiamare aiuto dalle finestre. I lavori di restauro alle opere d'arte sono durati anni. A Firenze sono arrivati aiuti da tutto il mondo. Molti, italiani e stranieri, hanno lavorato gratis alla Biblioteca Nazionale per salvare i preziosi libri antichi. Ogni minuto era importante. Se i libri restavano troppo a lungo sott'acqua erano persi per sempre."

Ora Rosa è arrivata al Ponte alla Carraia. Il fiume è così tranquillo. Quello che è successo quel 4 novembre del 1966 le sembra quasi impossibile.
In Piazza Duomo Nicoletti si ferma a comprare il giornale. Non c'è nessun articolo sulla sparizione di Ernesto Vannini.
Bene, pensa il commissario, *per fortuna* nessuno ha parlato. Qualche volta una notizia data troppo presto può *rovinare* il risultato di giorni di lavoro.

Übung 25: Finden Sie das passende Gegenteil!

ÜBUNG 25

1. ☐ presto	a) antico
2. ☐ fine	b) scendere
3. ☐ sporco	c) tacere
4. ☐ parlare	d) odiare
5. ☐ accendere	e) diminuire
6. ☐ salire	f) inizio
7. ☐ amare	g) pulito
8. ☐ moderno	h) spegnere
9. ☐ piano	i) forte
10. ☐ aumentare	j) tardi

Tinti è già nella sua stanza. Quando vede Rosa la saluta brevemente.

"Buongiorno, Nicoletti, come va?"

"Ho un po' di *mal di testa*, ma per il resto tutto bene. E Lei?"

"Bene, grazie. Se continua così, però, il *mal di testa* lo avrò presto anche io!"

"Perché?"

"Beh, ho troppo da fare. C'è il *rischio* di un attentato durante la visita del Presidente della Commissione. Devo preparare dei piani di sicurezza, coordinare il lavoro dei colleghi che vengono da altre città... ieri sera sono tornato a casa alle dieci!"

Übung 26: Übersetzen Sie!

ÜBUNG 26

1. Wie spät ist es? Es ist Punkt drei Uhr.

2. Es ist Viertel vor eins.

3. Der Zug fährt um zehn nach vier ab.

4. Wir treffen uns um halb acht.

5. Um Mitternacht war sie noch nicht zu Hause.

6. Es ist Zeit zu gehen.

7. Mach dir keine Sorgen, das hat Zeit!

8. Gestern Abend bin ich um zehn nach Hause gekommen.

Rosa *cambia discorso*. Per i suoi *gusti* l'ispettore Tinti si lamenta un po' troppo.
"Ci sono novità sul caso Vannini?" chiede.
"Nessuna, commissario. Abbiamo controllato: domenica mattina nessun tassì è andato a Villa Vannini. E la polizia stradale *ha confermato* che Ernesto Vannini non ha avuto nessun *incidente*. Me lo aspettavo, ma volevo esserne sicuro."
"La signora Vannini ha chiamato?"
"No. Evidentemente non ha ricevuto telefonate," risponde Tinti. "Col passare del tempo la *paura* dei familiari aumenta... è proprio

quello che vogliono i *rapitori*. Per questo spesso aspettano un paio di giorni prima di *farsi vivi*."
Tinti *spegne* il computer.

Übung 27: Übersetzen Sie!

ÜBUNG 27 !

1. Sandro hat ihm eine E-Mail geschickt.

2. Hast du einen Anrufbeantworter?

3. Können Sie mir bitte das Blatt fotokopieren?

4. Meine Tochter surft stundenlang im Internet.

5. Wo hast du die CD gekauft?

6. Haben Sie die Datei schon erhalten?

"Ho fatto qualche ricerca su Ernesto Vannini," dice. "Su internet ci sono decine di pagine con il suo nome. Sono solo dati ufficiali, è chiaro, ma hanno la loro importanza. Le notizie di prima mano arriveranno presto. Ho mandato un agente a raccogliere informazioni."
"Non sarà facile," dice Rosa.

ÜBUNG 28 !

Übung 28: Lesen Sie weiter und fügen Sie die passenden Präpositionen in die Lücken ein!

"Più facile di quanto pensa, commissario. La sorella dell'agente Conti lavora (1.) ________ *ditta* di Vannini. L'*ho scoperto* per caso. Un paio (2.) ________ settimane fa non sapevo che cosa regalare (3.) ________ mia moglie (4.) ________ il compleanno. Ho chiesto consiglio (5.) ________ Conti e lui mi ha presentato la sorella.

La ragazza è stata gentilissima: mi ha dato un buono sconto per l'outlet di Vannini. Quando ci sono andato era un sabato pomeriggio. Il negozio era pienissimo. (6.) ________ cassa una cliente isterica voleva proprio la borsa che avevo (7.) ________ mano io. Una cosa terribile! Ma ne *è valsa la pena*. Ora sappiamo chi può aiutarci (8.) ________ nostre *indagini*," conclude Tinti (9.) ________ un *sorriso*.

"Buona idea, ispettore. Le *chiacchiere* degli *impiegati* sono utilissime per conoscere la situazione di una *ditta*. Gli *impiegati* sanno meglio degli altri che tipo è il *proprietario*, se c'è aria di crisi... Una segretaria passa al capo la telefonata di un direttore di banca, un'altra sente per caso una conversazione privata... Le notizie passano di bocca in bocca velocemente. Anche se non tutte le indiscrezioni sono vere, c'è sempre qualche informazione utile. Bisogna stare attenti, però. Non si deve sapere che la polizia *indaga*!"

"Ha ragione, commissario! Ma da questo punto di vista può stare tranquilla. L'agente Conti è un ragazzo intelligente che si muove con discrezione. *Mi fido* di lui."
Vittorio Tinti dà un'*occhiata* all'orologio.
"*Accidenti*, già le dieci e mezzo! Devo andare. Ci vediamo dopo."

L'ispettore corre verso l'uscita e Rosa si siede alla sua scrivania. Sul tavolo ci sono alcune fotografie a colori di *quadri* antichi. Sono tutte opere *scomparse* da qualche chiesa o museo per finire in una collezione privata. Nel *campo* delle opere d'arte il *furto* su commissione non è raro.
Con un *sospiro* Nicoletti prende in mano la prima di una *pila* di fotocopie. Rosa è un tipo d'azione, non ama il lavoro d'ufficio. Il caso Vannini è quello che fa per lei.

A mezzogiorno *bussa* alla porta l'ispettore Tinti. Ha in mano un sacchetto di *carta*.
"Dall'*odore* è un panino al salame!" lo accoglie Rosa.
"Ha indovinato. Ho comprato un panino anche per Lei. Spero di aver incontrato i Suoi *gusti*. Non è un gran pranzo, ma oggi non ho molto tempo. Il pomeriggio sono di nuovo in riunione e prima volevo raccontarLe che cosa ho trovato su Vannini. Ha voglia di un caffè? Quello del distributore automatico non è male."
"Il caffè del distributore per me va benissimo. E grazie per il panino! Il pane di Firenze mi piace molto. In Toscana il pane è diverso da quello delle altre regioni italiane."
"È vero. Il pane tradizionale toscano è senza sale. Qualche secolo fa le altre regioni italiane erano meno ricche della Toscana. Lì la gente mangiava spesso soltanto pane e, per dargli più sapore, lo faceva con il sale. In Toscana invece il pane accompagnava sempre qualcos'altro. Il sale non era necessario."

ÜBUNG 29

Übung 29: Wo kann man was kaufen? Ordnen Sie zu!

1. ☐ pane	a) cartoleria
2. ☐ vino	b) salumeria
3. ☐ gelato	c) enoteca
4. ☐ torta	d) farmacia
5. ☐ prosciutto	e) panificio
6. ☐ insalata	f) gelateria
7. ☐ medicine	g) pasticceria
8. ☐ penna	h) negozio di frutta e verdura

Rosa mangia l'ultimo boccone del panino.

"E adesso al lavoro!"

"Mi lasci controllare i miei *appunti,*" dice Tinti. "Allora... Ernesto Vannini è un uomo ricchissimo. La sede principale della sua *ditta* è a Prato. Lì ci sono l'amministrazione e la produzione dell'alta moda. Il resto dell'*abbigliamento*, invece, viene fatto all'*estero*: in Cina e in India. Le scarpe e le borse di Vannini, poi, sono prodotte nelle Marche. Gli *artigiani* italiani sanno lavorare la *pelle* meglio di tutti gli altri e Vannini è molto attento alla qualità. Chiaramente gli *stipendi* degli italiani sono più alti, ma il prezzo finale delle borse di Vannini non è un problema per la sua clientela. Al contrario, per certe persone più una cosa è costosa e meglio è!"

ÜBUNG 30

Übung 30: Lesen Sie weiter und unterstreichen Sie die Synonyme der Wörter in Klammern!

(1. nuova, 2. ha, 3. case, 4. necessità, 5. conosciuto, 6. ora, 7. certamente)

"E i *gioielli*?" domanda Rosa.

"Beh, quelli sono un'idea recente. Inizialmente la *gioielleria* di Ponte Vecchio era per Vannini un semplice investimento. A Firenze il designer possiede diversi immobili, non solo la *gioielleria*. Poi due anni fa Vannini ha cominciato a creare lui stesso i *gioielli* e a venderli con *successo*. Probabilmente Vannini aveva bisogno di una nuova *sfida*. Da quando è diventato famoso il designer deve *occuparsi* sempre più di amministrazione, ma non è un lavoro che gli piace. Vannini è un tipo creativo. I *gioielli* sono per lui una specie di ritorno alle *origini*, credo. In un'intervista Vannini ha detto che i *gioielli* adesso sono la sua *passione*. Sicuramente era sincero. Disegnare *gioielli* deve essere molto stimolante per una persona che ama le forme, i colori e i materiali di lusso."

"La signora Vannini ci ha detto che la *gioielleria* di Ponte Vecchio avrà presto delle filiali."
"Sì. Vannini ha negozi di moda in tutto il mondo, ma ha deciso di vendere i *gioielli* separatamente. Una *scelta* di marketing intelligente."
"Sa, ispettore? Ernesto Vannini mi sembra una specie di mago: tutto quello che tocca diventa oro!"
"In un certo senso ha ragione. Vannini viene da una semplice famiglia di Prato. Il padre era *operaio* in una piccola fabbrica di stoffe, la madre *casalinga*. Col diploma di maturità in tasca, Vannini ha cominciato a lavorare nella stessa *ditta* del padre. Dopo un paio d'anni è diventato socio del *proprietario*. Il *proprietario si occupava* della parte finanziaria, Vannini disegnava le stoffe. A quel punto Ernesto Vannini poteva *accontentarsi* di quanto *aveva raggiunto*. E invece no: a venticinque anni ha lasciato la *ditta* e *si è messo in proprio*. Vannini credeva in sé stesso, era sicuro del suo talento e ha rischiato. Da quel momento in poi la sua strada è andata sempre in discesa."

ÜBUNG 31 !

Übung 31: Welche Berufe sind gemeint?

1. Rita lavora in una scuola. È un'i ________ e.
2. Carlo lavora in ospedale. È un m ____ o.
3. Lucio progetta case. È un a ________ o.
4. Enzo lavora in fabbrica. È un o _____ o.
5. Franca recita in un teatro. È un'a _____ e.
6. Pietro consegna la posta. È un p _____ o.
7. Sara siede alla cassa del supermercato. È una c ______ a.
8. Paolo dipinge *quadri*. È un p _____ e.
9. Gianni taglia i capelli. È un p __________ e.
10. Vittorio *guida* l'autobus. È un a _____ a.
11. Rosa risolve casi criminali. È un c _________ o.
12. Lombardo insegna all'università. È un p ________ e.

"*Accidenti*! Sembra la *storia* di un miliardario americano, non di un designer italiano! Eppure quando ho visto Vannini in televisione il designer sembrava uno che nella ricchezza ci è nato."
"Beh, dopo tanti anni passati in un ambiente come il suo..."
"Insomma, Vannini è un uomo fortunato!" esclama Rosa.
"Perlomeno lo è stato fino ad ora," *ribatte* Tinti. "La fortuna non è *eterna*."
Rosa chiede: "E per il resto, ispettore? Voglio dire: che tipo è Ernesto Vannini? Spesso la realtà è diversa da quello che scrivono le agenzie di pubbliche relazioni."

"L'agente Conti mi ha chiesto due giorni di tempo per raccogliere informazioni."
"Capisco. Io intanto *mi occupo* degli invitati alla cena di sabato sera. Comincerò con il signor Storti. Sono curiosa di vedere i famosi *gioielli* di Vannini!"
"Va bene. A dopo allora."

Capitolo 4: I gioielli di Ponte Vecchio

Il mattino dopo Nicoletti e Lombardo lasciano insieme l'appartamento di San Frediano.
"Una romantica passeggiata insieme. La giornata comincia bene!" dice Lombardo. "Sai, Rosa? Abbiamo la fortuna di lavorare tutti e due a Firenze per un po'... dovremmo *scoprire* insieme questa città meravigliosa. Invece ci vediamo soltanto la sera. Quando saremo di nuovo a Venezia *rimpiangeremo* quest'*occasione*."
Rosa dà la mano a Lombardo.
"Hai ragione Ludovico. Sono proprio contenta che stamattina facciamo la stessa strada."
Dopo qualche *passo* sul *lungarno* il dottor Lombardo si ferma e tira fuori dalla cartella una macchina fotografica.
"La luce del mattino è la migliore per fotografare i monumenti," *spiega*.
"E pensavo che tu avessi occhi solo per me!"
"Per te e per il Ponte Vecchio! Dopotutto è il ponte più antico di Firenze. *L'hanno costruito* i romani nel punto più stretto del fiume. All'inizio era di *legno*, poi è stato ricostruito in *pietra*. Durante la seconda guerra mondiale i tedeschi hanno distrutto tutti i ponti della città, ma il Ponte Vecchio l'*hanno risparmiato*. Ecco! Mettiti in posa, Rosa. Stamattina sei bellissima."

ÜBUNG 32 !

Übung 32: Lesen Sie weiter und unterstreichen Sie die passende Variante!

Il commissario Nicoletti, però, pensa (1.) su/ad altro.
"Per un *ladro* il Ponte Vecchio deve essere una *tentazione* irresistibile!" dice.
"Rosa, ma tu hai solo il lavoro (2.) sulla/in testa!" *borbotta* Lombardo.
"Veramente questa volta ho parlato (3.) per/da *ladro*, non (4.) per/da poliziotto! E poi è vero! Il Ponte Vecchio per un *ladro* è il massimo. (5.) A/Nella destra e (6.) a/nella sinistra del ponte ci sono solo *gioiellerie*. Una vicino all'altra, con le vetrine piene d'oro. (7.) Per/Da qui i *negozi* si vedono proprio bene: sembrano casette attaccate (8.) nel/al ponte."

"Quei negozi devono essere piccolissimi," dice Lombardo con aria critica.
"Non è un problema," risponde Rosa con un *sorriso*. "I diamanti non hanno bisogno di molto spazio."
Il pensiero dei diamanti lascia il dottor Lombardo del tutto *indifferente*. Le *pietre* dell'antico ponte lo fanno sognare di più.
"Sai, Rosa," dice, "qualche secolo fa il Ponte Vecchio non era un posto tanto elegante. Ci lavoravano i *macellai* e gli *artigiani* della *pelle*. I *rifiuti* li buttavano nel fiume. Sul ponte si respirava un'aria tutt'altro che piacevole. Alla fine del Cinquecento il *granduca* Ferdinando era stanco del cattivo *odore* che arrivava alle sue finestre. Così affittò le botteghe del ponte ad *artigiani* che sporcavano meno: gli *orafi*, *appunto*. Particolare interessante: gli *orafi* dovevano pagare il doppio rispetto agli *artigiani* che c'erano prima. Come tutti i Medici Ferdinando aveva il senso degli *affari*!"
Rosa e Lombardo arrivano su Ponte Vecchio.

Dietro le vetrine delle *gioiellerie* l'oro e l'argento *brillano* al sole del mattino. Ci sono *collane*, braccialetti, *anelli* e *orecchini* di ogni forma e dimensione.

Übung 33: Beantworten Sie die Fragen zum Text!

ÜBUNG 33 !

1. Chi ha costruito il Ponte Vecchio?

____

2. Che negozi ci sono su Ponte Vecchio?

____

3. Perché Ferdinando affittò i negozi del ponte ai gioiellieri?

____

"Ehi Rosa, guarda quei due!"
Lombardo indica una coppia di turisti di mezza età. La moglie alta e magra con gli occhiali dalle lenti spesse *si china* sull'esposizione di ogni singola vetrina. Alle sue *spalle* c'è il marito, grasso e rosso in faccia, con la macchina fotografica al collo e la guida turistica in mano. È evidente che il signore *si annoia* terribilmente, ma cerca di essere gentile.
"A mezzogiorno quei due sono ancora qui, te lo dico io!" continua Lombardo.
"Forse la moglie segue una strategia. Nella speranza di lasciare il ponte un po' prima, il marito le comprerà presto un regalino!"
"Non ti *verrà in mente* di fare la stessa cosa, mi auguro!" esclama Lombardo.
"Non *ti preoccupare*. Io sono qui per lavoro. Una delle *gioiellerie* è di proprietà di Ernesto Vannini."

"Il designer che *è scomparso*?" chiede Lombardo stupito.
"Parla piano!" lo rimprovera Rosa.
"Stai tranquilla, nessuno ci ascolta!" risponde Lombardo e *cambia discorso*.
"Senti, stasera andiamo a cena fuori?" domanda. "Un collega mi ha consigliato una trattoria in Piazza del Carmine dove vanno anche i fiorentini. Ci vediamo alle otto davanti alla chiesa del Carmine. Va bene?"
"D'accordo! A stasera."

ÜBUNG 34 !

Übung 34: Übersetzen Sie!

1. Geh raus! ____________________
2. Schlaf nicht ein! ____________________
3. Sei ruhig! ____________________
4. Gib mir das Buch! ____________________
5. Rufen Sie morgen an! ____________________
6. Geh nach Hause! ____________________
7. Entferne dich nicht! ____________________

Il negozio di Ernesto Vannini è molto elegante. Sul *legno* scuro della porta ci sono le iniziali in oro del designer.
Rosa prova a *spingere*, ma la porta della *gioielleria* è chiusa. Un commesso vede Nicoletti e *preme* il *pulsante* d'apertura.
"Entri pure, signora," dice. "La *gioielleria* è sempre chiusa per motivi di sicurezza. Preferiamo che i clienti suonino il campanello."

L'*arredamento* del negozio è molto particolare. L'oro e il verde acqua sono i colori principali. Lampade e tavoli sono di linea moderna.

"Probabilmente li ha disegnati Ernesto Vannini" pensa Rosa.

Un signore con un completo grigio e una cravatta a *righe* va incontro al commissario.

L'uomo è sui trentacinque anni. I suoi capelli, neri e lisci, sono pettinati all'indietro.

Übung 35: In einigen Sätzen sind Fehler. Unterstreichen Sie!

ÜBUNG 35 !

1. Mio marito ha i capelli scuri e gli occhi chiari.
2. La tua amica veste sempre di bianco.
3. Luigi ha gli occhi celeste come il padre.
4. I pantaloni viola non ti stanno bene.
5. Ho ricevuto in regalo una camicia verde chiara.
6. Massimo ha i capelli marroni.
7. Il rosa è il mio colore preferito.
8. Alda ha comprato un ombrello grigio chiaro.

"Che cosa posso fare per Lei?" dice il signore con un *sorriso* professionale.

"È Lei il signor Storti?" chiede il commissario Nicoletti.

"Sono io. Con chi ho l'onore di parlare?"

Rosa tira fuori la *tessera* della polizia dalla borsa.

"Sono il commissario Nicoletti. Ha un minuto di tempo per me?"

Il signor Storti sembra un po' *imbarazzato*.

Si guarda intorno velocemente e dice: "Non ero stato avvertito della Sua visita, ma non ci sono clienti, quindi... Andiamo sul *retro,* commissario, così possiamo parlare liberamente."

Übung 36: Lesen Sie weiter und bringen Sie die Wörter in Klammern in die richtige Reihenfolge!

Una *parete* con una grande apertura ad arco divide il negozio in due parti.

(1. Nel *retro* signor Storti della sicurezza la sua *gioielleria* ritrova il) ________________________________.

"Purtroppo qui a Ponte Vecchio lo spazio è poco. (2. Ma la unica vista è) ________________________________!"

Storti indica la finestra che dà sul fiume e poi continua: "Lei è qui per un'*indagine*, penso. *Di* che cosa *si tratta*?"

"(3. *Si* di questo *proprietario* del negozio *tratta*) ________________________________," risponde Nicoletti. "Il signor Vannini *è sparito*. Probabilmente *è stato rapito*."

Mentre parla Rosa guarda Storti negli occhi. (4. Vuole come notizia vedere bene alla reagisce) ________________________________.

L'uomo appoggia la *schiena* alla spalliera della sedia e rimane in silenzio per qualche secondo. Poi, con la voce un poco più alta del normale, chiede:

"Ernesto *rapito*? Ma quando? (5. Io da sabato cena stato sono a lui sera) ________________________________!"

"Per questo sono qui" *spiega* Rosa. "Lei è una delle persone che l'hanno visto per ultimo."
Guido Storti *si irrigidisce*.
"E allora?" esclama. "C'era anche altra gente alla cena. Se Lei pensa che io abbia a che fare con il *rapimento*, Si sbaglia!"
"Ma no, si calmi!" dice il commissario Nicoletti. "Io voglio solo conoscere la Sua versione dei fatti. Mi racconti della cena."
Storti *riflette* un momento e poi inizia: "Ernesto e Marisol sono molto ospitali. Invitano spesso gli amici. Il loro *cuoco* prepara piatti buonissimi: cucina toscana ad altissimo *livello*. Sabato sera, per esempio, c'era un ottimo risotto con i *carciofi*... Mi scusi, commissario, non è questo che Lei vuole sapere. Allora... alla cena erano state invitate solo poche persone. Io sono arrivato con la mia ragazza verso le nove."
"La sua ragazza?" ripete Rosa.
"Sì, Francesca Dani. Lavora anche lei qui in negozio. Oggi però è il suo giorno libero."

Übung 37: Übersetzen Sie die Wörter in Klammern!

ÜBUNG 37 !

1. (Ihr Freund) ____________ lavora in un'agenzia di viaggi.
2. Il signor Rossi non ha (Kinder) ____________.
3. (Meine Großeltern) ____________ abitano in campagna.
4. Sandro non va d'accordo con (seiner Schwiegermutter) ____________.
5. (Deine Verwandten) ____________ sono ancora a Roma?
6. Ieri ho conosciuto (deine Tante) ____________.

7. Che cosa studia (dein Bruder) ______________?

8. (Mein Onkel) ______________ non va mai in vacanza.

9. Purtroppo vediamo (unsere Enkelkinder) ______________ molto raramente.

10. (Meine Geschwister) ______________ lavorano in un'altra città.

11. Ti presento (meine Eltern) ______________.

"Lei conosceva gli altri invitati?" domanda il commissario.
"Beh, conosco abbastanza bene Chiara, l'ex moglie di Ernesto, e il suo *compagno*. Chiara è un tipo un po' eccentrico ma interessante. Sa sempre tutto di tutti. Qui a Firenze conosce *un sacco di* gente. La gente che conta, voglio dire... Firenze è una città piccola. Alle feste si incontrano sempre le stesse persone: nobili, produttori di vino, qualche politico, qualche *attore*, un paio di stranieri ricchi in vacanza, uno o due industriali di Prato..."
"Come il signor Duca," interviene Nicoletti.
"Come il signor Duca. O come Ernesto Vannini. Gente simpatica che lavora molto e vuole anche *divertirsi*."
"Lei va spesso a queste feste?" chiede Rosa a Storti.
Il *sorriso sparisce* dalla bocca di Guido Storti, ma solo per un momento. Poi il gioielliere riprende con lo stesso tono sicuro e un po' frivolo di prima:
"Beh, diciamo che *frequentavo* certi ambienti quando ero più giovane. Poi le cose sono cambiate. Ora però c'è il progetto di aprire altre *gioiellerie* in Italia e all'*estero*. Farò carriera. Le mie competenze aumenteranno. Io *mi occuperò* di tutte le filiali. E allora anche la mia vita di *società* sarà diversa."

"E dei D'Alessio che cosa mi dice?"
"I D'Alessio li conosco poco, commissario. Ogni tanto c'è la loro foto nelle pagine locali de 'La Nazione', il giornale di Firenze. La discoteca dei D'Alessio *va* molto *di moda*."

Übung 38: Ordnen Sie zu!

1. ☐	Se ho voglia di ballare vado...	a) in lavanderia
2. ☐	Se voglio comprare un libro vado...	b) in banca
3. ☐	Se mi sono rotta il braccio vado...	c) all'ospedale
4. ☐	Se ho voglia di un cappuccino vado...	d) al cinema
5. ☐	Se voglio un libro in prestito vado in...	e) in libreria
6. ☐	Se mi servono dei soldi vado...	f) all'aeroporto
7. ☐	Se voglio partire in treno vado...	g) al bar
8. ☐	Per prendere l'aereo vado...	h) in biblioteca
9. ☐	Per vedere un film vado...	i) alla stazione
10. ☐	Se la mia giacca è sporca la porto...	j) in discoteca

"Sabato notte è tornato a casa presto, signor Storti?" vuole sapere Rosa.
"No, piuttosto tardi. Quando sono partito i D'Alessio erano già andati via. Carla e Paolo invece sono rimasti alla villa."
"A che ora ha lasciato la casa di Vannini?"
"Di preciso non lo so, commissario, non ho guardato l'orologio. Direi verso l'una."
"C'è qualcuno che può *confermare* quello che dice?"
"Francesca, naturalmente. Siamo tornati in macchina insieme."
"Lei abita insieme alla signorina Dani?"
"Ma questo è un *interrogatorio* vero e proprio, commissario! Comunque... sì, abito con Francesca da circa un anno."

"Quella notte ha incontrato qualcuno a Firenze, signor Storti?"
Il gioielliere risponde subito: "No. Io vivo in una zona tranquilla. Vicino a casa mia non ci sono locali notturni. A quell'ora la gente dorme."
Guido Storti si toglie la giacca. La sua *fronte* è leggermente *lucida*. "Fa proprio caldo, commissario. Non abbiamo ancora acceso l'aria condizionata perché siamo solo a metà aprile. Le dispiace se apro la finestra?"
"Nessun problema. Ma non scatta l'*impianto* di allarme?"
"Di notte, quando il negozio è chiuso, sì. C'è un *impianto* che entra in funzione al minimo movimento d'aria. Di giorno però non è necessario. I *ladri* dovrebbero arrivare in barca come i pirati!"

ÜBUNG 39 !

Übung 39: Lesen Sie weiter und unterstreichen Sie die Adverbien im Text!

"Ancora un'altra domanda e poi ho finito," dice Rosa. "Com'era l'atmosfera durante la cena? Ernesto Vannini Le è sembrato diverso dal solito? Dava l'impressione di aspettare qualcuno o qualcosa?"
"No, non mi pare. I *padroni* di casa, il soggiorno, il giardino... tutto era come sempre."
Guido Storti *esita*.
"*A dire il vero* c'è una cosa che forse può interessarLa, commissario," continua. "Non so se devo parlarne, perché è un fatto privato, ma forse può essere utile per *chiarire* il *rapimento* di Ernesto."
"Mi dica."
"La settimana scorsa – non ricordo bene se era martedì o mercoledì – sono andato a casa di Ernesto. Dovevo mostrargli una *collana*. Ernesto è un perfezionista, controlla sempre tutto di persona. Mentre camminavo sul viale che porta alla villa ho sentito delle voci.

Ernesto e Matteo D'Alessio *litigavano* sulla veranda. Io li ho riconosciuti subito, ma ero troppo lontano per capire tutto quello che dicevano. Le parole 'neve' e 'soldi' però le ho sentite bene. Lei mi capisce..."

"Vuol dire che Vannini e D'Alessio *litigavano* per questioni di droga?"

"Beh, è probabile. Non è un *segreto* che in certi ambienti gira la cocaina. Quando mi hanno visto Vannini e D'Alessio hanno smesso di parlare. D'Alessio è andato via subito dopo."

"Mmm, interessante. Bene, signor Storti, La ringrazio di aver parlato così apertamente"

"L'ho fatto per Ernesto," risponde Guido Storti.

Prima di lasciare il negozio Rosa *si rivolge* al signor Storti: "Ah, senta... Non voglio *approfittare* del Suo tempo, ma ho una curiosità. Ho tanto sentito parlare dei *gioielli* della collezione Vannini. Può mostrarmene uno?"

"Certo, Si figuri!"

Übung 40: Aus welchem Material sind folgende Gegenstände? Ordnen Sie zu!

! ÜBUNG 40

1. ☐ giornale	a) oro
2. ☐ tazza	b) legno
3. ☐ bicchiere	c) pelle
4. ☐ borsa	d) pietra
5. ☐ CD	e) ferro
6. ☐ anello	f) carta
7. ☐ ponte	g) porcellana
8. ☐ tavolo	h) vetro

9. ☐ cancello — i) cotone
10. ☐ camicia — j) plastica

Guido Storti tira fuori dalla tasca dei pantaloni una chiave e apre una vetrina sul muro. Poi mostra a Nicoletti una *collana* d'oro e *pietre dure*.
Rosa la prende in mano con delicatezza.
"*Chissà* quanto costerà!" dice.

ÜBUNG 41

Übung 41: Beantworten Sie die Fragen und ersetzen Sie die unterstrichenen Wörter durch die entsprechenden Pronomen!

1. Hai visto questo film?

Sì, ____________________.

2. Sei uscito con Luca?

Sì, ____________________.

3. Lisa è più alta di Michela?

Sì, ____________________.

4. Hanno già fatto le valigie?

No, ____________________.

5. Vuoi la mela?

No, ____________________.

6. A Giorgio piace il gelato?

Sì, ____________________.

7. Avete incontrato Giacomo e Lorenzo?

No, ______________________________.

"In effetti, la collezione Vannini è molto esclusiva. Guardi come sono state tagliate le *pietre dure*. Soltanto gli *artigiani* fiorentini sanno fare un lavoro così. E poi lo stile della collezione Vannini è assolutamente originale. La mano del designer è *inconfondibile*. È chiaro, non tutti possono *permettersi* i *gioielli* Vannini, ma chi li porta attira l'attenzione."
Rosa avvicina la *collana* di *pietre dure* al collo e si guarda allo specchio.
"Vuole provarla, commissario?"
"Meglio di no, non voglio cadere in *tentazione*. Con il mio *stipendio* non è consigliabile!"
Quando Rosa torna in commissariato l'agente Conti le va incontro all'ingresso.
"Commissario, *per fortuna* è tornata. La signora Vannini ha telefonato tre volte. A me non ha detto niente. Voleva parlare personalmente con l'ispettore. Tinti però non c'è. La signora era molto agitata. Mi è sembrata sull'orlo di una crisi di nervi. Ho segnato il numero di telefono. La richiama Lei?"
"Mi lasci almeno entrare, Conti!"
Il tono della voce di Rosa non è veramente *arrabbiato*, ma Conti *arrossisce* un poco.
L'agente Conti è giovane, *abbronzato*, con gli occhi castani e i capelli neri cortissimi. L'uniforme mette in risalto il suo fisico atletico.
A Rosa Conti è simpatico. È un po' troppo *vanitoso*, ma nell'insieme le sembra un ragazzo intelligente e volenteroso.
Con un *sospiro* Nicoletti va al telefono, fa il numero della signora Vannini e *preme* il tasto del *volume*.

“Sono il commissario Nicoletti. Ho saputo che ha telefonato, signora. Ci sono novità?”
“Che domande!”
La voce di Marisol Vannini *risuona* nella stanza del commissariato. Ha un tono più alto del normale.
“È *compito* della polizia ritrovare mio marito!” dice la signora. “Invece non fa nulla, assolutamente nulla! Io sono così preoccupata che non dormo più, ma a Lei chiaramente non *importa*...”

! ÜBUNG 42

Übung 42: Welches Adjektiv ist das „schwarze Schaf“? Unterstreichen Sie!

1. normale, regolare, comodo, consueto
2. sgarbato, goloso, scortese, maleducato
3. estroverso, aperto, eccentrico, espansivo
4. permaloso, pauroso, timido, timoroso
5. geloso, allegro, felice, contento
6. unico, prezioso, originale, inconfondibile
7. intelligente, elegante, sveglio, brillante
8. importante, significante, rilevante, accogliente

Rosa cerca di *frenare* il flusso di parole.
“Stiamo lavorando, signora,” tenta di dire Nicoletti. “Non possiamo risolvere un caso dall’oggi al domani...”
Marisol Vannini urla: “Ah, no? Ma io sono a pezzi, lo capisce? L’agenzia di pubbliche relazioni vuole discutere gli ultimi dettagli della presentazione dei *gioielli*. I manager della *ditta* vogliono parlare con Ernesto. Anche la banca lo cerca... Io non so più che cosa dire per *spiegare* la sua *assenza*.”
L’agente Conti dà un’*occhiata* al commissario e si batte la tempia

con il *dito indice* della mano destra.
Anche Rosa comincia a perdere la pazienza.
"Senta, signora," esclama, "a questo punto è inutile tenere *segreta* la scomparsa di Suo marito. Ieri pomeriggio sono venuti gli agenti a controllare il parco e i dintorni della villa. Non hanno trovato niente, lo sa anche Lei. La moglie del *custode* però li ha visti e sicuramente ha parlato con qualcuno. Domani al più tardi la notizia sarà sui giornali."
"E allora?"

Übung 43: Lesen Sie weiter und ordnen Sie die Buchstaben zu sinnvollen Wörtern!

"Allora bisogna mantenere la calma, signora. Le *ho* già *spiegato* che le *indagini* richiedono (1. mopet) ______________. Lei ha detto che in casa sua non manca niente. Quindi l'ipotesi del *rapimento* è la più (2. lebaprobi) ______________. Non ci rimane che (3. arettaspe) ______________. Prima o poi i *rapitori* telefoneranno. Comunque Le do un (4. gliosicon) ______________: non parli con i giornalisti. I *rapitori* potrebbero innervosirsi. *Evitiamo* di mettere in *pericolo* la (5. tiva) ______________ di suo (6. mirato) ______________!"

"Non voglio i Suoi stupidi consigli, voglio il mio povero Ernesto!" *mormora* Marisol Vannini.

Dopo aver salutato la signora Rosa fa un *sospiro* di *sollievo*.

"Uffa, un'altra (7. tetanolefa) ________ come questa e ho bisogno di una *camomilla* per calmarmi!" dice a Conti.

L'agente Conti tira fuori un *foglio* piegato in quattro dalla tasca della camicia.
"Commissario," dice, "l'ispettore Tinti mi aveva pregato di informarmi su Ernesto Vannini..."
"Lo ha fatto senza *dare nell'occhio*, spero," lo interrompe Rosa.
"Certo!" risponde il ragazzo. "Mia sorella ha invitato a cena qualche collega. Naturalmente c'ero anch'io. Dopo un paio di bicchieri di vino ho portato la conversazione sul designer... Il resto non è stato un problema."
Conti *fa l'occhiolino*.
"Com'è Vannini in *ditta*?" vuole sapere Nicoletti.
Conti dà un'*occhiata* al suo *foglio*.
"Da quello che ho saputo," risponde, "Vannini è un po' fanatico. Va in ufficio ogni mattina e controlla tutto di persona. E poi è impulsivo. Se qualcosa non gli va bene, Vannini lo dice senza fare tanti *giri* di parole. Quando è *arrabbiato* alza subito la voce. Però non è antipatico. *Nonostante* il *successo* Vannini è rimasto con i piedi per terra. Per questo i suoi *dipendenti* lo *stimano*. A Prato Vannini, direttamente o indirettamente, dà lavoro a *un sacco di* gente."
"Vuol dire che il designer non ha *nemici*?" chiede Rosa.
"No, non penso. Almeno per quanto riguarda la *ditta*. Il privato poi è un'altra cosa..." risponde Conti.
"Che cosa sa della vita privata di Vannini?"
"Vannini ha due *passioni*: il lavoro e le donne. Con le donne però ha meno fortuna che con il lavoro."
"In che senso?"
"A quanto pare con la moglie non *va* molto *d'accordo*. Forse lei ha

un altro. Non mi meraviglio, con la differenza d'età che c'è tra i due..."

"Quando *ha divorziato* dalla prima moglie Ernesto Vannini?" chiede Nicoletti.

"Più o meno dieci anni fa. Il designer si era innamorato di un'altra donna. Era una storia senza importanza, ma non era la prima. La signora Vannini era stanca delle *avventure* del marito e ha chiesto il *divorzio*. Da quello che si dice quel *divorzio* è costato *parecchio* a Vannini!"

"Ma il designer ha invitato la prima moglie a cena sabato sera!"

"Mia sorella dice che Vannini e la prima moglie non hanno mai smesso veramente di amarsi. Subito dopo il *divorzio* non si parlavano, ma da allora è passata molta acqua sotto i ponti... La settimana scorsa mia sorella ha visto Vannini e la signora Masi insieme in un caffè di Prato. Lui le teneva la mano."

"E il *compagno* della signora Masi?" domanda Rosa. "Non è *geloso*?"

Conti ride.

"Questo proprio non lo so! Lei mi chiede troppo, commissario!"

Übung 44: Welche Aussagen zum Text stimmen? Markieren Sie mit richtig ✔ oder falsch – !

ÜBUNG 44 !

1. Conti ha scritto alcuni appunti. ☐
2. Vannini è un tipo diretto. ☐
3. Vannini ha la passione delle auto veloci. ☐
4. Ernesto Vannini è benvoluto dai suoi dipendenti. ☐
5. Vannini era geloso e ha chiesto il divorzio. ☐
6. Secondo la sorella di Conti, Vannini e l'ex moglie *si* vogliono ancora bene. ☐

"*Disturbo*?" domanda l'ispettore Tinti gentilmente.
Mentre parla apre appena la porta.
"Entri pure, ispettore," dice Rosa. "Parlavamo di Vannini, *tanto per cambiare*."
Tinti guarda prima Rosa e poi Conti.
"E che cosa c'è da ridere?" chiede.
"Non molto, ha ragione," risponde Rosa.
Continua seriamente.
"Comunque le *indagini procedono*. Guido Storti mi ha detto che sabato sera la signora Masi e il signor Duca hanno lasciato la villa per ultimi. Domani andrò a Prato per parlare con loro."
"Non è esaltante, ma è comunque un inizio," commenta Tinti. "Io andrò dal signor D'Alessio. So dove trovarlo. Vediamo un po'che cosa ha da dire."

! ÜBUNG 45

Übung 45: Wo wohnt Matteo D'Alessio? Übersetzen Sie und enträtseln Sie die Lösung!

1. Katze _ _ _ ☐ _
2. Öl _ _ _ ☐
3. Verkehr _ ☐ _ _ _ _ _ _
4. fehlen _ _ ☐ _ _ _ _
5. Überraschung _ _ _ _ _ _ _ ☐
6. Arm ☐ _ _ _ _ _ _
7. Mond _ ☐ _ _
8. schwimmen _ _ ☐ _ _ _ _
9. essen _ _ ☐ _ _ _ _ _
10. Insel ☐ _ _ _ _

Lösung: Via _ _ _ _ _ _ _ _ _ _

"Ispettore," continua Nicoletti, "oggi è mercoledì. Vannini *è sparito* tra sabato notte e domenica mattina. A questo punto io mi chiedo: c'è stato un *rapimento* o piuttosto un *omicidio*? Non dobbiamo *trascurare* nessuna *pista*."

Tinti *scuote* la testa e fa un *sorriso*.

"Lei legge troppi *gialli*, Nicoletti! Abbiamo a che fare con un *rapimento*, non c'è *dubbio*. Vedrà, prima o poi i *rapitori* telefoneranno."

Übung 46: Welche Übersetzung stimmt? Kreuzen Sie an!

1. Sono al verde.
a) Non ho più soldi. ☐
b) Sono geloso. ☐

2. Sono di umore nero.
a) Sono cattivo. ☐
b) Sono molto arrabbiato. ☐

3. Ho passato una notte in bianco.
a) Non ho dormito affatto. ☐
b) Ho trascorso la notte in ospedale. ☐

4. Ho mangiato in bianco.
a) Non ho bevuto vino rosso durante il pasto. ☐
b) Ho mangiato cibi leggeri. ☐

5. Ho visto un film giallo.
a) Ho visto un film sulla Cina. ☐
b) Ho visto un film di genere poliziesco. ☐

Capitolo 5: I segreti di Palazzo Vecchio

Il dottor Lombardo aspetta Rosa sulle scale della chiesa del Carmine. È seduto a terra e *stringe* la cartella tra le *ginocchia*. Non c'è più molta luce sulla piazza. Lombardo, però, con gli occhiali sulla punta del naso, cerca ugualmente di leggere le pagine di un vecchio libro.
Rosa è in piedi accanto a lui e lo guarda in silenzio, ma Ludovico non *se ne accorge*.
"Ludovico, hai mai provato a stare almeno un'ora senza un libro in mano?" gli chiede Nicoletti dopo un po'.
Lombardo si alza subito in piedi. Il libro cade a terra.
"Rosa! Non ti ho sentita arrivare," dice *imbarazzato* mentre raccoglie il libro. "Prendiamo un aperitivo?"

ÜBUNG 47 !

Übung 47: Lesen Sie weiter und fügen Sie das Gegenteil der Wörter in Klammern in die angegebenen Lücken ein!
(1. spente, 2. dietro, 3. uscita, 4. occupato, 5. vuoto, 6. triste)

Al bar della piazza le luci sono già (1.) __________. Dagli altoparlanti giunge musica jazz. Alcuni ragazzi sono in piedi (2.) __________ all'(3.) __________ con grandi bicchieri in mano. *Nonostante* l'ora molti portano ancora gli occhiali da sole. Dietro al *banco* il barista apre una bottiglia di birra.

Lombardo *guida* Rosa all'ultimo tavolo (4.) __________.

"Siamo arrivati appena in tempo," dice. "A quest'ora il locale è sempre (5.) __________."

Il cameriere porta due bicchieri di prosecco e un piattino di olive.

Rosa è (6.) ______________. Alza il bicchiere e dice:

"Che la fortuna mi aiuti a ritrovare Ernesto Vannini!"

Poi tocca con il suo bicchiere quello di Ludovico.
"A proposito di Vannini," interviene Lombardo, "stamattina su Ponte Vecchio *ho scoperto* qualcosa per te."
"Un indizio?" domanda Rosa.
"Non proprio, ma forse potrà servirti ugualmente."
Ludovico mette sul tavolo una *scatolina* blu.
Rosa la apre. Dentro c'è un paio di *orecchini* di perle.
"Ludovico, non dirmi che..."
"Un ricordo di Firenze. Con i tuoi capelli rossi le perle staranno benissimo."
Alla Trattoria del Carmine i camerieri si muovono veloci fra i tavoli con le *tovaglie* azzurre. Dietro al *banco* il *proprietario tiene d'occhio* tutto il locale. Ogni tanto si gira per mettere in funzione l'enorme macchina per il caffè alle sue *spalle*.
In una vetrina sono in mostra gli antipasti della casa: formaggio pecorino e salame toscano, melanzane alla griglia, funghi e *carciofini* sott'olio, prosciutto e melone.

Übung 48: Welche ist die richtige Übersetzung? Ordnen Sie zu!

ÜBUNG 48 !

1. ☐ melanzana	a) Hackfleischsoße
2. ☐ aglio	b) Salz
3. ☐ carciofo	c) Gemüse
4. ☐ frutta	d) Tomaten
5. ☐ ragù	e) Essig

6.	☐ verdura	f) Knoblauch
7.	☐ pomodori	g) Artischocke
8.	☐ aceto	h) Obst
9.	☐ pepe	i) Pfeffer
10.	☐ sale	j) Aubergine

"Mmm, con la fame che ho *mi viene l'acquolina in bocca!*" esclama Rosa.
"Avete già ordinato?" chiede un cameriere a Lombardo.
"Ancora no."
"Alora vengo subito. Un attimo solo."
Sulla *parete* accanto al tavolo ci sono due grandi *scaffali* di *legno* con bottiglie di vino rosso.
L'atmosfera della trattoria è molto piacevole. Ci sono clienti di tutte le età e di tanti paesi diversi.
"A Firenze come a Venezia è difficile trovare un ristorante senza turisti," dice Lombardo. "Gli stranieri *di per sé* non sono un problema. Qualche volta però il *cuoco* fa meno attenzione alla qualità con i clienti occasionali. La gente del posto cambia locale se la cucina non è buona. I turisti che hanno fame, invece, si trovano sempre."

! ÜBUNG 49

Übung 49: Ordnen Sie den folgenden Gerichten das passende Tier zu!
(Huhn, Kalb, Rind, Fisch, Schwein, Kaninchen, Ente)

1. pollo fritto ____________
2. arista di maiale ____________
3. anatra all'arancia ____________
4. vitello tonnato ____________

5. coniglio al forno ____________

6. pesce alla brace ____________

7. filetto di manzo arrosto ____________

"Prendiamo una *bistecca* alla fiorentina?" chiede Rosa. "Le *bistecche* alla fiorentina sono talmente grandi che bisogna ordinarle in due."
"D'accordo! E per contorno?"
"Che ne dici di una bella insalata mista?"
"Io preferisco le patate arrosto. A casa non le mangiamo mai."
La sala ristorante è divisa dalla cucina soltanto da un basso muretto. Il *cuoco*, rosso in faccia, lavora davanti ad un grande camino. Con un coltello *affilato* taglia la carne e la mette sulla griglia.
Il cameriere arriva con il pane e una bottiglia di Chianti.

Übung: 50: Lesen Sie weiter und fügen Sie die passenden Präpositionen in die Lücken ein!

"Com'è andata la giornata?" domanda Rosa (1.) ____________ Lombardo.

"Oggi sono stato (2.) ____________ Palazzo Vecchio (3.) ____________ alcuni colleghi dell'università. C'era una visita *guidata* solo (4.) ____________ noi."

"Palazzo Vecchio è il *municipio* di Firenze, no?"

"Sì, (5.) ____________ più di sette secoli a Palazzo Vecchio c'è il *governo* della città. È anche il simbolo della città."

"Non ci sono mai stata!" *rimpiange* Rosa. "*Chissà* che bell'ufficio ha il *sindaco*!"

Lombardo racconta:

"Quando Palazzo Vecchio *è stato costruito*, alla fine del Duecento, Firenze era una repubblica. A Palazzo Vecchio abitavano i *funzionari* più alti della città, i priori. I fiorentini *si fidavano* poco di loro. Per *evitare* il *rischio* di corruzione i priori vivevano nel palazzo senza le loro famiglie. Inoltre erano strettamente controllati e non potevano uscire. Nel personale di servizio c'erano solo uomini. Tra Palazzo Vecchio e una *prigione* non c'era molta differenza!"

"Come si dice: *fidarsi* è bene, non *fidarsi* è meglio!" commenta Rosa.

ÜBUNG 51

Übung 51: Lesen Sie weiter und unterstreichen Sie die Übersetzungen der Wörter in Klammern!

(1. heutzutage, 2. Fresken, 3. Schlachten, 4. Kultur, 5. Münzen, 6. Schätze)

"Oggigiorno il *sindaco* è più fortunato. Noi naturalmente abbiamo visitato il museo di Palazzo Vecchio, non il *municipio,*" dice Lombardo. "Il Salone dei Cinquecento è davvero grandioso! Gli affreschi del Vasari mostrano le battaglie della città di Firenze contro Pisa e Siena. Puoi immaginare chi *ha vinto*! Anche le altre stanze di Palazzo Vecchio sono molto interessanti. Il *granduca* Cosimo de' Medici e suo figlio Francesco erano uomini di cultura. Francesco era un tipo particolare. Amava le *scienze* e passava molto tempo da solo a fare esperimenti. Era anche un gran *collezionista*."

"Di che cosa?" chiede Rosa curiosa.

"Di un po' di tutto: monete, vasi, *pietre dure*, minerali, pesci esotici... spesso il *granduca nascondeva* i suoi tesori in *armadi* a muro

che erano dietro i dipinti del suo studio."
"Dovremo farlo anche noi con i tuoi *appunti*, Ludovico!" dice Rosa entusiasta.

"I muri di Palazzo Vecchio *nascondono* molte *sorprese* per i visitatori. Per esempio, nella Sala delle *Carte* Geografiche una delle *carte* si apre su un *passaggio segreto*. Il passaggio porta alle stanze di Bianca Cappello, la seconda moglie di Francesco I. Da lì una piccola finestra permette di guardare *di nascosto* nel Salone dei Cinquecento. La finestra dal Salone non si vede."
"Una specie di occhio *segreto*!"
"Davvero! Normalmente i *passaggi segreti* del Palazzo sono chiusi al pubblico. Il nostro gruppo però aveva un permesso speciale."
"*Accidenti*! Avrei voluto esserci anch'io!" esclama Rosa con una *punta* d'*invidia*.
"È stata una visita al museo diversa dalle solite. Una collega aveva perso di visita il gruppo per un momento e ha dovuto aspettarci all'uscita. Mentre osservava un *quadro* noi *siamo spariti* attraverso una scala *segreta* e lei non ci ha più trovati!"

Übung 52: Beantworten Sie die Fragen zum Text!

ÜBUNG 52 !

1. Con chi è andato Lombardo a Palazzo Vecchio?

2. Di quale artista sono gli affreschi nel salone dei Cinquecento?

3. Che cosa collezionava Francesco de' Medici?

Il cameriere passa un paio di volte al tavolo per portare via i piatti, ma quello del dottor Lombardo è ancora pieno.

"Ludovico, se non cominci a mangiare la tua *bistecca* si raffredda!" dice Rosa.

Lombardo, però, beve un *sorso* di vino e riprende a parlare.

Rosa lo ascolta volentieri. Con i suoi racconti Lombardo fa rivivere il passato.

"Ho un'idea," dice Rosa a Ludovico. "Domani devo andare a Prato per lavoro. Mi accompagni? Nel pomeriggio possiamo visitare la città. *Scommetto* che conosci *un sacco di* dettagli interessanti anche sulla storia di Prato!"

"Se non *ti annoio* troppo con le mie *chiacchiere* vengo volentieri."

"Prendete un dolce?" chiede il cameriere a Rosa e Ludovico.

"Dipende da quello che c'è," risponde Rosa. "Alla torta della nonna non so resistere!"

ÜBUNG 53 !

Übung 53: Lesen Sie weiter und ordnen Sie die Buchstaben zu sinnvollen Wörtern!

Il giorno dopo sull'(1. austratoda) ______________ il dottor Lombardo chiede al commissario Nicoletti:

"Come mai devi (2. radena) ______________ a Prato?"

"Voglio parlare con il signor Duca, il (3. pamognoc) ______________ della prima moglie di Vannini."

"La polizia parte da lontano con le sue (4. ginadini) ______________!"

"Meno di quanto pensi," risponde Rosa.

Quando *si tratta del* suo (5. rolavo) ____________, il commissario Nicoletti non ama le (6. ticrechi) ____________.

"Vannini era in ottimi *rapporti* con la sua ex moglie," continua Rosa. "Sabato sera l'aveva invitata a cena insieme ad altri amici. La signora è andata a casa di Vannini con il suo *compagno*. Da quello che so, i due sono stati gli ultimi a vedere il designer."
"Ernesto Vannini ha una vita sentimentale piuttosto complicata!"
"Può darsi, ma sono *affari* suoi. A me interessa solo sapere che cosa è successo dopo la cena di sabato."
"Che cosa fa questo signor Duca?" chiede Lombardo.
"È un industriale, credo," risponde Nicoletti. "Produce maglioni, vestiti, cose del genere."
"Come tutti a Prato!"
"Che cosa significa: come tutti?"
"Beh, la lavorazione delle stoffe ha una grande tradizione a Prato. Già alla fine del *Medioevo* si produceva la *lana*. A Prato c'erano le condizioni ideali: i *campi* per le *pecore* e l'acqua del fiume Bisenzio. Nell'Ottocento poi le fabbriche di Prato hanno cominciato a spedire la loro *merce* anche all'*estero*. Per produrre le stoffe si usavano gli *stracci*."
"Vuoi dire i vestiti vecchi?"
"Esatto! Qualche pratese è diventato ricco grazie agli *stracci*."
"Forse è stato così anche per Duca," dice Rosa.
"Sai di preciso dove dobbiamo andare?" domanda Lombardo.
"Ho telefonato ieri al signor Duca. Ci aspetta nella sua fabbrica, da qualche parte alla periferia di Prato. Un momento, controllo l'indirizzo."
Rosa apre la borsa e cerca il *cellulare*.
"Ecco: via Ferruccio 132. Ho portato una pianta della città."

"*Chissà* quanto tempo ci vorrà per trovare Duca," dice Lombardo. "Un sistema di navigazione non sarebbe male, ma con quello che *guadagno*..."

La periferia di Prato è come quella di tante altre città: fabbriche, qualche *campo*, un *distributore di benzina*, grandi cartelli pubblicitari.

Non ci sono abitazioni. Tra due *capannoni* è rimasta una casetta vuota con le finestre senza vetri e il tetto rotto. Quando *è stata costruita* il paesaggio intorno era sicuramente diverso.

Per strada non si vede nessuno: a quest'ora la gente è al lavoro. Anche le macchine sono poche.

Lombardo *guida* lentamente.

"Queste strade sono tutte uguali e non c'è nessuno a cui chiedere informazioni!" si lamenta.

Finalmente Rosa indica una grande costruzione.

"Ci siamo!" dice. "La fabbrica deve essere quella."

La fabbrica del signor Duca ha visto tempi migliori. Il *cancello* è rotto e il *prato* vicino all'ingresso è *secco* e senza fiori. Sul tetto c'è una scritta: 'Duca & Ravalli'.

ÜBUNG 54 !

Übung 54: Welche Aussagen stimmen? Markieren Sie mit richtig ✔ oder falsch – !

1. Il signor Duca ha un negozio di vestiti. ☐
2. La lavorazione della lana a Prato è cominciata nell'Ottocento. ☐
3. Per fare le stoffe si usavano gli stracci. ☐
4. La fabbrica del signor Duca è alla periferia di Prato. ☐
5. Lombardo guadagna molto. ☐
6. Le strade sono molto affollate. ☐

Lombardo parcheggia e dice:
"In macchina fa troppo caldo. Entro con te, Rosa, ti aspetto all'ingresso."
Quando il commissario suona il campanello la grande porta di vetro e metallo si apre subito. Una segretaria accoglie i visitatori e dice:
"Buongiorno. Desiderano?"
"Sono Rosa Nicoletti. Ho un appuntamento con il signor Duca."
"L'ufficio del signor Duca è al primo piano, alla fine del *corridoio* a sinistra."
"Grazie."
Di fronte alle scale c'è una vetrina con diversi maglioni.
"Ma chi compra i maglioni pesanti con questo caldo?" domanda Lombardo.
"È la collezione per quest'inverno, Ludovico. Nel *campo* della moda si lavora un anno per l'altro."

Übung 55: Welches Kleidungsstück ist gemeint? Enträtseln Sie die Definitionen!

ÜBUNG 55 !

1. Si porta in testa. c _ _ _ _ _ o
2. Si indossa al mare. c _ _ _ _ e
3. In Scozia la portano anche gli uomini. g _ _ a
4. Proteggono i piedi dal freddo. c _ _ e
5. Si porta d'inverno. c _ _ _ _ _ o
6. Si avvolge intorno al collo quando fa freddo. s _ _ _ _ a
7. Si usa quando piove. i _ _ _ _ _ _ _ _ e

Lombardo dà uno *sguardo* alla sua giacca non proprio nuovissima e dice:
"La moda non è tra i miei interessi principali, lo sai. Un abito deve essere comodo, il resto non *importa*."
"Fortunatamente per il signor Duca non tutti la pensano come te."

Lombardo rimane in fondo alle scale. Nell'ingresso c'è una grande finestra che dà sul laboratorio. Le *operaie* siedono alle *macchine da cucire*. Lavorano veloci. Il rumore delle macchine arriva fino a Lombardo.

Capitolo 6: Due vite diverse

Rosa sale al primo piano. Sui muri del *corridoio* ci sono vecchie foto di moda. A *giudicare* dagli abiti, le foto hanno almeno una decina d'anni.
La *ditta* 'Duca & Ravalli' deve aver avuto il suo periodo migliore all'inizio degli anni Novanta, pensa Nicoletti. Da allora la fabbrica *è stata trascurata*. Forse i *proprietari* vogliono portare la produzione all'*estero*. O forse mancano i soldi per investimenti non strettamente necessari.

ÜBUNG 56 !

Übung 56: Lesen Sie weiter und unterstreichen Sie im Text die Übersetzung der Wörter in Klammern!
(1. Kind, 2. Boden, 3. Augen, 4. Haare, 5. Bilder, 6. Kalender, 7. Schreibtisch)

Un signore non molto alto va incontro a Rosa. I suoi *passi* veloci *risuonano* sul *pavimento* di linoleum grigio.

"Sono Paolo Duca" dice. "Lei è il commissario Nicoletti, vero? Le faccio strada."
Paolo Duca ha gli occhi *celesti* e i pochi capelli biondi gli arrivano fino alla *nuca*. La sua stanza è arredata semplicemente. Non ci sono *quadri* alle *pareti*, soltanto un enorme calendario con vedute della Toscana e molti *scaffali* di metallo pieni di stoffe e cataloghi. La grande scrivania è coperta da *pile* di documenti. In un *angolo* Rosa vede la foto di una donna con un bambino piccolo.

Rosa ha l'impressione che Paolo Duca *sia a disagio*. Le sue mani *stringono* nervosamente i *braccioli* della sedia.

Übung 57: Bilden Sie Adverbien aus den Adjektiven!

ÜBUNG 57 !

1. gentile ______
2. alto ______
3. forte ______
4. vero ______
5. leggero ______
6. stanco ______
7. inutile ______

"Posso immaginare il motivo della sua visita, commissario," inizia Paolo Duca senza troppi complimenti. "Ho letto il giornale di oggi. Mi dispiace molto per Ernesto."
"Vedo che non ha bisogno di spiegazioni," risponde Rosa. "*Vengo* subito *al dunque*. Il signor Vannini *è scomparso* la notte tra sabato e domenica. Sabato sera lei è stato insieme a Vannini fino a tardi. Che cosa può essere successo dopo la sua partenza? Ha un'idea?"
"No, mi dispiace, non ho la minima idea. Io faccio il mio lavoro. Le *indagini* sono *compito* della polizia. E poi conosco Vannini

meno bene di quanto pensa. Sabato sera ero insieme alla mia *compagna*. È lei che ha *rapporti* più stretti con..." Paolo Duca ha una breve *esitazione,* "con la famiglia Vannini. Non so se Lei *è al corrente*, commissario..."
"La sua *compagna è stata sposata* con Vannini, lo so," dice Rosa.
"La cena di sabato si è svolta normalmente," continua Duca. "Verso l'una Chiara ed io siamo tornati a casa. Ernesto, che ci aveva accompagnato al parcheggio, è rimasto con Storti e la sua ragazza. Non ho altro da dire."
Rosa guarda Duca in silenzio per qualche secondo, poi chiede:
"È sicuro di non ricordare nient'altro?"
"Assolutamente sicuro. Con me perde il suo tempo, commissario."
"Questo lo lasci *giudicare* a me," risponde Rosa freddamente.
Paolo Duca si alza in piedi.
"E ora, se vuole scusarmi..." dice al commissario.

ÜBUNG 58 !

Übung 58: Lesen Sie weiter und unterstreichen Sie die fünf Fehler im folgenden Textabschnitt!

Rosa rimane seduto.
"Non ho finito, signor Duca. Ho ancora qualche domande personale da fargli."
Duca fa una *smorfia*. "Dica pure..."
"Lei è di Prato come il signor Vannini?"
"Sì, sono di Prato."
"La Sua vita ha molti punti *in comune* con quella di Ernesto Vannini: stessa città d'*origine*, stessa attività..."
Rosa sta per dire 'stessa donna', ma *si trattiene*.
"Che cosa c'è per strano?" domanda Duca con tono leggermente aggressivo.

"Una semplice *constatazione,*" risponde Nicoletti. "La signora nella foto è la Sua *compagna*?"
"Sì, è Chiara. Il bambino è nostro figlio Michele. Ora è otto anni. La foto è di qualche anno fa. Le cose allora andavano meglio..."

"Che cosa esattamente andava meglio?" domanda il commissario.
"Beh, tutto. Il *rapporto* con Chiara, gli *affari*, la *salute*..." risponde Duca con voce stanca.
La sua aggressività *è sparita*. Si appoggia alla spalliera della sedia e continua:
"Vannini ed io abbiamo cominciato la nostra attività negli stessi anni. A quei tempi il settore della moda andava benissimo. Tutto il mondo voleva la moda italiana. Si *guadagnava* molto."
Rosa si guarda intorno.
"La sua fabbrica *è stata costruita* allora?" chiede.
"Esatto. All'inizio avevo un piccolo laboratorio più vicino al centro della città. Poi sono venuto qui. La fabbrica *è stata costruita in fretta*. Se il *capannone* era bello o brutto non *importava*. Bastava vendere. Avevamo *ordini* dalla Germania, dalla Svizzera, dall'Inghilterra... In quegli anni ho conosciuto Chiara. Aveva ottenuto il *divorzio* da poco. Era una donna *vivace*, interessante. Amava viaggiare. Mi è piaciuta subito."
"Un amore a prima vista," commenta Nicoletti.
"Proprio così."

Übung 59: Welche Übersetzungen stimmen? Markieren Sie mit richtig ✔ oder falsch – !

! ÜBUNG 59

1. Gesichtspunkt	punto di vista	☐
2. auf den ersten Blick	a prima vista	☐

3. soweit der Blick reicht	a vista d'occhio	☐
4. aus den Augen verlieren	perdere dagli occhi	☐
5. vom Sehen kennen	conoscere di vista	☐
6. gut sehen	avere la vista buona	☐

Duca si alza e va alla finestra.
Poi continua: "Ero contento. Avevo tutto e non pensavo al futuro. Sono stato uno stupido! Vannini *si è accorto* prima di me che il mercato cambiava e ha fatto le *scelte* giuste. Io sono rimasto sul *binario* sbagliato. Ora l'India e la Cina producono le stesse cose che faccio io ad un costo dieci volte inferiore. È chiaro che nessuno vuole più le mie magliette. Ho dovuto *licenziare* diversi *operai*. La crisi *ha risparmiato* soltanto pochi industriali. Vannini è uno di questi."

ÜBUNG 60 !

Übung 60: Ergänzen Sie die Sätze durch die passenden Ländernamen!

1. In G _ _ _ _ _ _ _ si parla tedesco.

2. In F _ _ _ _ _ _ si parla francese.

3. In I _ _ _ _ _ _ _ _ _ _ si parla inglese.

4. In S _ _ _ _ _ si parla spagnolo.

5. In G _ _ _ _ _ si parla greco.

6. In P _ _ _ _ _ _ si parla polacco.

7. In P _ _ _ _ _ _ _ _ _ si parla portoghese.

8. In R _______ si parla rumeno.

9. In D _________ si parla danese.

10. In S ______ si parla svedese.

Duca torna a sedersi di fronte a Rosa.
"L'industria dell'*abbigliamento* è in difficoltà," dice con amarezza. "Ora i cinesi sono venuti anche a Prato! Hanno i loro laboratori, i loro negozi, i loro ristoranti, i loro giornali... Ci sono strade dove le scritte in italiano *sono sparite*: tutti i cartelli sono scritti in cinese!"
Dopo una breve pausa Duca riprende:
"Ma io non smetto! Io lavoro per mio figlio, per il suo futuro!"
Rosa lascia parlare Duca, poi *all'improvviso* gli chiede:
"È *invidioso* di Ernesto Vannini?"
L'industriale scoppia a ridere. Una risata innaturale.
"*Invidioso*? No, Le assicuro. Certo, Vannini è ricco, ha *successo*. Probabilmente ha più talento di me... Però non ha figli. Io invece ho Michele. È questo che conta, il resto non ha importanza."
"E la sua *compagna*?" domanda Nicoletti. "Anche per lei il *successo* non ha importanza?"
"Lo chieda a Chiara, commissario," risponde Duca.
Poi *aggiunge* a mezza voce: "Forse con Lei sarà sincera."

Übung 61: Fügen Sie die passenden Präpositionen in die Lücken ein!

!

ÜBUNG 61

1. ________ quanto pare i miei vicini sono partiti.

2. I bambini corrono ________ un punto all'altro del giardino.

3. Sono andata ________ banca per pagare la bolletta del gas.

4. Quest'anno andremo ________ vacanza ________ montagna.

5. Cosimo non c'è. È andato via ________ moto.

6. Il suo arrivo è previsto ________ mercoledì.

7. Sai giocare ________ tennis?

8. ________ quale squadra di *calcio* sei tifoso?

9. ________ quel vestito leggero sentirai freddo.

10. Sono partiti ________ Roma.

Nicoletti insiste: "Perché accompagna la signora Masi a cene come quella di sabato sera? Da quello che ha detto non le trova divertenti."
Paolo Duca non risponde subito. I muscoli del suo viso *si irrigidiscono*.
"Perché non voglio perdere Chiara," dice *in fretta*.

ÜBUNG 62 !

Übung 62: Übersetzen Sie!

1. Wenn ihr so weiter macht, werde ich die Geduld verlieren.

____

2. Beeile dich! Du hast schon viel Zeit verloren!

____

3. Ich bin spät angekommen, weil ich den Bus verpasst habe.

____

4. Unsere Mannschaft hat das Spiel verloren.

5. Ilaria hat ihren Pass verloren.

6. Versuche es, du hast nichts zu verlieren!

Il commissario Nicoletti alza le *sopracciglia*.
"Il signor Storti ha detto che Lei e la signora Masi siete andati a casa per ultimi sabato sera," dice con voce ferma. "Lei, signor Duca, *sostiene* il contrario. Uno di voi non dice la verità."
"Storti *mente*!" esclama Paolo Duca e batte la mano sulla scrivania. "Storti è *invidioso* di me. E anche di Vannini. Vannini ed io siamo liberi di decidere. Noi rischiamo, facciamo i nostri errori, ma nessuno ci dà *ordini*. Storti invece è un *dipendente*. Certo, presto *si occuperà* delle nuove *gioiellerie*. La *sostanza* però non cambia: Vannini comanda e Storti deve *ubbidire*. E questo a Storti non piace."

Übung 63: Lesen Sie weiter und unterstreichen Sie die richtige Variante!

ÜBUNG 63 !

"Rosa, finalmente!" esclama il dottor Lombardo quando il commissario Nicoletti scende (1.) sul/al *pianterreno*. "Cominciavo a *preoccuparmi*. (2.) Con/Per il tuo lavoro non si sa mai..."
"Mi dispiace Ludovico. *Ti sei annoiato*?"
"No, *per fortuna* avevo un libro in macchina. Sono andato a prenderlo e mi sono seduto qui (3.) sul/nel divano."

Rosa è contenta di lasciare l'atmosfera *opprimente* della fabbrica. Anche Lombardo è (4.) con/di *buonumore*. Entra (5.) dalla/in macchina, apre il finestrino e accende la radio.
"È una giornata perfetta," dice. "Il sole, la mia ragazza, il pomeriggio libero... Che cosa posso desiderare di più? Adesso cerchiamo una bella trattoria (6.) sul/in centro e..."

Rosa lo interrompe *imbarazzata*: "Veramente Ludovico..."
Lombardo dà un'*occhiata* a Rosa.
"Che cosa c'è?" chiede.
"Ecco, io... io non ho finito con il lavoro. Devo vedere ancora una persona," *confessa* Rosa.
La faccia di Ludovico si fa scura.
"È sempre così! Dovevo aspettarmelo!" *borbotta arrabbiato*.
"Farò presto, te lo *prometto,*" dice Nicoletti. "L'appuntamento è in un caffè al centro di Prato. Tu puoi venire con me. Ti siedi ad un altro tavolo, ordini un aperitivo e intanto io faccio un paio di domande alla signora Masi. Per l'ora di pranzo ho finito, te lo assicuro."
Ludovico non dice niente e *accelera*.
"*Accidenti*, questa non ci voleva!" esclama poco dopo. "Altro che giornata perfetta!"
Pochi metri più avanti, al *lato* della via, c'è un'Alfa blu della polizia stradale. Un agente indica a Ludovico di fermarsi.
A Rosa viene quasi da ridere, ma si morde le labbra.
Il dottor Lombardo si ferma e abbassa il finestrino.
"Lei va troppo veloce," dice l'agente. "Non ha visto il cartello, signore? Su questa strada il limite di velocità è di sessanta chilometri orari."
Lombardo *annuisce* in silenzio e cerca la *patente* nella tasca della giacca.

Übung 64: Lesen Sie weiter und bringen Sie die Satzteile in die richtige Reihenfolge!

(1. secondo Rosa un *esita*) ____________________. Poi apre la borsa e mostra all'agente la *tessera* della polizia.

"Sono il commissario Nicoletti," si presenta. "(2. Sono in un servizio urgente per caso) ____________________."

(3. *sollievo* Ludovico un di *sospiro* fa) ____________________.

(4. Il *fronte* alla mano si porta poliziotto la) ____________________ ____________________.

"Mi scusi, commissario. Vada pure."

Al caffè Rosa riconosce subito Chiara Masi. Anche se è passato qualche anno la donna non è cambiata. Ha gli stessi capelli biondi, gli stessi occhi sorridenti, la stessa aria sicura della foto sulla scrivania di Paolo Duca.
La signora Masi è vestita in modo *vistoso*, ma non volgare. Un paio di grandi occhiali da sole le tiene i lunghi capelli ricci lontani dalla *fronte*.
Rosa va dritta al suo tavolo.
"Buongiorno, signora Masi. Sono il commissario Nicoletti."
Chiara Masi ride brevemente ad alta voce.
"Commissario, io dovevo riconoscere Lei dai capelli rossi e invece... La mia foto è già nell'archivio della polizia?"
"Ancora no" risponde Nicoletti. "Per ora è soltanto nell'ufficio del signor Duca. Sono appena stata in fabbrica."
Chiara Masi sorride.

"Paolo è così *carino*..." dice a voce bassa.

Poi la signora diventa seria. La sua voce ha un tono preoccupato.

"Che cosa è successo ad Ernesto?" chiede. "Ho letto il giornale. La notizia è in prima pagina. Del resto..."

Chiara Masi si interrompe.

"Del resto...?" ripete Rosa.

"Beh, *mi sono accorta* subito che c'era qualcosa di strano. Già da domenica. Ho provato molte volte a telefonare ad Ernesto, ma il suo *cellulare* era sempre *spento*. Non succede quasi mai."

"Quindi Lei ha parlato per l'ultima volta con Vannini sabato sera. A che ora l'ha lasciato?"

"In ogni caso dopo mezzanotte, ma non so risponderLe con *esattezza*. Per queste cose deve chiedere a Paolo. Lui è molto più preciso di me."

"Ciò significa che Lei è tornata a Prato con il signor Duca."

"No. I miei genitori abitano in Via Dei Bardi, vicino a Ponte Vecchio. Sabato sera avevamo lasciato il bambino da loro. Io ho un miniappartamento nello stesso palazzo. Ci abitavo da ragazza e qualche volta mi fermo ancora a dormire lì. Paolo mi ha accompagnato in macchina e poi ha proseguito per Prato. Domenica mattina voleva controllare delle *carte* in ufficio."

! ÜBUNG 65

Übung 65: Sind die folgenden Sätze korrekt? Markieren Sie mit richtig ✔ oder falsch – !

1. Tua sorella sa sciare più meglio di te. ☐
2. Navigare su internet e scrivere delle e-mail è più facile di quanto credi. ☐
3. Quel ristorante mi ha deluso. Mi aspettavo una cucina migliore. ☐

4. Andare in autobus è più comodo di andare a piedi. ☐
5. Il suo appartamento al quinto piano è più grande di quello in cui abito io. ☐
6. Sulle strade c'è sempre troppo traffico. È migliore prendere il treno. ☐
7. 'La vita degli altri' è il miglior film che abbia mai visto negli ultimi dieci anni. ☐
8. Non legarti così presto, sono gli anni più importanti della tua vita. ☐
9. Carla è la mia sorella maggiore. ☐
10. Il calcio è più popolare che il golf. ☐

Rosa *sospira*. Poi continua quasi automaticamente:
"E naturalmente quella notte Lei non ha incontrato nessuno per strada o per le scale di casa."
"No, nessuno che conoscevo. Però alla fine della via c'era il camion della *pulizia* notturna delle strade."
"Non è un grande aiuto," commenta Rosa.
La signora Masi fa un gesto di scusa con le mani.
"Secondo me Ernesto *è stato rapito,*" dice poi. "I *rapitori* hanno aspettato la partenza degli *ospiti* e l'hanno portato via. Non sarà stato difficile con quel *custode* così *sordo*!"
"Il signor Vannini aveva mai pensato ad un *rapimento*?" chiede il commissario Nicoletti. "Dopotutto è una persona ricca e famosa."
"No, Ernesto non ha mai detto di aver la sensazione d'essere seguito o cose del genere. Non è un tipo pauroso."
Alle *spalle* della signora Masi Lombardo *fissa* alternativamente il suo orologio e Rosa.
Il commissario Nicoletti *è sulle spine*.
"Bene, signora," conclude *in fretta*. "Per ora è tutto. La richiamerò se avessi ancora bisogno di Lei."

ÜBUNG 66 !

Übung 66: Welches Adjektiv passt zu wem? Ordnen Sie zu!
(a) egoista, b) disordinato, c) pauroso, d) noioso, e) curioso, f) educato, g) socievole, h) ottimista, i) generoso, j) maleducato)

1. Vittorio vuole sempre sapere tutto. ☐
2. Anna guarda al futuro senza paura. ☐
3. Quando Marco parla si fa il vuoto intorno a lui. ☐
4. A casa di Ettore c'è sempre il caos. ☐
5. Dopo la cena Silvio ha telefonato per ringraziare. ☐
6. Sandro fa spesso regali ai suoi amici. ☐
7. Veronica fa amicizia facilmente. ☐
8. Dario vede pericoli dappertutto. ☐
9. Paolo vuole sempre tutto per sé. ☐
10. Andrea non saluta mai. ☐

Capitolo 7: Chi cerca, trova

Una donna bionda apre la grande porta del palazzo e saluta con la mano destra senza parlare. La *carrozza* con quattro ruote esce sulla piazza deserta.
Rosa ha *paura*, una *paura* che non riesce a *spiegare*.
Ancora un'ora e sarà giorno, pensa. Alla luce del sole mi sentirò più sicura.
L'aria della notte è fredda e umida.
Per farsi *coraggio* Rosa *stringe* tra le *dita* l'*anello* d'oro con lo *stemma* dei Medici. È un ricordo di famiglia, l'ha avuto dalla madre prima di partire.
Sul Ponte Vecchio una voce rompe il silenzio.
"Addio Rosa... e buona fortuna!"
Rosa *stringe* l'*anello* ancora più forte.

Übung 67: Lesen Sie weiter und unterstreichen Sie die Synonyme der Wörter in Klammern!
(1. ha udito, 2. però, 3. ogni tanto, 4. interrompono, 5. urlano, 6. viso, 7. mormora)

Ha già sentito quella voce da qualche parte, ma non ricorda dove. Si guarda intorno nervosa. Sul ponte non c'è nessuno.
"Qualche volta la *paura* fa brutti *scherzi,*" si dice e cerca di sorridere.
La *carrozza* è quasi dall'altra parte del fiume quando due figure escono dall'ombra e bloccano la strada.
"Mani in alto!" gridano.
Alla luce della luna Rosa riconosce Guido Storti e Paolo Duca.
Il vecchio alla guida della *carrozza* si ferma *spaventato*. Ha i capelli bianchi e la faccia di Ernesto Vannini.
Storti avvicina un coltello alla *gola* del vecchio.
"Una parola e sei morto!" *sussurra* con voce cattiva.

Rosa cerca di *fuggire* ma il lungo, pesante vestito le *impedisce* di correre. Paolo Duca la *raggiunge* e l'*avvolge* nel suo mantello.
Rosa non vede più niente. Il mantello le *stringe* la *gola*. Le manca l'aria. Qualcuno la porta sulla *carrozza*.
I cavalli ripartono a gran velocità.
Quando Rosa si sveglia dalla finestra entra un po' di luce.
"Dove sono?" si chiede. "Dove mi hanno portato quei criminali?"
Rosa si siede sul letto e si guarda intorno con gli occhi sbarrati.
Ha la *fronte* che *scotta*.
Il rumore del *traffico* di San Frediano la riporta alla realtà.
"Incredibile," *mormora arrabbiata* "il caso Vannini è entrato anche nei miei *sogni*!"
Con un *sospiro* Rosa dà un'*occhiata* alla *sveglia*. Sono già le sette.

È ancora stanca, ma è troppo tardi per riaddormentarsi. Si alza e va in bagno.

ÜBUNG 68 !

Übung 68: In welchem Zimmer befinden sich die Gegenstände? Ordnen Sie zu!
(a) cucina, b) camera da letto, c) soggiorno, d) studio, e) bagno, f) garage)

1. coperta ☐
2. pentola ☐
3. sveglia ☐
4. scrivania ☐
5. sapone ☐
6. bicicletta ☐
7. asciugamano ☐
8. poltrona ☐

Poco dopo il commissario Nicoletti siede in cucina davanti ad una tazzina di caffè. La sua mano *accarezza* distrattamente il piattino. Rosa cerca di fare *ordine* nei suoi pensieri. La sparizione di Ernesto Vannini è un puzzle in cui mancano ancora dei pezzi. La moglie di Vannini è più nervosa che preoccupata. I suoi amici sono molto meno amici di quanto dicono. E tutti hanno perso la memoria. O *fingono* di averla persa.
"Una bella *sfida*!" dice Rosa tra sé.
Ha già la mano sulla *maniglia della porta* di casa, quando Lombardo esce dalla camera da letto. Prima che possa parlare, Rosa gli dà un bacio sulla *guancia* e dice:
"Sai una cosa, Ludovico? Io amo le *sfide*."
Poi si chiude la porta alle *spalle*.

Übung 69: Bringen Sie die Wörter in die richtige Reihenfolge!

1. del la apre grande una porta donna palazzo bionda

2. voce sul una Ponte Vecchio silenzio il rompe

3. dà Rosa alla un' sveglia occhiata

4. moglie che preoccupata di Vannini è nervosa più la

5. esce da camera dalla Lombardo letto

Mezz'ora dopo Nicoletti entra con *passo* deciso nell'ufficio dell'ispettore Tinti.
Vittorio Tinti la guarda stupito.
"Come mai così presto in ufficio, commissario?" domanda.
"Perché voglio dormire tranquilla," risponde Nicoletti.
Tinti le dà un'*occhiata* perplessa, ma non chiede altro.
"Ispettore," dice Rosa, "dobbiamo fare il punto della situazione sul caso Vannini!"
"Beh, io sono stato a parlare con i D'Alessio," comincia Tinti. "Matteo D'Alessio mi ha detto che Vannini *frequenta* il suo locale. Per questo lo conosce. Il signor D'Alessio ha avuto in passato storie di droga, ma secondo me non *c'entra* con la sparizione di Vannini. E poi ci sono *testimoni*: marito e moglie dopo la cena di sabato sono rimasti nella loro discoteca fino a tarda notte."

Übung 70: Welche ist die richtige Übersetzung? Kreuzen Sie an!

1. fare il punto della situazione
a) über den Stand der Dinge berichten ☐
b) mit etwas aufhören ☐

2. di punto in bianco
a) widerwillig ☐
b) plötzlich ☐

3. a buon punto
a) ziemlich weit ☐
b) unter einem guten Stern ☐

4. venire al punto
a) am Ende sein ☐
b) zur Sache kommen ☐

Nicoletti insiste: "Va bene, ispettore, ma io non *intendevo* questo. Secondo me la prima cosa che dobbiamo *chiarire* è un'altra. E cioè: c'è stato un *rapimento* o un *omicidio*? Io penso che abbiamo a che fare con un *omicidio*..."
Tinti interrompe il commissario: "Ma questa è un'idea fissa, Nicoletti! Vuole sapere come sono andate veramente le cose sabato notte? È molto semplice: Ernesto Vannini *è stato rapito* e sua moglie è d'accordo con i *rapitori*. Marisol Vannini ora sembra preoccupata, ma dopo il pagamento del *riscatto* chiederà il *divorzio* e tornerà in Brasile a fare la bella vita. Dobbiamo *mettere* quella donna *alle strette* e ci porterà fino ai complici!"
Rosa fa una risata.

"Ispettore Tinti, Lei corre troppo!" esclama. "La signora Vannini non mi sembra molto innamorata del marito. E neanche molto brillante. Ma è *innocente*, ne *sono convinta*."
Tinti insiste: "Ah, sì? E allora mi dica, commissario: dov'è Ernesto Vannini? Se c'è un *omicidio*, c'è anche un cadavere. Invece i nostri agenti hanno controllato tutto il parco e non hanno trovato niente."
Rosa *ammette* tranquillamente: "Ha ragione, ispettore. Il punto è proprio questo: manca il cadavere. Ma io ho un'idea... Viene con me a Fiesole?"
Tinti *scuote* la testa.
"Le donne qualche volta sono proprio *testarde*!" *borbotta*.

Übung 71: Welche Aussage ist falsch? Kreuzen Sie an!

! ÜBUNG 71

1. I signori D'Alessio hanno un alibi per la notte del sabato. ☐
2. Tinti è convinto che la signora Vannini abbia a che fare col rapimento del marito. ☐
3. Secondo Rosa, Vannini è stato ucciso. ☐
4. La custode ha scoperto un indizio importante. ☐
5. Nessuno sa con certezza che cosa è successo sabato notte. ☐
6. Rosa va a Fiesole per ulteriori indagini. ☐
7. Tinti pensa che nel caso Vannini ci sia stato un omicidio. ☐

"Commissario, guardi le macchine davanti al *cancello*!" esclama l'ispettore Tinti mentre l'auto della polizia si avvicina alla villa di Vannini. "Dentro ci sono sicuramente dei reporter. Appena apriremo lo *sportello* ci *assaliranno* con le loro domande."
"Non *Si preoccupi*," risponde Rosa, "ci sono abituata. Basta fare un bel *sorriso* e dire che le *indagini* ancora non permettono di fare *dichiarazioni*."

ÜBUNG 72 !

Übung 72: Lesen Sie weiter und fügen Sie die Wörter in Klammern in die passenden Lücken ein!
(parcheggio, respiro, soldi, problema, ritmo, gente, criminali, smorfia)

"Il (1.) ______________ è piuttosto la *custode,*" *aggiunge* Nicoletti con una (2.) ______________.

La donna aspetta i visitatori al (3.) ______________ e non ha intenzione di *mollare* la *preda*.

"Buongiorno, commissario," dice subito a Nicoletti, "ha visto quanta (4.) ______________ c'è là fuori? Non ho più un minuto di *pace*! E il povero signor Vannini? Speriamo almeno che quei (5.) ______________ non gli facciano niente di male! Ma che cosa aspetta la famiglia? I (6.) ______________ ci sono. Basta pagare e Vannini è di nuovo libero."

La *custode* fa un bel (7.) ______________ per riprendere *fiato*. Poi prosegue con lo stesso (8.) ______________ di prima:

"Lei cerca la signora Vannini, vero? Purtroppo è già uscita. *Chissà* dov'è ora. In una situazione del genere una brava moglie rimane a casa a pregare per il marito, invece quella donna... Vuole sapere come la penso?"

Il commissario Nicoletti non tenta nemmeno di essere gentile.

"No, non lo voglio sapere," dice con voce ferma. "Ci accompagni alla villa, per favore. Aspetteremo là la signora Vannini."
Poi *fissa* la *custode* con *sguardo severo*.
"E non parli con i giornalisti, ha capito? Non dica nemmeno una parola, se non vuole rischiare una denuncia!"
Con un'espressione *spaventata* la donna copre istintivamente la bocca con la mano.

Übung 73: Welche Wörter passen inhaltlich zusammen? Ordnen Sie zu!

ÜBUNG 73 !

1. ☐ reporter	a) omicidio
2. ☐ cadavere	b) sportello
3. ☐ libro	c) barca
4. ☐ rapimento	d) giornale
5. ☐ cane	e) pagina
6. ☐ camino	f) riscatto
7. ☐ automobile	g) respiro
8. ☐ aria	h) padrone
9. ☐ chiesa	i) fuoco
10. ☐ mare	j) campanile

In silenzio accompagna Nicoletti e Tinti alla villa e apre il portone d'ingresso.
"Beh, io vado," dice poi con tono poco gentile. "Se avete bisogno di me, chiamatemi."
Nel soggiorno della villa il cane del designer è al solito posto davanti al camino. Nello va stancamente incontro a Nicoletti, *agita* un poco la *coda* e poi ritorna al suo posto.
"Ha visto, commissario? Il cane ci ha riconosciuti," dice Tinti.

"Non *ha abbaiato* come la prima volta."
Rosa si mette in *ginocchio* e *accarezza* l'animale.
"Sei triste, Nello? Ti manca il tuo *padrone*, vero?" gli chiede piano.
"Non hai voglia di uscire in giardino? Guarda, ti apro la porta."
Il cane però non si muove.

ÜBUNG 74

Übung 74: Welches Tier ist gemeint? Enträtseln Sie die Definitionen!

1. Ha il pelo a strisce bianche e nere. z _ _ _ _
2. Il nemico dei topi. g _ _ _ _
3. Ci dà la lana. p _ _ _ _ _
4. Tira la carrozza. c _ _ _ _ _ _
5. Ci dà il latte. m _ _ _ _
6. Un insetto che lavora moltissimo. f _ _ _ _ _ _
7. Le sue punture sono molto fastidiose. z _ _ _ _ _ _
8. Invece di camminare striscia. s _ _ _ _ _ _ _
9. Fa il miele. a _ _

Il commissario Nicoletti comincia a girare per la stanza.
Il soggiorno dei Vannini è molto ampio e arredato con pesanti mobili antichi. Ci sono numerosi *scaffali* di libri ed un alto specchio con la cornice dorata. Un camino di marmo è al centro della *parete* di fronte alla porta.
"C'è un'atmosfera un po' *opprimente* qui, non trova?" chiede Tinti.
Rosa non risponde. Cammina lentamente per la stanza.

"La *soluzione* è qui, nel *soggiorno*!" *mormora* tra sé.
Davanti ad uno *scaffale* il commissario si ferma. Fa qualche *passo* indietro per osservarlo meglio, poi toglie i libri e li mette sul *pavimento*.
La sua mano esplora con delicatezza il *legno* centimetro per centimetro, fino a terra.

Übung 75: Fügen Sie die passenden Präpositionen ein!

1. delicatamente = ________ delicatezza
2. personalmente = ________ persona
3. silenziosamente = ________ silenzio
4. solitamente = ________ solito
5. continuamente = ________ continuazione
6. realmente = ________ realtà
7. raramente = ________ rado
8. regolarmente = ________ regolarità
9. generalmente = ________ genere

Ora Rosa è davanti allo specchio. *Infila* le *dita* nello spazio tra il cristallo e la *parete* e le fa scorrere lentamente verso il basso.
Tinti si avvicina a Nicoletti.
"Che cosa guarda, ispettore... Mi *dia una mano*, piuttosto!" dice Rosa.
Con il *palmo* della mano il commissario prova a *spingere* lo specchio contro il muro.

ÜBUNG 76

Übung 76: Übersetzen Sie! In jedem Satz soll das Wort „mano“ bzw. „mani“ vorkommen!

1. Keine Angst! Du bist in guten Händen!

2. Die Vase ist handgemacht.

3. Wir sind mit leeren Händen gekommen.

4. Das Auto fuhr auf der Gegenseite.

5. Die Mutter hält das Kind an der Hand.

6. Er hat sein Haus mit Möbeln aus zweiter Hand eingerichtet.

7. Hände hoch!

“Commissario,” chiede Tinti, “che cosa *ha in mente*? Non penserà che...”

“Proprio così! Penso che in questa stanza ci sia un *nascondiglio segreto*. Troveremo lì Ernesto Vannini, lo sento!”

“Se vuole risolvere il caso con l’*intuito* femminile, ho *paura* che non arriveremo lontano,” *borbotta* Tinti.

“Questo lo vedremo,” risponde Nicoletti seccamente.

Poi continua: "Si ricorda, ispettore? Quando siamo venuti qui la prima volta, Nello era triste, non voleva lasciare il *soggiorno*. La signora Vannini ci ha detto che il cane *vuole* molto *bene* a suo marito e dalla sua scomparsa *si comporta* in modo *strano*. Martedì io sono tornata da sola alla villa. Nello era ancora lì, davanti al *camino*. Allora non ho dato troppa importanza alla cosa. Poi però ho parlato con alcune persone e ho cominciato a vedere i fatti sotto una luce diversa."

Übung 77: Lesen Sie weiter und ordnen Sie die Buchstaben zu sinnvollen Wörtern!

Tinti ascolta Rosa con (1. attionezen) ______________.

"Con chi ha parlato (2. esamettaten) ______________?" domanda.

"Beh, un mio amico, uno studioso di storia, mi ha raccontato che Palazzo Vecchio è pieno di *nascondigli* e *passaggi segreti*. Servivano a *nascondere* oggetti di (3. rolave) ______________, a spiare qualcuno o a lasciare il (4. zalapoz) ______________ senza essere visti. Dopo aver parlato con gli amici di Vannini, i (5. raticonc) ______________ del mio amico mi sono tornati in (6. netem) ______________."

ÜBUNG 77 !

"E perché?"

"Perché uno di quei signori *mente*. Guido Storti dice che ha lasciato la villa prima di Paolo Duca. Duca *sostiene* il contrario. Storti e Duca non sono d'accordo su un solo punto: chi è partito per primo. Che bisogno c'è di *mentire* proprio su questo punto? Evidentemente uno dei due non vuole *ammettere* di essere rimasto alla villa da solo con Vannini."

"Fin qui La seguo, commissario," dice Tinti. "Lei allora si è chiesta: che cosa ha fatto l'ultimo invitato dopo che gli altri erano partiti?"

"Proprio così!" risponde Rosa e *aggiunge*: "Ci sono tre possibilità. Forse l'ultimo invitato *ha rapito* Vannini, forse l'*ha ucciso* o forse ha visto qualcosa che non vuole dire. In ogni caso, tutto *è accaduto* qui alla villa. La persona che *mente* vuole tenerci lontani dalla villa. La sua *bugia* non necessaria, però, mi *ha insospettito* e ha ottenuto l'effetto contrario."

Tinti domanda: "Sì, ma il *nascondiglio segreto* che *c'entra*?"

"Beh, Vannini *è sparito* nel nulla. Non *si è fatto vivo* nessun *rapitore* e non è stato trovato nessun cadavere. A questo punto mi è venuta l'idea che forse il designer non ha mai lasciato la sua casa."

Tinti si batte il *palmo* della mano sulla *fronte* e esclama:

"Ora capisco! A questo punto Lei Si è ricordata del cane sempre davanti al camino e..."

"Esatto!" dice Rosa. "Ho pensato che Vannini fosse qui, in questa stanza che Nello non vuole mai lasciare."

Il commissario esce nel *corridoio* e torna con una giacca da uomo in mano.

"L'ho trovata nel guardaroba," *spiega*. "È una giacca del signor Vannini. Ci sono le sue iniziali all'interno."

Rosa fa *annusare* la giacca al cane.

"*Forza* Nello," gli dice piano, "aiutaci a ritrovare il tuo *padrone*!"

Il cane si alza in piedi e *abbaia* nervoso in direzione del camino.

Rosa si avvicina al camino che è molto imponente.

Ai suoi *lati*, sul muro, ci sono due *lastre* di marmo di Carrara con *intarsi* colorati.

Il commissario fa passare lentamente la mano su una delle *lastre* di marmo. Le sue *dita* provano a *spingere* gli *intarsi* uno ad uno.

Finalmente Rosa sente che uno dei pezzi di marmo si muove leggermente.
"Ci siamo!" esclama.
Rosa *spinge* con più *forza* l'*intarsio*.
La *lastra* di marmo si apre come una porta su uno stretto *corridoio* parallelo al muro del soggiorno.
"Un doppio muro!" esclama Tinti.
"Allora ispettore," chiede Rosa con aria di trionfo. "Anche l'*intuito* femminile qualche volta serve, non trova?"

Übung 78: Beantworten Sie die Fragen zum Text!

1. Due persone hanno fatto dichiarazioni opposte. Chi sono?

____

2. Che cosa ha insospettito Rosa?

____

3. Dov'è il passaggio segreto?

____

Appena la *lastra* di marmo comincia ad aprirsi Nello corre nel *corridoio*. Rosa e Tinti lo seguono.
Il passaggio è largo meno di un metro ed è illuminato soltanto dalla luce che entra dal soggiorno. All'interno c'è *odore* di chiuso e di terra.
Quando i suoi occhi si sono abituati all'oscurità, Nicoletti vede che il *corridoio* scende fino all'ingresso di un tunnel *sotterraneo*.
Rosa cammina lentamente, attenta a non *scivolare* sul *pavimento* umido.

Nello l'aspetta all'inizio del tunnel. Ha smesso di *abbaiare* e *annusa* una forma scura per terra vicino a lui.
Rosa capisce subito *di* che cosa *si tratta*.
"Il cadavere che mancava," *mormora*.
Un uomo *è avvolto* in un *tappeto* che lo copre quasi completamente.
Tinti alza il *tappeto* per vedere la faccia del morto.
"È Ernesto Vannini," dice. "Non possiamo fare più niente per lui. Chiamiamo la polizia scientifica e il medico legale e lasciamo tutto così com'è fino al loro arrivo. Al resto penseranno loro."
In silenzio Nicoletti e Tinti ritornano nel soggiorno.
Nello rimane di fianco al *padrone*.

ÜBUNG 79 !

Übung 79: Welches Substantiv hat denselben Stamm wie das Adjektiv? Schreiben Sie auf!

1. oscuro	__________	5. bello	__________
2. leggero	__________	6. cattivo	__________
3. simpatico	__________	7. elegante	__________
4. pericoloso	__________	8. intelligente	__________

Capitolo 8: Il cerchio si stringe

Rosa è nella cucina del suo appartamento e prepara la cena.
"Dopo una giornata come questa ho solo voglia di una lunga doccia calda e di un bel sonno," dice.
"Ho bisogno di non pensare più a niente."

"Io ti conosco," *ribatte* Lombardo. "*Scommetto* che pensi all'*assassino* di Ernesto Vannini anche mentre ceniamo!"
"Purtroppo hai ragione! Anche se voglio dimenticarlo, ho sempre davanti agli occhi quel cadavere! L'*assassino ha sparato* alle *spalle* di Vannini. È bastato un *colpo* solo. Quel criminale sa *sparare* bene."
"O è stato fortunato. La fortuna non aiuta solo le brave persone."
"Povera Marisol! È tornata a casa senza immaginare nulla e *ha scoperto* che il marito era morto. La ragazza ha avuto una crisi di nervi. Il grande amore tra i due era finito abbastanza presto, credo, ma un certo *affetto* c'era ancora. Ora la signora Vannini ha *paura*. L'*assassino* è ancora libero e non si conosce nemmeno il motivo del delitto."
"Marisol Vannini è diventata improvvisamente *proprietaria* di un gran *patrimonio,*" dice Lombardo. "Una bella responsabilità per una ragazza che finora ha pensato più a spendere che a *guadagnare*!"
"Davvero! L'ispettore Tinti *sospetta* ancora di lei," dice Rosa, "ma secondo me si sbaglia."
"L'ispettore non voleva nemmeno credere che Ernesto Vannini *fosse nascosto* nella villa. Hai avuto un'intuizione veramente geniale, Rosa!" esclama Lombardo e mette il braccio intorno alla *vita* della sua ragazza.
"Non è stata solo intuizione, anche la logica ha avuto la sua parte. E poi il *merito* è tutto tuo e dei tuoi racconti sui *passaggi segreti* di Palazzo Vecchio."
"Ormai siamo un *team affiatato*. *Chissà*, forse posso aiutarti a *scoprire* chi è l'*assassino* di Vannini. Avete trovato la pistola?"
"No, né in casa né nel parco."
"Ma il designer *è stato ucciso* nel soggiorno, no?"
"Sì" risponde Nicoletti. "Sul *tappeto*, proprio davanti al camino.

L'*assassino* sapeva quello che faceva. Aveva un piano preciso, non *ha ucciso* d'impulso. Grazie al *tappeto* non ha lasciato *tracce* nel soggiorno. All'inizio la stoffa *ha assorbito* il *sangue*. Poi il morto è stato portato velocemente nel *corridoio nascosto*, che era a meno di un metro di distanza."

Lombardo fa un leggero *fischio* d'ammirazione.

"Niente male come idea!"

"Davvero! Il piano era quasi perfetto. Se non ci fosse stato Nello nessuno avrebbe mai trovato il povero Vannini."

Übung 80: Welche Aussagen stimmen? Markieren Sie mit richtig ✔ oder falsch – !

1. Ernesto Vannini è stato ucciso con due colpi di pistola. ☐
2. Rosa sa perché Vannini è stato ucciso. ☐
3. L'assassino ha nascosto la pistola nel parco. ☐
4. Il cadavere è stato ritrovato per merito di Nello. ☐
5. Marisol Vannini ha ereditato un sacco di soldi. ☐
6. Lombardo è fiero della sua ragazza. ☐

"Il *cerchio si stringe,*" dice Lombardo. "L'*assassino* può essere soltanto una persona che conosce bene la casa."

"L'*assassino* o un suo complice," *aggiunge* Rosa. "Forse l'*assassino* non era solo."

"Tinti pensa a Marisol Vannini, e tu?" chiede Lombardo.

"Sul tardo pomeriggio, quando si era un po' calmata, ho interrogato la signora Vannini," risponde Nicoletti. "Mi *ha giurato* che non sapeva niente del doppio muro. A me sembra sincera. La sua crisi di nervi non era una commedia. Quella ragazza ha un carattere un po' instabile, ma ora ha veramente *paura*."

"Chi *ha sparato* allora?" chiede il dottor Lombardo.
"Non lo so" *ammette* Rosa. "Nel puzzle del caso Vannini manca ancora un elemento: il racconto di Francesca Dani. Forse potrà aiutarmi a *chiarire* le idee. Domani vado in *gioielleria* a parlare con la ragazza."
"Perché non l'hai fatto oggi stesso?"
"Oggi non l'ho trovata e non ho voluto cercarla con troppa *insistenza*. Non voglio *scoprire* le mie carte. Dopotutto non so ancora chi è l'*assassino*."
"Ma domani può essere troppo tardi! Se l'*assassino* legge sui giornali che la polizia ha trovato Vannini, può *fuggire*. O *commettere* un altro *omicidio*."
"No, Ludovico," risponde il commissario Nicoletti. "L'*assassino* non sa che il cadavere *è stato scoperto*. Si crede ancora al sicuro. Noi siamo *in vantaggio*."

Übung 81: Unterstreichen Sie die Adjektivpaare mit gegenteiligen Bedeutungen!

! ÜBUNG 81

1. vantaggioso/svantaggioso
2. coraggioso/pauroso
3. normale/eccezionale
4. distratto/stanco
5. colpevole/innocente
6. prepotente/arrogante
7. salato/insipido

Lombardo dà uno *sguardo* preoccupato a Nicoletti.
"Devi essere *prudente*, Rosa," dice. "Quell'uomo è pericoloso."
"Non è detto che l'*assassino* sia un uomo," risponde Nicoletti. "Anche le donne sanno *sparare*. Comunque è più probabile: chi *ha trascinato* il cadavere di Vannini nel *tappeto* fino al tunnel ha una certa *forza*."

ÜBUNG 82

Übung 82: Fügen Sie die Wörter in Klammern in die passenden Lücken ein!
(forza, vantaggio, estero, quartiere, vita, occasione, responsabilità, insistenza)

1. Enzo ha un lavoro di grande ____________. Un suo errore metterebbe in *pericolo* la ____________ di molte persone.
2. Che ____________ ho se prenoto il biglietto aereo da casa con il computer?
3. Questa casa è un'____________ da non perdere. Sarà difficile trovarne una ad un prezzo migliore in questo ____________.
4. Mio fratello va spesso all'____________ per lavoro.
5. La sua ____________ mi ha messo a disagio.
6. Spesso l'uso della ____________ non è la soluzione migliore.

"Ma come siete riusciti a tenere nascosta la scoperta del corpo di Vannini? Davanti alla villa c'è sempre qualche reporter in attesa, immagino."
"L'ispettore Tinti è di qui. Conosce bene i *campi* dietro alla villa. Ci sono tante di stradine che arrivano fin quasi al parco. Sul *retro* del muro di cinta si apre un *cancelletto*. La polizia scientifica e gli uomini dell'ambulanza sono passati di lì."
Rosa fa un mezzo *sorriso*.
"Perché ridi?"
"Penso a quella *pettegola* della *custode*. Per *evitare* una *fuga* di notizie l'ho spaventata ben bene. Le ho detto che rischia di finire in *prigione* se compromette le *indagini* con le sue *chiacchiere*. Dove-

vi vedere la sua faccia! Era diventata bianca come il latte."
"Si sa già quando è morto Vannini?" domanda Lombardo.
"Da qualche giorno, questo è sicuro. Per sapere la data precisa, però, dobbiamo aspettare l'autopsia."
Il mattino dopo, ad occhi chiusi, Rosa cerca di bloccare la suoneria della *sveglia* sul *comodino*.
"Smettila, lasciami dormire!" dice con la voce ancora insonnolita alla *sveglia*. "Sono troppo stanca."
Controvoglia il commissario Nicoletti si alza.

Übung 83: Welche Gegenstände findet man nicht im Schlafzimmer? Unterstreichen Sie!

1. coperta
2. carrello
3. cuscino
4. comodino
5. lampada
6. ombrello
7. armadio
8. specchio
9. scopa
10. materasso
11. cavatappi
12. quadro

Quando Rosa entra in cucina Ludovico ha già preparato il caffè.
"Oggi nessun cornetto, solo qualche *biscotto,*" dice Lombardo con un *sorriso*. "L'*assassino* di Vannini è ancora libero. Non c'è tempo da perdere."
Rosa *sbadiglia* e beve *in fretta* il caffè.
"*Accidenti, mi sono scottata* la lingua!" esclama dopo il primo *sorso*. "La giornata comincia bene!"

Il *marciapiede* di via Pisana è pieno di gente.
Un *fruttivendolo* sistema una cassetta di ciliegie davanti alla vetrina. Alla fermata dell'autobus un gruppo di studenti fa programmi per il fine settimana. Due anziane signore chiacchierano con le borse della spesa in mano sulla porta di un negozio di alimentari.

ÜBUNG 84 !

Übung 84: Übersetzen Sie folgende Sätze!

1. Für den Obstsalat brauche ich Kirschen, Pfirsiche und Birnen.

2. Als Nachspeise gibt es Erdbeeren mit Schlagsahne.

3. Ihre Spezialität ist Apfelkuchen.

4. Ich möchte ein Pfund Trauben und drei Zitronen.

5. Magst du lieber Spinat oder Fenchel?

6. Haben Sie ein Bund Petersilie?

7. Ich habe hundert Gramm Schinken gekauft.

Rosa non prende quasi mai i *mezzi pubblici*.
La mattina preferisce andare in commissariato a piedi. Ama l'atmosfera di San Frediano quando il quartiere *appartiene* ancora ai fiorentini.
"I turisti sono come la sabbia, vanno dappertutto," dice Lombardo, "ma *per fortuna* non si alzano presto. Finora ho sentito solo l'accento toscano."
"Hai ragione," risponde Nicoletti con aria *distratta*.

Oggi Rosa non ha voglia di scherzare. Ha una *ruga* sulla *fronte*, i suoi pensieri sono concentrati sull'*omicidio* di Ernesto Vannini. Rosa cammina veloce per essere a Ponte Vecchio all'apertura della *gioielleria*. Vuole parlare con Francesca Dani prima dell'arrivo dei clienti.

Übung 85: Welche Verkehrsmittel sind gemeint?

ÜBUNG 85 !

1. Chi va in m _ _ _ _ _ _ _ senza il casco rischia una multa.
2. È vietato parlare all'autista dell'a _ _ _ _ _ _ .
3. Per andare in centro prendo sempre la b _ _ _ _ _ _ _ _ _ .
4. Il t _ _ _ _ è arrivato puntuale alla stazione di Milano.
5. Vai in Grecia in a _ _ _ _ o in n _ _ _ ?
6. Per andare in Sicilia abbiamo preso il t _ _ _ _ _ _ _ _ a Genova.
7. I lavori per la m _ _ _ _ _ _ _ _ _ _ _ sono stati interrotti a causa del ritrovamento di reperti archeologici.
8. Il fine settimana i c _ _ _ _ _ non possono viaggiare in autostrada.

Lombardo non *perde d'occhio* la sua ragazza.
"Sono preoccupato per te," le dice. "Non mi *è* mai *accaduto*, ma ho uno strano *presentimento*... Sei sicura di voler andare da sola alla *gioielleria*?"
Rosa lo guarda stupita: "Ludovico, ma che cos'hai? Faccio questo lavoro già da un paio d'anni. So quando devo chiedere aiuto."
Ludovico non sembra convinto.

"Beh, io t'aspetto nel bar alla fine del Ponte," propone. "Bevo un caffè, leggo il giornale... Il colloquio con la signora Dani non durerà un'ora, no?"
Rosa *scuote* il capo.
"Se proprio insisti..." dice.

ÜBUNG 86 !

Übung 86: Welche Wörter gehören zusammen? Ordnen Sie zu!

1. ☐ barista	a) ambulatorio
2. ☐ maestra	b) piscina
3. ☐ meccanico	c) università
4. ☐ prete	d) ufficio
5. ☐ pilota	e) bar
6. ☐ bagnino	f) officina
7. ☐ segretaria	g) chiesa
8. ☐ medico	h) aereo
9. ☐ studente	i) scuola elementare

Dopo qualche *passo* il dottor Lombardo continua: "Non so come fai ad essere così calma, Rosa. Io sono molto più nervoso di te."
"Ludovico," risponde il commissario Nicoletti *arrabbiato,* "vado a parlare con la commessa di una *gioielleria*. Punto e basta. Forse la signorina Dani *confermerà* quello che ha detto Guido Storti o forse darà un'altra versione dei fatti. A quel punto io deciderò la mia prossima *mossa*. Mi sembra tutto molto normale."
"Hai ragione, Rosa. Da quello che mi hai raccontato, però, quasi tutti gli invitati alla cena di Vannini potrebbero *aver ucciso* il designer. Quest'incertezza mi rende nervoso."
I due proseguono in silenzio fino a Ponte Santa Trinita.
All'inizio del ponte è parcheggiata una camionetta della polizia.

Due agenti controllano le macchine che attraversano l'Arno.
"Che cosa ti avevo detto, Rosa?" esclama Lombardo. "È già la seconda macchina della polizia che vedo! Di sicuro è successo qualcosa di brutto. Con un *assassino* a piede libero..."
Nicoletti perde la pazienza.
"Ora *esageri*, Ludovico! La polizia è lì per la visita del Presidente della Commissione Europea. Così i cittadini sono al sicuro. Anche quelli *ansiosi* come te."
Ludovico è *imbarazzato*.
"È *ridicolo*, lo so. Oggi però non mi sento tranquillo."

Capitolo 9: L'amore è *cieco*

La porta dell'*oreficeria* Vannini è *lucida* e *pulitissima* come sempre.
Due braccia scure con le mani in *guanti* bianchi finiscono di decorare la vetrina. Sembra quasi che le braccia e le mani si muovano da sole. Il resto del corpo, infatti, *è nascosto* dalla parte superiore della vetrina che è *opaca* e *impedisce* la vista all'interno del negozio.
Il commissario Nicoletti suona il campanello.
Le mani *spariscono* dalla vetrina e una giovane donna apre la porta. *Indossa* un completo blu e una camicia chiara che mette in risalto la *pelle abbronzata*.
"Prego, signora, entri. Abbiamo appena aperto."
Nel negozio non c'è nessun altro.
"Sono il commissario Nicoletti," dice Rosa. "Cerco la signorina Dani."
La ragazza si toglie i *guanti* e *tende* la mano.
"Sono io," risponde con voce simpatica. "So che mi ha cercato,

commissario, ma ieri non ho avuto il tempo di richiamarLa. Avevo intenzione di farlo proprio ora. Da quando il signor Vannini non c'è siamo tutti un po'..." la ragazza fa una pausa per cercare la parola giusta, "sì, insomma, c'è un po' d'insicurezza."
Nicoletti segue la signorina Dani nel *retro* del negozio.
"Le dispiace se lascio la finestra aperta, commissario?" chiede la ragazza. "Lo faccio tutte le mattine per cambiare aria."
Rosa *annuisce* e si siede. Francesca Dani è davanti a lei dall'altra parte del tavolo.
Il commissario Nicoletti è un po' *teso*. Pensa alle parole di Lombardo e sa che non deve fare errori. Le sue domande alla ragazza possono essere decisive per far luce sull'*omicidio* Vannini.

! ÜBUNG 87

Übung 87: Lesen Sie weiter und schreiben Sie den Textabschnitt nochmals auf! Verwenden Sie dabei die Höflichkeitsform!

"Francesca," comincia Nicoletti, "tu conosci il motivo della mia visita, *suppongo*. Sabato scorso tu sei stata a cena dal signor Vannini. Puoi dirmi che cosa hai fatto dalle undici in poi?"

"Mah, le solite cose che si fanno dopo cena," risponde la ragazza. "Ho chiacchierato, bevuto un po'... Verso l'una siamo andati via."
"Siamo... Chi esattamente è andato via?" domanda Nicoletti.
"Beh, Guido, il signor Storti ed io."

"C'era ancora qualcuno con Vannini?"
Francesca Dani *esita* brevemente. È soltanto una frazione di secondo, ma Rosa *se ne accorge*.
"Con Vannini sono rimasti l'ex moglie e il suo *compagno*, il signor Duca," risponde la ragazza. "I D'Alessio sono andati via prima, a mezzanotte circa. Volevano passare in discoteca. Anche Marisol ci ha salutato a quell'ora. Era stanca ed è salita a dormire."

Übung 88: Lesen Sie weiter und unterstreichen Sie die unregelmäßigen Verben!

"E poi?" chiede il commissario Nicoletti.
"Vuol dire che cosa ho fatto dopo che ho lasciato la villa?"
"Esatto. È andata direttamente a casa?"
"Sì, direttamente."
"Dove abita, signorina Dani?"
"In via Masaccio, dalle parti di Piazza della Libertà."
"Io non *sono* molto *pratica di* Firenze, ma mi sembra che Piazza della Libertà sia più o meno sulla strada per Fiesole. Mi sbaglio?"
Francesca Dani *esita* ancora una volta. I suoi occhi si fanno più attenti.
"È così," *conferma* poi.

"A che ora è arrivata a casa, signorina?" chiede Nicoletti.
La ragazza *deglutisce* prima di rispondere.
Dani non capisce dove voglio arrivare con le mie domande e questo la rende insicura, pensa Rosa.
"Tra l'una e l'una e mezzo," risponde la ragazza.
La sua voce ora ha un tono leggermente più basso.
"Ha incontrato qualcuno?"

"No, nessuno. Via Masaccio non è proprio in centro. A quell'ora non c'è quasi nessuno per strada."
"Dove ha parcheggiato la macchina?"
"Io non ho un'automobile. Ero nella macchina del signor Storti, *guidava* lui. Guido ha un posto macchina nel suo palazzo."
"Quindi Lei abita con il signor Storti. Da quanto tempo lo conosce?"
Francesca Dani *arrossisce* leggermente.
"Da circa due anni."
"L'ha conosciuto qui in negozio?"
"No. Io lavoro in *gioielleria* da un anno e mezzo circa. Ho conosciuto Guido per caso. In *ascensore*."
Al ricordo, Francesca Dani sorride.
È solo un minuto di *distrazione*, però. La sua espressione ritorna subito concentrata.
La ragazza sta attenta a non fare *passi* falsi, si dice Rosa. Se voglio *scoprire* la verità devo muovermi con *prudenza*.
"Lei conosce bene il signor Vannini?" domanda. "Gli *dà del tu*?"
"Sì, gli *do del tu*, ma non lo conosco benissimo," risponde Dani. "Me lo ha presentato Guido. Io cercavo lavoro e il signor Vannini mi *ha assunta*."
"Che cosa faceva prima?" chiede il commissario Nicoletti.
"Ero commessa in un negozio di *abbigliamento*."
"Quindi non era particolarmente qualificata per lavorare in un'*oreficeria*..."
"È vero, non avevo esperienza nel settore. Vannini voleva fare un favore a Guido. È stato gentile. Poverino, *chissà* dov'è ora... Forse i *rapitori* lo hanno portato lontano. Mi dispiace tanto anche per Marisol. L'attesa deve essere terribile quando i *rapitori* non *si fanno vivi*, non trova?"
Francesca Dani smette di parlare.

Nicoletti la guarda senza dire niente. Il suo silenzio *mette a disagio* la ragazza.
"I giornali scrivono che non ci sono novità," prosegue Francesca Dani con la voce un po' insicura. "La situazione non è cambiata, vero?"
Dani aspetta una risposta che non arriva.
"*Chissà* che cosa è successo quella notte..." *aggiunge* con un *sospiro*.

Übung 89: Welche Aussagen stimmen? Markieren Sie mit richtig ✔ oder falsch – !

ÜBUNG 89 !

1. Rosa conosce bene Firenze. ☐
2. Francesca Dani abita da sola. ☐
3. Sabato notte Guido ha parcheggiato la macchina davanti casa. ☐
4. Francesca lavora in gioielleria da meno di un anno. ☐
5. Guido ha presentato Ernesto Vannini a Francesca. ☐
6. Dani è molto amica di Vannini. ☐
7. Francesca Dani è visibilmente nervosa. ☐

"La ragazza vuole sapere a che punto sono le *indagini*" pensa il commissario Nicoletti. "Ha bisogno di chiarezza su qualcosa o su qualcuno. È arrivato il momento di *scoprire* le mie carte."
Nicoletti *fissa* Francesca Dani per qualche secondo in silenzio. La sua espressione è seria.
"Si sbaglia, signorina Dani," dice poi con voce chiara. "La situazione ora è cambiata. Ernesto Vannini è morto."
La ragazza diventa *pallida*. Apre la bocca per dire qualcosa, ma la richiude subito. Poi si morde le labbra.

Dalla sua reazione è chiaro che Francesca Dani non si aspettava la notizia.
"Vannini morto?" ripete Dani. "Non posso crederci!"
Rosa ha l'impressione che la ragazza voglia *guadagnare tempo*, come chi deve prendere una decisione importante e ha solo pochi secondi a disposizione.

! ÜBUNG 90

Übung 90: Welche Gegenteile gehören zusammen? Ordnen Sie zu!

1. ☐ pallido	a) minimo
2. ☐ esperto	b) pesante
3. ☐ poco	c) calmo
4. ☐ agitato	d) abbronzato
5. ☐ imbarazzato	e) molto
6. ☐ importante	f) inesperto
7. ☐ massimo	g) disinvolto
8. ☐ leggero	h) insignificante

"È la verità," dice Nicoletti. "Qualcuno gli *ha sparato* alle *spalle*. A casa sua. Nella notte tra sabato e domenica."
"Non è possibile! Proprio quando tutto *era tornato a posto*! Io... noi..." *balbetta* la ragazza.
"Che cosa *era tornato a posto*, signorina Dani?" domanda Nicoletti.
Francesca Dani si copre la faccia con le mani.
Poi guarda Nicoletti, fa un *profondo sospiro* per darsi *forza* e comincia a parlare *in fretta*:
"Commissario, io non ho detto la verità. Però *ho mentito* su qualcosa che non ha niente a che fare con il *rapimento*... Voglio dire: con la morte di Ernesto. Soltanto una piccola *bugia*... Era in gioco il nostro futuro."

Nicoletti interrompe la ragazza: "Cerchi di rimanere calma!"
"Va bene... Dopo la cena, verso l'una, Ernesto, Carla, il signor Duca, Guido ed io siamo andati a piedi dalla villa al parcheggio vicino all'ingresso. La signora Masi e il *compagno* sono partiti subito, Guido invece è tornato indietro con Vannini."
"E Lei?"
"Io ho aspettato in macchina. Sapevo che Guido voleva parlare con Ernesto *a quattr'occhi* di una questione importante. Me lo aveva detto prima di andare alla cena."

Übung 91: Lesen Sie weiter und übersetzen Sie die Wörter in Klammern!

"Di che questione (1. handelte es sich) __________ esattamente?" domanda Nicoletti.
"Beh... Guido ha la (2. Leidenschaft) __________ del *gioco d'azzardo*. Ha cominciato a giocare solo qualche mese fa, ma in poco tempo ha perso moltissimo. Io l'ho aiutato come potevo, ma i miei (3. Ersparnisse) __________ non sono bastati. È una *maledizione*... Guido non sa smettere. Crede sempre di riuscire a (4. gewinnen) __________ quello che ha perso e invece i *debiti* (5. nehmen zu) __________. Per pagarli Guido ha cominciato a prendere soldi dal negozio. *Di nascosto*, naturalmente. Vannini però (6. hat gemerkt) __________ che la *contabilità* non era in *ordine* e (7. hat sich geärgert) __________ moltissimo. Voleva *denunciare*

Guido alla polizia, *rovinarlo*. Era *furente*. Lei non l'ha conosciuto, commissario, ma Vannini era un tipo diretto. Odiava le *bugie*. Era anche molto *deluso*, credo. Vannini *si fidava* di Guido. Non si aspettava un *imbroglio* da una persona che aveva tanto aiutato."

"Lei *era al corrente* del *furto*?"
Francesca Dani guarda con *imbarazzo* fuori della finestra.
"Sì, ne *ero al corrente*. Ma non era un *furto* vero e proprio, era soltanto un... *prestito*. Guido non è un *ladro*, è solo una persona *debole*. Aveva intenzione di restituire tutto. E poi i soldi ci servivano con urgenza... Non c'era altra soluzione."
"Dipende dai punti di vista." dice Nicoletti freddamente.
"C'è stata una *lite* terribile." continua Francesca Dani. "Il negozio era già chiuso, ma io ero ancora lì. Guido e Vannini gridavano. Guido ha cercato di convincere Ernesto ad aspettare. *Ha promesso* di restituire i soldi entro la fine dell'anno. Vannini però è stato molto duro: gli ha dato soltanto una settimana di tempo. Allo scadere della settimana l'*avrebbe denunciato* alla polizia."
"Povero signor Storti: pieno di *debiti* e con il *rischio* di finire davanti al *giudice*!"
La voce di Rosa è ironica, ma Dani è troppo nervosa per *accorgersene*.
"Sì, Guido aveva *paura,*" dice con partecipazione. "Vannini voleva *licenziarlo* e *denunciarlo* alla polizia. Era in gioco il suo... il nostro futuro. L'apertura delle nuove *gioiellerie* significava per Guido un *salto* di carriera. Avrebbe avuto uno *stipendio* più alto. Guido è un ragazzo un po' *viziato*. Per lui certe cose sono importanti. Gli piace essere nel *giro* della gente che conta, avere una bella macchina, andare in vacanza ai Caraibi... Guido vuole sempre il meglio, anche per me."

Übung 92: Welche Aussagen sind korrekt? Markieren Sie mit richtig ✔ oder falsch – !

1. L'estate scorsa ho passato delle vacanze indimenticabili. ☐
2. Quando partite per le ferie? ☐
3. L'anno prossimo prenderò le ferie a giugno. ☐
4. Questo negozio rimarrà chiuso per vacanze dal 2 al 15 agosto. ☐
5. Dove andrai in vacanza quest'anno? ☐
6. I miei figli sono già in ferie: l'anno scolastico è finito ieri. ☐
7. Nei giorni festivi l'orario di chiusura è diverso. ☐
8. Il 15 agosto è giorno di ferie in Italia. ☐

Il commissario Nicoletti interrompe la ragazza: "Torniamo ai fatti, signorina. Che cosa è successo dopo la *lite* tra Storti e Vannini?"
"Beh, Guido era depresso, nervoso. Per distrarsi è ritornato al casinò. Lo so, è una cosa da *pazzi*... Questa volta però Guido ha avuto fortuna, *ha vinto* una bella somma. Così ha detto ad Ernesto che voleva restituire i soldi e *fare pace*."
"Lei sa se l'ha fatto veramente?"
Francesca Dani guarda Nicoletti con aria di *sfida*.
"Certo!" esclama. "Guido ha restituito tutto, fino all'ultimo centesimo! L'ha fatto sabato notte, quando è rientrato in casa con Vannini. In macchina Guido mi ha raccontato tutto. Ha detto che Vannini si è scusato per la sua reazione *esagerata* e gli *ha stretto* la mano. Vannini è un tipo impulsivo, ma *vuole bene* a Guido. E poi Guido sa parlare con la gente... Nessuno in negozio vende come lui!"
"Quando esattamente è ritornato in macchina il signor Storti?" domanda Nicoletti.
"Posso dirLe l'ora precisa, commissario. Per non *annoiarmi* tene-

vo la radio accesa e avevano appena mandato il segnale orario. Guido è tornato all'una e mezzo."

Ora che ha parlato la ragazza sembra essersi liberata da un *peso*. Si alza in piedi e fa qualche *passo* verso la finestra.

"Se le cose stanno così, che bisogno c'era di *mentire* sull'orario di partenza dalla villa?" chiede Rosa.

"È quello che ho detto anch'io!" risponde Francesca Dani. "Guido però ha insistito. Ora che le cose *erano tornate a posto*, nessuno doveva sapere che aveva rubato. Né la polizia, né gli amici di Vannini. Se *avessimo confessato* di aver lasciato la villa per ultimi, la polizia *avrebbe sospettato* di noi, *avrebbe indagato* sulla nostra vita privata, controllato il negozio e la *contabilità*... Guido voleva *evitare* tutto questo, non voleva *rovinare* il suo buon nome. Guido è una persona sensibile. *Si vergognava* del *furto*. Ernesto aveva fatto tanto per lui..."

"Perché, che *rapporti* c'erano tra Vannini e Storti?"

"Beh, Vannini era una specie di padre per Guido. I genitori di Guido erano i *proprietari* di questa *gioielleria*. Erano ricchi. Guido era il loro unico figlio ed *è cresciuto* nel lusso. Poi i suoi genitori sono morti in un *incidente* d'auto. Guido allora aveva venticinque anni. Non aveva ancora finito l'università e non *si era* mai *occupato* degli *affari* di famiglia. Dopo la morte dei genitori Guido ha abbandonato gli studi per portare avanti la *gioielleria*. Però non aveva nessuna esperienza e ha fatto *parecchi* errori. Il negozio non rendeva più come prima. Gli amici della Firenze bene, invece di aiutare Guido, lo *spingevano* a fare spese assurde: la Ferrari, l'appartamento a Cortina... Alla fine l'hanno convinto a vendere la *gioielleria* per dedicarsi ad investimenti immobiliari. Può immaginare com'è andata a finire, commissario: in breve tempo del *patrimonio* degli Storti non era rimasto più nulla. Anzi, Guido aveva grossi *debiti* con diverse banche. Povero ragazzo, non ha avuto una

vita facile... è rimasto solo troppo presto."
Francesca Dani *è commossa* e cerca negli occhi di Nicoletti una partecipazione che non trova.
"Vada avanti, La prego," dice Rosa.
"A quel punto Guido, senza soldi e senza lavoro, ha chiesto aiuto ad Ernesto."
"Quindi il signor Storti conosce Vannini da *parecchio* tempo."
"Da sempre, si può dire. Ernesto era un amico dei suoi genitori. Alla loro morte, però, Guido non ha ascoltato i suoi consigli e si è allontanato da lui. Sa come sono i ragazzi... sono arroganti, vogliono fare tutto da soli."
"*Per fortuna* il signor Vannini non *si era offeso...*"
"Già, Ernesto è stato *generoso*. Ha ricomprato la *gioielleria* degli Storti e *ha assunto* Guido come direttore del negozio. Certo, Guido non era più il *proprietario*. Era un semplice *dipendente* con uno *stipendio modesto*, ma non poteva lamentarsi. Invece lui..."

Übung 93: Lesen Sie weiter und bringen Sie die Satzteile in die richtige Reihenfolge!

"(1. che contento dire Vuol Storti il signor non era) ______________________________?"

Francesca Dani *sospira*.

"(2. Vedo difficile che ho punto un toccato) ______________________________," dice Rosa.

"Proprio così, commissario," *ammette* la ragazza. "(3. senza Guido era rimasto allora una lira) ______________________________ e non aveva *scelta*. Però non è stato facile per lui *rinunciare* alla posizione di *proprietario* del negozio. (4. piace A *ubbidire* non Guido) ______________________________. È una questione di carattere e di *educazione*. Anche oggi, tanti anni dopo, si lamenta."

"Guido è un ragazzo *in gamba,*" continua Dani con orgoglio. "Merita una posizione migliore. Io faccio la commessa e mi va bene il posto che ho. Per Guido è diverso. Quando *avremo risparmiato* abbastanza, apriremo un negozio tutto nostro."
Francesca Dani guarda Rosa a testa alta.
Nicoletti raffredda il suo entusiasmo.
"Prima il signor Storti deve smettere di giocare."
"Sì certo, me lo *ha promesso*! E poi ricompreremo anche la villa di Fiesole!"
Rosa si fa attenta.
"Quale villa, signorina?" domanda.
"Quella di Ernesto, o meglio, di Guido. Non lo sa, commissario? La villa di Vannini prima era di proprietà degli Storti. Guido aveva continuato ad abitarci anche dopo la morte dei genitori. Quando Guido si è trovato in difficoltà, Vannini si è offerto di comprare la villa. Se devo essere sincera, non credo che Ernesto volesse in primo luogo aiutare Guido. Secondo me quella casa antica rappresentava per Vannini la tradizione borghese che non aveva... La villa era per lui più di uno status symbol: era la testimonianza di un passato e di una cultura che, in qualche modo, lo affascinavano. Comunque Ernesto aveva offerto una somma molto *vantaggiosa* e Guido ha venduto. I soldi poi sono finiti subito in mano alle banche. Mi creda, commissario, la vendita della villa è stata un'*umi-*

liazione per Guido. *Soffriva* ogni volta che andava a trovare Ernesto."

"Posso immaginarlo, la villa è così bella!"

"Guido da bambino giocava nel parco, conosce ogni *angolo*!"

Francesca Dani *allarga* le braccia.

"Come vede, commissario, Guido ed io non abbiamo fatto niente di male. Sì, certo, abbiamo detto una piccola *bugia*. Ma come potevamo sapere quello che è successo dopo che noi abbiamo lasciato la villa? È stata una *maledetta* coincidenza! Nessuno poteva immaginare che proprio sabato sera un criminale *avrebbe ucciso* Ernesto!"

"Le *bugie* complicano sempre le cose," dice Rosa. "Specialmente quando ci sono due persone che *mentono*."

"Io però non ho niente da *nascondere*!" *ribatte* Dani. "Prima, quando ho saputo dell'*omicidio*, ho detto subito la verità. Povero Guido, la notizia della morte di Vannini sarà un brutto *colpo* per i suoi nervi. Quante cose sono successe in così poco tempo! *Per fortuna* Guido ha il cuore forte!"

Francesca Dani non è più *tesa* come all'inizio e non smette più di parlare.

Ora Rosa l'ascolta con meno attenzione.

Il racconto della ragazza non la convince del tutto, ma forse Dani dice la verità.

Devo essere giusta, si dice Nicoletti. Forse sabato notte il caso ha veramente giocato un brutto *scherzo* a Guido e Francesca.

Übung 94: Unterstreichen Sie das „schwarze Schaf"!

ÜBUNG 94 !

1. camminare, passeggiare, muoversi, sognare
2. male, incidente, dolore, sofferenza
3. sapere, conoscere, restituire, apprendere

4. consegnare, portare, partire, dare
5. avvertire, accadere, succedere, aver luogo
6. sbagliare, esigere, errare, equivocare

Capitolo 10: L'ora della verità

La porta del negozio si apre.
"Ecco Guido!" esclama Dani. "Le *confermerà* quello che ho detto, commissario. Così non ci saranno più *malintesi*."
Guido Storti è elegante e sicuro di sé.
Un venditore perfetto!, passa per la testa di Rosa. *Ha* già *incantato* Francesca. Io però *sono un osso duro*!

ÜBUNG 95 !

Übung 95: Ergänzen Sie die Ausdrücke mit den Wörtern in Klammern!
(scherzo, biglietto, bolletta, lettera, fotografia, appuntamento, pianoforte, modulo, problema, film)

1. risolvere un ______________
2. spedire una ______________
3. riempire un ______________
4. fissare un ______________
5. girare un ______________
6. pagare una ______________
7. suonare il ______________

8. scattare una ____________

9. timbrare il ____________

10. giocare un brutto ____________

Francesca Dani va incontro al suo ragazzo.
"C'è una brutta notizia" gli dice subito. "La polizia ha ritrovato Ernesto. È stato assassinato."
Il *sorriso sparisce* dalle labbra di Guido Storti.
"È... è terribile!" *balbetta* l'uomo.
Dani gli dà un'*occhiata* insicura.
"A questo punto non c'è più motivo di *mentire,*" continua. "Rischiamo solo di complicare la nostra situazione, non trovi? Così ho raccontato al commissario dei tuoi... problemi. Ho detto che sabato siamo partiti per ultimi dalla villa, dopo che tu hai parlato con Ernesto. Sono certa che il commissario ha capito."
La faccia di Guido cambia *di colpo*. Ora è una maschera di rabbia e *paura*.
"Tu non hai capito, *cretina*!" grida verso la ragazza con voce volgare.
Dani gli prende la mano.
"Ma che cosa ti succede?" chiede. "La polizia sa che noi siamo *innocenti*. Non fare così, Guido! Noi non abbiamo niente da *temere*!"
L'uomo tira indietro la mano con un gesto *secco*.
"Tu non hai niente da *temere*!" risponde. "Tu non hai un morto sulla *coscienza*!"
Storti *si slancia* verso l'uscita del negozio.
La sua reazione è inaspettata anche per Rosa.
Allora è lui l'*assassino*, pensa Nicoletti nella frazione di un secondo. Devo fermarlo!

Dal *retro* del negozio Rosa ha il controllo della porta d'ingresso. Tira fuori la pistola dalla tasca interna della giacca e grida: "Fermo o *sparo*!"

Storti è vicino al *banco* di vendita, a due *passi* dal *pulsante* che apre la porta della *gioielleria*.

Alle parole di Nicoletti l'uomo ha una brevissima *esitazione*.

Si gira verso Rosa, vede la pistola e si ferma.

Dalla sua espressione, però, è chiaro che non vuole *arrendersi*.

Francesca Dani, immobile contro il muro, osserva la scena a bocca aperta.

! ÜBUNG 96

Übung 96: Welche Körperteile sind gemeint? Vervollständigen Sie die Sätze!

1. Davide voleva dirmi un *segreto*. Mi *ha sussurrato* qualcosa all'o _ _ _ _ _ _ _.
2. Le persone che stanno a lungo sedute hanno spesso il mal di s _ _ _ _ _ _.
3. Sento l'*odore* di cipolla con il n _ _ _.
4. Il signore portava al p _ _ _ _ un orologio di marca.
5. Ho camminato troppo. Mi fanno male i p _ _ _ _.
6. Fumare fa male ai p _ _ _ _ _ _.
7. Mentre si mangia, non è buona *educazione* appoggiare i g _ _ _ _ _ sul tavolo.
8. Il mangiare è pronto. "Bambini, lavatevi le m _ _ _!"
9. Eva ha dei bellissimi o _ _ _ _ verdi color smeraldo.

10. Ieri Maria ha mangiato troppi dolci al suo compleanno. Oggi ha mal di s _ _ _ _ _ _ .

11. Non si parla a b _ _ _ _ piena.

Storti *tenta il tutto per tutto*.
Con un gesto rapidissimo *allunga* il braccio verso Francesca e la tira verso di sé. Francesca è paralizzata dal terrore e dalla delusione e non fa resistenza.
Con la ragazza come *scudo*, Storti va dietro al *banco*.
Il suo braccio *stringe* la *gola* di Dani. Senza *perdere d'occhio* Rosa, l'uomo *allunga alla cieca* l'altro braccio sotto il *banco* e tira fuori una pistola.
"Ora siamo *alla pari*!" dice a Nicoletti con un *ghigno* cattivo.
Rosa *stringe* i denti.
"Dovevo pensarci!" si dice *arrabbiata*. "Tanti gioiellieri hanno una pistola a portata di mano. È stato un errore da *principiante*!"
L'uomo avvicina l'*arma* alla testa di Francesca Dani.
La ragazza ha la disperazione negli occhi.
"Guido, ti prego..." *mormora*.
Storti rafforza la presa intorno al collo di Dani.
"Sta zitta o ti *uccido*!" le dice.
Poi l'uomo *si rivolge* a Rosa:
"Adesso decido io! Buttami la pistola e rimani dove sei! Se provi a fare un *passo* o a gridare, Francesca è morta!"
A Rosa non rimane altro che *ubbidire*.
Getta la pistola ai piedi di Storti e gli dice con rabbia:
"Non arriverai lontano!"
Storti dà un'improvvisa, violenta *spinta* a Francesca. Mentre la ragazza cade a terra, l'uomo raccoglie velocemente la pistola di Rosa. Poi *si precipita* verso l'uscita.

Übung 97: Fügen Sie die Konjunktionen in Klammern in die passenden Lücken ein!
(mentre (2x), affinché, perché, benché, che, se)

1. Puoi usare la mia macchina ______________ sono in vacanza con la mia famiglia.
2. Claudia non viene a lezione oggi. Ci ha detto ___________ non si sente bene.
3. Telefonami pure ____________ hai bisogno di informazioni.
4. Giulia ha mangiato prima del solito _________ aveva molta fame.
5. È uscito per fare una passeggiata nel parco qui vicino ______________ piovesse.
6. Te l'ho detto ____________ tu sappia come *comportarti*.
7. Ogni mattina, ____________ ti vesti, preparo la prima colazione per te.

Neanche dopo che Storti ha lasciato il negozio, Francesca Dani trova la *forza* di gridare.
È seduta a terra e piange con la testa fra le mani.
"Quello è *pazzo*!" *balbetta* tra le lacrime. "Non si ferma davanti a niente! *Ha ucciso* Ernesto, che era come un padre per lui e voleva *ammazzare* anche me. Me, la sua ragazza! Come ho fatto a non capire niente? Sono stata una stupida!"
Nicoletti però non l'ascolta.
Senza perdere nemmeno un secondo il commissario si butta alla *rincorsa* di Guido Storti.
L'uomo *fugge* in direzione di Borgo San Jacopo.

Übung 98: Wie heißt der berühmteste Florentiner Goldschmied? Enträtseln Sie die Definitionen und finden Sie die Lösung!

ÜBUNG 98 !

1. Famoso vino rosso toscano ☐ _ _ _ _ _ _
2. Quello vecchio è il più famoso di Firenze _ _ _ _ ☐
3. Isola di fronte alla costa della Toscana _ ☐ _ _
4. C'è stata a Firenze il 4 novembre del 1966 _ _ ☐ _ _ _ _ _ _
5. Museo fiorentino conosciuto in tutto il mondo _ _ _ ☐ _ _
6. Quartiere di Firenze _ _ _ _ _ _ _ _ _ _ ☐ _
7. La città della torre pendente _ ☐ _ _

Lösung: _ _ _ _ _ _ _

La gente sul ponte dapprima non capisce che cosa succede. Poi, alla vista delle *armi*, cerca rifugio nei negozi o *si stringe* al muro. Una madre abbraccia la sua bambina e le protegge la testa con le mani. Un uomo cerca di calmare una ragazza che urla istericamente.

Nessuno ha il *coraggio* di intervenire.

Al monumento del Cellini Storti *lancia* una delle pistole nell'Arno. Poi si gira *ansimante* a guardare dov'è la sua *inseguitrice*.

Rosa lo *ha* quasi *raggiunto*.

Übung 99: Lesen Sie weiter und ordnen Sie die Buchstaben in Klammern zu sinnvollen Wörtern!

ÜBUNG 99 !

Storti *spara* un *colpo* in (1. neredizio) ______________ di Nicoletti e riprende la sua corsa.

La *pallottola* fischia a dieci (2. tremiticen) ______________ dalla testa di Rosa e finisce contro una (3. travine) ______________.

Rosa ha il cuore in *gola*, ma non *rinuncia* all'*inseguimento*.

Ora è alle (4. laspel) ______________ di Storti e gli si butta sopra.

I due cadono a terra e rotolano sulla (5. satrad) ______________.

Storti è (6. sorepros) ______________, non si aspettava tanta *grinta* da parte di Nicoletti.

Il commissario *approfitta* di quest'(7. tamito) ______________ di indecisione per *strappargli* la (8. lipasto) ______________.

Prima che possa *puntarla* contro di lui, però, Storti *afferra* il braccio di Nicoletti e lo *piega* con *forza* all'indietro. Il commissario fa una *smorfia* di *dolore*, ma non *molla* l'*arma*.
Nella *lotta* parte un altro *colpo*.
Come per *miracolo* la *pallottola* finisce nel fiume senza toccare nessuna delle persone *addossate* al muro.
Nicoletti è con la *schiena* a terra. Senza abbandonare la presa sul suo braccio destro, Storti le *spinge* il *ginocchio* contro la *gola*.
Rosa si sente *soffocare*. La scena del *sogno* della sera prima le attraversa la mente come un lampo, poi *sviene*.

! ÜBUNG 100

Übung 100: Lesen Sie weiter und unterstreichen Sie die nicht dazu gehörenden Sätze!

Storti riprende *svelto* la pistola e continua la sua *fuga*. La verità è che non ha voglia di partire. È rosso in faccia. I suoi occhi sono

quelli di un animale che si sente in *trappola*. *Per fortuna* ha ritrovato la chiave.
Anche alla fine del Ponte Vecchio c'è confusione.
Nel caffè all'*angolo* un cameriere in giacca bianca cerca di *trattenere* un signore dai capelli scuri.
"Mi lasci!" grida il signore. "Quella è la mia ragazza!"
Il cameriere non *cede*.
Non *rinuncia* a conoscere il risultato della partita.
"Quel criminale è armato," dice, "lei rischia la vita!"
"Sono fatti miei!"
Ludovico Lombardo *si divincola*, dà un *calcio* con *forza* al povero cameriere e finalmente riesce a liberarsi.

Poi con *slancio* si fa strada tra i tavolini all'aperto. Una sedia che si trova sul suo cammino cade a terra.
Al centro del ponte ora ci sono soltanto Storti e Lombardo, a pochi metri di distanza l'uno dall'altro.
Storti si ferma e alza la pistola.
Sul ponte si fa silenzio. La gente *trattiene* il *fiato*.
Storti è fuori di sé, il braccio gli *trema*.
La sua mano *preme* il *grilletto* con difficoltà. *Preme* una, due, tre volte. La *pallottola* però non parte.
Storti dà un'*occhiata* rabbiosa alla pistola e la *getta* via.
Lombardo, che si era buttato a terra per *evitare* il *colpo*, si rialza.
Con due *salti raggiunge* l'*assassino* e lo *afferra saldamente*.
Storti cerca di sfuggire alla presa, ma Lombardo lo colpisce in faccia.
"Questo è quello che ti meriti, criminale!" esclama.
Col naso che sanguina Storti cade a terra. Quando tenta di rimettersi in piedi, Lombardo gli è sopra e lo immobilizza con l'aiuto di un passante.

Rosa è sul *marciapiede* vicino al monumento. Ha il viso *pallido*. La sua *coda* di cavallo si è sciolta e i capelli rossi le coprono le *spalle*.
Quando ha riaperto gli occhi Nicoletti ha provato a correre verso Lombardo. Dopo i primi *passi*, però, le sono mancate le *forze*.
Così Rosa ha assistito alla *cattura* di Storti da lontano, impotente.
Poi ha sentito le sirene della polizia sempre più forti. Le auto blu sono arrivate a tutta velocità e i suoi colleghi sono scesi dalle macchine con le *armi* in mano.
Alcuni di loro *si sono diretti* verso Lombardo e Storti.

! ÜBUNG 101

Übung 101: Welche Paare gehören inhaltlich zusammen? Ordnen Sie zu!

1. ☐ bottiglia	a) marmo
2. ☐ pistola	b) cielo
3. ☐ passante	c) tastiera
4. ☐ cassa	d) scontrino
5. ☐ computer	e) pallottola
6. ☐ mobile	f) cassetto
7. ☐ statua	g) marciapiede
8. ☐ nuvole	h) acqua
9. ☐ macchina	i) testa
10. ☐ capelli	j) strada

Tinti, invece, si è fermato davanti a lei.
"Tutto bene?" le chiede ora l'ispettore con la faccia preoccupata.
Rosa fa un *debole sorriso* e *annuisce*.
Si sente in colpa. Con la sua *imprudenza* ha messo in *pericolo* troppa gente. Lombardo aveva ragione: non doveva andare alla *gioiel-*

leria di Vannini da sola. Che incoscienza!
"Ci hanno telefonato da uno dei negozi" dice Tinti. "Siamo venuti il prima possibile."
Poi l'ispettore *stringe* la mano a Rosa e *aggiunge*: "Complimenti, commissario! La Sua *pista* era quella giusta."
La domanda che Rosa *teme* arriva subito dopo.
"Ma che bisogno c'era di *fare l'eroe*?" le chiede Tinti con tono di *rimprovero*.
Nicoletti non risponde.

Ora Storti è nelle mani della polizia. Due agenti lo accompagnano verso una delle automobili.
Sul ponte la gente chiacchiera con animazione. Domande e risposte si incrociano in tante lingue diverse.
Gioiellieri, clienti, passanti e poliziotti, tutti *si stringono* intorno a Lombardo e vogliono congratularsi con lui.
Lombardo non è abituato ad essere al centro dell'attenzione e sorride un po' a disagio.
I suoi occhi cercano Nicoletti dietro le teste della gente.
Rosa lo aspetta *in disparte*.
Lombardo si fa strada tra la *folla* e la *raggiunge*.
"Come film d'azione non era male!" dice. "Dopo una scena come questa mi chiameranno a Cinecittà!"
Nicoletti gli mette un braccio intorno alla *vita*.
"Se proprio devi cambiare lavoro, scegli la polizia, non il cinema!" risponde.
L'ispettore Tinti si avvicina e batte la mano sulla *spalla* di Lombardo.
"Grazie al cielo è andato tutto bene, ragazzi! Come minimo bisogna *festeggiare* da Rivoire, in Piazza della Signoria. È proprio l'ora dell'aperitivo. Offro io!"

ÜBUNG 102 !

Übung 102: Mit welchen Sätzen würden Sie sich als deutscher Tourist „outen“? Kreuzen Sie an!

1. Pagare, prego! ☐
2. Quali sono i piatti del giorno? ☐
3. Un cacao, per favore! ☐
4. Che cosa c'è di contorno? ☐
5. Un espresso, prego! ☐
6. Può portarmi il parmigiano, per favore? ☐
7. Siamo in quattro. C'è un tavolo libero vicino alla finestra? ☐
8. Scusi, i panini come sono? ☐

In commissariato Nicoletti e Tinti siedono di fronte a Guido Storti. Storti è scuro in *volto* e parla ad occhi bassi:
"Non c'è molto da dire. Quello che ho fatto, lo sapete. Ho sbagliato e ora pago!"
"Invece c'è ancora molto da raccontare!" *ribatte* Nicoletti. "Perché *ha ucciso* Vannini?"
Storti alza lo *sguardo* verso il commissario.
"Io ho perso tutto quando sono morti i miei genitori. Ho dovuto interrompere gli studi e iniziare a lavorare. Ero solo un ragazzo. Pensavo di *farcela*, ma gli *affari* sono andati sempre peggio. In quegli anni ho subìto tante *umiliazioni*. La gente che *frequentavo* prima mi *ha voltato le spalle*. Sono rimasto solo..."
"Veramente Lei non era solo. Vannini l'ha sempre aiutata." replica Rosa.
"Bell'aiuto! Grazie a Vannini sono finito nella *gioielleria* di Ponte Vecchio come un *dipendente* qualsiasi. Un semplice *dipendente* nel negozio che prima era mio. Capisce come mi sentivo?"
"Cerco di capire," risponde Nicoletti freddamente. "Lei piuttosto risponda alla mia domanda."

Übung 103: Welche Wörter gehören in die Lücken?
(padronanza, viaggi, direttore, segretarie, dipendenti, candidati, annuncio, quotidiani)

ÜBUNG 103 !

La ditta ha bisogno di tre nuovi (1.) ______________: due (2.) ______________ e un (3.) ______________ commerciale. Per questo pubblicheremo un (4.) ______________ sui più importanti (5.) ______________. I (6.) ______________ dovranno essere disponibili a frequenti (7.) ______________ e avere una perfetta (8.) ______________ della lingua inglese.

Storti continua:
"Se sono andato avanti, è stato per Vannini. Ma non nel senso che Lei pensa, commissario. Io volevo dimostrare ad Ernesto che anch'io ho talento. Che potevo *farcela* anche senza i suoi soldi e la sua *compassione*. Le nuove filiali della *gioielleria* erano la mia *occasione*. *Avrei guadagnato* di più e con i risparmi avrei aperto un negozio mio. Invece, proprio quando era giunto il mio momento, è successo quello stupido *incidente*!"
"Quale stupido *incidente*?" domanda Tinti.
"Una cosa da niente... Ernesto *ha scoperto* che la *contabilità* del negozio non era in *ordine,*" risponde Storti. "Io avevo grossi *debiti* di gioco e li ho pagati con i soldi della *gioielleria*. Volevo restituire tutto, naturalmente. La ruota della fortuna gira: non si perde sempre. Ernesto però non ha voluto aspettare. Era molto impaziente. Mi ha messo con le *spalle* al muro: o i soldi subito o il tribunale. Ma io non potevo perdere tutto per la seconda volta. Non potevo, capisce?"

ÜBUNG 104

Übung 104: Finden Sie für jede Person den passenden Arbeitsplatz!

1. ☐	giudice	a) villaggio turistico
2. ☐	cantante	b) studio legale
3. ☐	guardiano notturno	c) parco
4. ☐	sindaco	d) tribunale
5. ☐	giornalista	e) municipio
6. ☐	infermiere	f) museo
7. ☐	notaio	g) palcoscenico
8. ☐	animatore	h) redazione
9. ☐	giardiniere	i) ospedale
10. ☐	professore	j) cucina
11. ☐	cuoco	k) scuola

Storti si alza in piedi e si appoggia al tavolo con le mani. Un agente lo *afferra* immediatamente e lo *spinge* sulla sedia.
Il commissario non si muove.
"Così ha deciso di *uccidere* Vannini," conclude Nicoletti.
Guido Storti abbassa di nuovo gli occhi.

ÜBUNG 105

Übung 105: Fügen Sie die passenden Adverbien in die Sätze ein! ***(così, già, nemmeno, troppo (2x), quasi, fuori, ovunque, accanto, tardi (2x), persino, qui, mai, appena)***

1. Smettila di comportarti ________!
2. Ti cercherò ________ tu vada.
3. Non ci vado ________ per sogno!
4. ________ di ________! Non voglio più vederti!

5. Casa mia è quella con il giardino __________.

6. Meglio __________ che __________.

7. Se non sei __________ stanco dammi una mano in giardino.

8. Quando si è sposato, sono arrivati ______________ i parenti dall'America.

9. Eravamo __________ a casa quando ci ha sorpresi il temporale.

10. Marta è __________ uscita. Se corri, la raggiungi.

11. Volete ____________ partire? Ma non è ancora _______________ _______________!

"Sì, a quel punto mi è venuta l'idea di *uccidere* Ernesto," *ammette* Storti. "Più ci pensavo e più la *tentazione cresceva*. Marisol è un'*ingenua*. Ero sicuro di convincerla a mettermi alla guida della *ditta* al posto del marito. Con un *colpo* di pistola potevo riprendermi tutto quello che il *destino* mi aveva rubato. Potevo *realizzare* un *sogno*."

"Un punto di vista molto personale," commenta Nicoletti freddamente. "E Francesca Dani che cosa pensava del suo piano?"

"Ah, Francesca! Con i suoi consigli da brava ragazza mi innervosiva! Le ultime settimane non la *sopportavo* più, volevo lasciarla. Naturalmente non le ho detto niente di quello che mi passava per la testa. Quella non sa tenere la bocca chiusa! Se ora sono qui, è *per colpa* sua... L'*ammazzerei*!" esclama Storti con rabbia.

Il commissario Nicoletti lo *fissa* con la faccia cattiva.

"Ha già una persona sulla *coscienza*. Non Le basta?" urla.

Storti *deglutisce* e rimane qualche minuto in silenzio.

"Allora? Come continua la storia?" lo *incalza* Nicoletti.

Übung 106: Lesen Sie weiter und übersetzen Sie die Wörter in Klammern!

"Trovare una pistola con il silenziatore non è stato difficile," (1. gesteht) __________ Storti. "Trovare il (2. Mut) __________ di *sparare* meno. Una cosa è immaginare un (3. Mord) __________, un'altra *uccidere* (4. tatsächlich) __________. Ma la *posta in gioco* era troppo alta... non potevo (5. verzichten) __________."

"Così sabato notte Lei ha lasciato Francesca al (6. Parkplatz) __________ ed è tornato con Vannini alla villa..."

"Sì, avevo detto ad Ernesto che volevo ridargli i soldi e (7. Frieden schließen) ____________________."

Storti fa un mezzo *sorriso* e continua:

"Ernesto mi ha creduto. Anche dopo che lo *avevo imbrogliato*, continuava a *fidarsi* di me... che (8. Idiot) __________! Siamo entrati insieme nel soggiorno. Io ho aspettato che Ernesto fosse di *spalle* davanti al camino e gli *ho sparato*. È bastato un *colpo* solo.

Probabilmente Ernesto non *si è* nemmeno *reso conto di* quello che stava succedendo. Poi *ho avvolto* il cadavere nel *tappeto* e l'*ho trascinato in fretta* fino al tunnel. A Francesca ho detto che Vannini mi aveva perdonato e che tutto *era tornato a posto*. Io ero l'unico a conoscere il *passaggio segreto* dietro al muro. Il mio piano era perfetto."

"Un gioco da ragazzi, insomma" commenta Tinti sarcastico.

"Così pensavo..."

"Invece ha sbagliato," dice Nicoletti rivolta a Storti. "Lo sanno anche i ragazzi che il delitto perfetto non esiste."

Abschlusstest

Übung 1: Fügen Sie die Wörter in Klammern in die richtigen Lücken ein!
(riscatto, affitti, cellulare, esperienza, lavoro, favore, vetrina, lana, incidente)

1. Che ____________ fai?
2. La città di Prato è famosa per la lavorazione della ____________ .
3. Mi dispiace, ma non ho ____________ in questo settore.
4. Paola ha comprato un ____________ nuovo.
5. Mi fai un ____________? Se esci, comprami il giornale.
6. In questo quartiere i prezzi degli ____________ sono piuttosto alti.
7. Nella ____________ del negozio sotto casa ho visto una borsa molto elegante.
8. I *rapitori* hanno chiesto un ____________ altissimo.
9. C'è stato un ____________ al semaforo di Via Martelli.

Übung 2: Welches Wort ist das „schwarze Schaf"? Unterstreichen Sie!

1. automobile, treno, strada, aereo
2. fragola, insalata, banana, mela

3. cucina, camera da letto, soggiorno, cancello
4. albero, fiore, cespuglio, lago
5. finestra, armadio, letto, comodino
6. bottiglia, vino, aglio, bicchiere
7. omicidio, pistola, furto, cadavere
8. libro, scaffale, biblioteca, biglietto
9. camicia, fabbrica, giacca, pantaloni
10. ufficio, segretaria, proprietario, computer

Übung 3: Welche Paare gehören inhaltlich zusammen? Ordnen Sie zu!

1. [f] patente	a) costruire
2. [e] libro	b) ballare
3. [g] stipendio	c) camminare
4. [d] pistola	d) sparare schießen
5. [c] pedone	e) leggere
6. [h] supermercato	f) guidare
7. [b] discoteca	g) guadagnare verdienen
8. [a] casa	h) fare la spesa

Übung 4: Fügen Sie die passenden Präpositionen in die Lücken ein!

1. ______ chi posso *rivolgermi* per avere le informazioni?

2. Mi accompagni, ______ favore?

3. Il delitto è avvenuto ______ le cinque e le sei ______ pomeriggio.

4. *È scivolata* ______ scale di casa e si è rotta una gamba.

5. ______ suo giardino c'è una piscina bellissima.

6. Mi accompagni ______ banca?

7. ______ quanto tempo conosci i Bianchi?

8. Alla festa non c'era nessuno ______ miei amici.

9. Ha una villa ______ campagna, ______ dieci chilometri ______ qui.

10. Guido era seduto ______ tavolo vicino ______ nostro.

Übung 5: Von wo aus genießt man die beste Aussicht über Florenz? Übersetzen Sie und enträtseln Sie die Lösung!

1. Kino	_ _ _ _ □ _
2. Betrug	□ _ _ _ _ _ _ _ _
3. Gelegenheit	_ _ □ _ _ _ _ _ _
4. Schlüssel	_ □ _ _ _ _
5. Leder	_ □ _ _ _
6. Autotür	_ _ _ _ _ _ □ _ _
7. Handwerker	□ _ _ _ _ _ _ _ _
8. Aubergine	_ _ _ _ □ _ _ _ _
9. Spiel	□ _ _ _ _
10. Benzin	_ □ _ _ _ _ _
11. Heizung	_ _ _ _ _ □ _ _ _ _ _ _ _
12. enttäuscht	_ _ _ _ _ □

Lösung: Piazzale _ _ _ _ _ _ _ _ _ _ _ _

Übung 6: Finden Sie die Gegenteilpaare!

1. ☐	triste	a) antico
2. ☐	leggero	b) sgarbato
3. ☐	vicino	c) interessante
4. ☐	gentile	d) allegro
5. ☐	bianco	e) amaro
6. ☐	moderno	f) pesante
7. ☐	dolce	g) lontano
8. ☐	lento	h) attento
9. ☐	noioso	i) veloce
10. ☐	distratto	j) nero

Übung 7: Unterstreichen Sie die richtige Variante!

1. Ho *scattato/cliccato* diverse fotografie dal Ponte Vecchio.
2. Ti dispiace mettere *a posto/al posto* la camera?
3. Vorrei *fermare/fissare* un appuntamento per il mese prossimo.
4. Sono arrivati in ritardo *per la colpa /per colpa* di Antonio.
5. Domani iniziano le *ferie/vacanze* dei bambini.
6. Per il passaporto bisogna *compilare/scrivere* il modulo verde.
7. Pensi tu ad *avvertire/annunciare* Lorenzo?
8. Che *tipo/sorte* di pane preferisci?

Übung 8: Setzen Sie die Verben in Klammern in die richtige Zeitform!

L'anno scorso (1. essere) ______________ in vacanza in Toscana.

(2. prendere) ______________ l'aereo ad Amburgo e (3. arrivare)

__________ a Firenze in meno di due ore. (4. essere) __________ sempre molto bello arrivare in una città dall'alto. (5. prenotare) __________ già __________ una stanza in un albergo del centro. Così (6. prendere) __________ un tassì e, dopo (7. lasciare) __________ i bagagli in camera, (8. andare) __________ alla scoperta della città. Mi (9. interessare) __________ soprattutto vedere il Duomo, del quale (10. sentire) __________ molto parlare.

Übung 9: Fügen Sie die passenden Wörter in die Lücken ein!
(operai, autisti, insegnante, medici, impiegato, animatrice, commessa)

1. Mia sorella lavora come __________ in un negozio di mobili.
2. Dallo scorso anno *è stata licenziata* la metà degli __________.
3. I __________ dell'ospedale sono in *sciopero*.
4. D'estate mia figlia lavora come __________ in un villaggio turistico.
5. Il signor Rossi è __________ di banca.
6. Con le strade strette di Firenze gli __________ degli autobus devono fare molta attenzione.
7. Sua moglie è __________ d'italiano al liceo classico.

Übung 10: Welche Übersetzung stimmt? Kreuzen Sie an!

1. Dank seiner Hilfe haben wir viel Zeit gewonnen.
a) Grazie al suo aiuto abbiamo vinto molto tempo. ☐
b) Grazie al suo aiuto abbiamo guadagnato molto tempo. ☐

2. Alle Verletzten wurden sofort in die Notaufnahme gebracht.
a) Tutti i feriti sono stati portati immediatamente all'ambulanza. ☐
b) Tutti i feriti sono stati portati immediatamente al pronto soccorso. ☐

3. Diese Frage würde ich lieber unter vier Augen besprechen.
a) Preferirei parlare della questione a quattr'occhi. ☐
b) Preferirei parlare della questione tra quattr'occhi. ☐

4. Obwohl er gut verdient, ist Lino am Ende des Monats immer pleite.
a) Anche se guadagna molto, alla fine del mese Lino è sempre al verde. ☐
b) Anche se guadagna molto, alla fine del mese Lino è sempre al rosso. ☐

5. Ich ziehe morgen um. Kannst du mir mit den Kartons helfen?
a) Domani trasloco. Puoi darmi la mano con gli scatoloni? ☐
b) Domani trasloco. Puoi darmi una mano con gli scatoloni? ☐

6. Ich bin mir sicher, du wirst es schaffen!
a) Ce la farai, ne sono sicuro! ☐
b) Ci farai, ne sono sicuro! ☐

Gemeinsamer Abschlusstest

Übung 1: Ordnen Sie die Buchstaben zu einem sinnvollen Wort!

1. chermasa ____________________
2. dolanog ____________________
3. lecaan ____________________
4. ommcioissar ____________________
5. miocoidi ____________________
6. tteporsei ____________________
7. acdaveer ____________________
8. ssssaaoin ____________________

Übung 2: Unterstreichen Sie die richtige Variante!

1. Il commissario Nicoletti lavora a/in Venezia.
2. I cornetti? Il dottor Lombardo le/li mangia tutte le mattine.
3. Il commissario Nicoletti si rende conto di quanto tutto ciò possa/può sembrare strano.
4. Il commissario Nicoletti mostra il tesserino della/dalla polizia.
5. Il dottor Lombardo alzò le sopracciglie/sopracciglia.
6. Davanti alla/della polizia c'è un bar.
7. Il dottor Lombardo non sa/può suonare il pianoforte.

Übung 3: Bilden Sie Imperativsätze und achten Sie dabei auf die Stellung des Pronomens!

1. pagare il conto (tu) .... pagalo
2. portare un caffè (tu) ....
3. raccontare una storia (tu) ....
4. leggere un libro (tu) ....
5. aprire la porta (Lei) ....
6. mangiare un panino (Lei) ....
7. fare un giro (Lei) ....
8. comprare il libro (voi) ....
9. chiamare la polizia (voi) ....
10. aprire la finestra (voi) ....

Übung 4: Bestimmen Sie das Geschlecht der folgenden Substantive! Setzen Sie f für weiblich und m für männlich ein!

1. foto ☐
2. avvocato ☐
3. giornale ☐
4. panorama ☐
5. chiave ☐
6. vino ☐
7. radio ☐
8. film ☐

Übung 5: Setzen Sie die passenden Präpositionen ein (falls nötig mit Artikel)!

1. Il commissario Nicoletti va __________ ufficio.
2. Il dottor Lombardo impara __________ fare il commissario.
3. Un signore __________ un completo grigio e una cravatta a righe va incontro __________ commissario.
4. Ludovico mette __________ tavolo una scatolina blu.
5. Lombardo si alza subito __________ piedi.
6. Il libro cade __________ terra.
7. Vannini e D'Alessio litigavano __________ questioni di droga.
8. Rosa non ha voglia __________ scherzare.

Übung 6: Wie lautet der Plural (mit Artikel)? Setzen Sie ein!

1. il braccio __________________________
2. l'uovo __________________________
3. l'università __________________________
4. l'arancia __________________________
5. il caffè __________________________
6. il formaggio __________________________
7. il problema __________________________
8. la banca __________________________

Übung 7: Welche Gegenteile gehören zusammen? Ordnen Sie richtig zu!

1. ☐ camminare	a) dispiacere
2. ☐ piacere	b) tacere
3. ☐ indietro	c) fermarsi
4. ☐ parlare	d) odiare
5. ☐ amare	e) amaro
6. ☐ dappertutto	f) raramente
7. ☐ dolce	g) entrare
8. ☐ uscire	h) rumore
9. ☐ silenzio	i) da nessuna parte
10. ☐ spesso	j) avanti

Übung 8: Wie heißt es richtig? Ergänzen Sie die fehlenden Endungen!

1. Ludovico si alza in pied___.
2. È un gioco da ragazz___.
3. Guido Storti abbassa di nuov___ gli occh___.
4. È un punto di vist___ molto personal___.
5. Guido Storti ha subìto tante umiliazion___.
6. Lombardo parlava a bass___ voc___.
7. Ho tropp___ da fare, devo coordinare il lavoro dei colleghi che vengono da altr___ citt___.

Übung 9: Wie heißt das Wort auf Deutsch? Ordnen Sie zu!

1. ☐ alla cieca
2. ☐ a voce alta
3. ☐ a mio avviso
4. ☐ alla pari
5. ☐ a dire la verità
6. ☐ all'antica
7. ☐ a prima vista

a) meiner Meinung nach
b) auf den ersten Blick
c) mit lauter Stimme
d) blindlings
e) altmodisch
f) um die Wahrheit zu sagen
g) gleich (stark); Au-pair

Übung 10: Setzen Sie die Sätze in den Konjunktiv!

1. Forse stasera arrivo più tardi.

Penso che stasera arrivi più tardi.

2. Forse il dottor Lombardo trova il secondo volume del libro.

Penso che il dottor Lombardo ______________________________

3. Forse Rosa Nicoletti è stanca.

Penso che Rosa Nicoletti ______________________________

4. Forse il dottor Lombardo è innamorato in Rosa.

Penso che il dottor Lombardo ______________________________

5. Forse Davide Mondolino vince la Regata storica di Venezia.

Penso che Davide Mondolino ______________________________

6. Forse il gatto Giuseppe dorme quando torna Rosa.

Penso che il gatto Giuseppe ______

7. Forse questa è la pallottola con la quale è stato ucciso Ernesto Vannini.

Penso che questa ______

______

8. Forse Ernesto Vannini è morto.

Penso che Ernesto Vannini ______

Übung 11: Setzen Sie die Sätze in die Futurform!

1. L'anno prossimo il dottor Lombardo cerca un nuovo lavoro.

______

2. Quanti anni ha Cagliostro?

______

3. Domenica il commissario Nicoletti forse va a Roma.

______

4. Cagliostro lancia la bottiglietta contro il vecchio.

______

5. Il professore fa una faccia cattiva.

______

6. Domani continuiamo a camminare per i vicoli di San Marco.

______

Lösungen
Il gondoliere scomparso

Übung 1: 1. giorni 2. uffici 3. biblioteche 4. tetti 5. uova 6. università
Übung 2: 1. le 2. uno 3. una 4. l' 5. le
Übung 3: 1. richtig 2. falsch 3. richtig 4. richtig 5. falsch 6. richtig 7. richtig 8. richtig 9. falsch 10. falsch 11. falsch 12. richtig 13. richtig
Übung 4: 2. potere 3. dare 4. dovere 5. ridere 6. sapere 7. essere 8. essere
Übung 5: Korrekturen: 4. quinto 7. nono
Übung 6: 1. al 2. in 3. in 4. di 5. al 6. A
Übung 7: 1. era 2. era 3. aveva 4. è 5. era 6. hanno 7. è
Übung 8: 1. è scomparso 2. sono andato 3. sono uscito 4. ho trovato 5. ha lasciato
Übung 9: ironica, importante, massima, grande, storica, storica, grande, diverse
Übung 10: 1. i cuochi esperti 2. gli alberghi economici 3. gli zii simpatici 4. le città interessanti 5. gli ananas maturi 6. le strade lunghe 7. i capelli grigi 8. i nuovi problemi
Übung 11: Korrekturen: 1. miei 4. loro 5. tuoi
Übung 12: 1. Quale auto preferisci? 2. Ci sono degli indizi? 3. Quali libri avete ordinato? 4. Che tipo di pittura colleziona il signor Rossini? 5. Quali dischi ha scelto? 6. Qual è il tuo colore preferito?
Übung 13: 2. ci 3. mi 4. Vi 5. Gli 6. Vi 7. ti
Übung 14: 1. Sono le tre. 2. Sono le tre meno cinque. 3. Sono le tre e mezzo (mezza). 4. Sono le nove e un quarto. 5. È mezzanotte. 6. Sono le tre e dieci. 7. È mezzogiorno.
Übung 15: 1. semplicemente 2. violentemente 3. certamente 4. naturalmente
Übung 16: 1. diceva 2. sapeva 3. aveva 4. lavorava 5. abitava 6. erano 7. era 8. piaceva
Übung 17: 2. i 3. la 6. i 8. le 9. La
Übung 18: Korrekturen: 4. crisi 8. casseforti 9. dubbi 10. spiagge
Übung 19: 1.d 2.a 3.f 4.g 5.c 6.b 7.e
Übung 20: 2. le ho comprate 3. non l'ho visto 4. non li ho letti 5. non gli ho scritto 6. le hanno invitate 7. non l'ha vinta
Übung 21: 2. di rado 3. all'improvviso 4. di persona 5. di sicuro 6. per fortuna 7. in pubblico 8. sul serio
Übung 22: 1. camera 2. capisco 3. chiese 4. irritato 5. comunque 6. per favore 7. penserà
Übung 23: 1. annuì 2. si avviarono 3. salutò 4. ritornò 5. pensò 6. pregustò
Übung 24: 1. trecentotrenta 2. ventisette 3. milleottocentonovantacinque 4. un terzo 5. settantasei 6. quattordicimilacinquecentoquindici 7. duemilaquattro 8. quattro quinti 9. ottantadue
Übung 25: 1. andai 2. fece 3. chiudemmo 4. dissi 5. andarono 6. facesti 7. dicesti
Übung 26: riprenderò, Andrò, affronterò, dirò
Ubung 27: 1. era 2. Stava 3. voltava 4. aprì 5. andò 6. infilò

Übung 28: 2. chiarissimo 3. abilissimo 4. simpaticissimi 5. divertentissimo 6. celeberrimo
Übung 29: 1.b 2.e 3.d 4.c 5.f 6.g 7.a
Übung 30: 2. ne ho mangiata 3. non ne ho 4. non ne ho 5. ne ho comprati 6. non me ne ha parlato 7. ne ho lette 8. ne ho presi 9. non ne 10. ne
Übung 31: Korrekturen: 3. Ho viaggiato 4. mi sono accorto 6. è entrato
Übung 32: 1. Vai via! 2. Mangiate la minestra! 3. Abbi coraggio! 4. Non andate via! 5. Sii gentile con tuo fratello! 6. Prendi la palla! 7. Non farlo cadere!/Non lo fare cadere! 8. Fai piano!
Übung 33: 2. laghetto 3. porticina 4. manina 5. scaletta 6. tazzina
Übung 34: 2. Non mi piace affatto. 3. È poco? 4. Non abbiamo fatto nessun acquisto. 5. Non avevo nessuna fame. 6. Sono venuti tutti gli amici. 7. Ho ancora sete.
Übung 35: 1. mostrerò 2. Rimarrà 3. confesserà 4. riprenderò 5. andrò 6. sarà
Übung 36: 1. buono 2. grande 3. buono 4. cattivo 5. grande 6. cattivo 7. piccolo
Übung 37: 1.d 2.c 3.e 4.f 5.a 6.b
Übung 38: 1. andranno 2. vide 3. ringrazierà 4. facevi 5. andavate 6. ha amato, Lösungswort: regata
Übung 39: 1. furente 2. sconvolto 3. esausto 4. litigare 5. arrabbiato 6. bollente 7. orribile 8. bello
Übung 40: 1.d 2.b 3.f 4.c 5.g 6.e 7.a 8.h
Übung 41: 1. che 2. cui 3. che 4. che 5. quale 6. quali 7. cui 8. quale 9. quale
Übung 42: 1. vada 2. fosse 3. sia tornata 4. abbia ucciso 5. dia 6. voglia 7. fosse
Übung 43: vada, sia, rimanga, fosse scomparso, sia accaduto, sia stato assassinat
Übung 44: 1. si sono meravigliati 2. vi siete scusati 3. si vergognerà 4. si trova 5. vi comportaste
Übung 45: 1.c 2.e 3.g 4.f 5.d 6.b 7.a
Übung 46: 2. di 3. al 4. per 5. di 6. al 7. in
Übung 47: Korrekturen: 4. ci 5. venirci 7. ci
Übung 48: 1. Il pesce è stato preparato dal cuoco. 2. Le valigie saranno/verranno fatte dalle ragazze. 3. La bottiglia era stata stappata dal padrone di casa. 4. La spesa fu/venne fatta da mia moglie 5. Le ruote sono fatte girare dal motore. 6. La bomba è stata fatta esplodere dai terroristi.
Übung 49: 1. Andrei 2. avrei rivisto 3. farebbe piacere 4. verrebbe 5. accompagneresti
Übung 50: 1. Tua madre avrà preso il treno successivo. 2. Avranno dimenticato di telefonare. 3. Saranno le nove del mattino. 4. Non avrà avuto voglia di venire. 5. Saranno stati licenziati. 6. Ormai sarà già a casa.
Übung 51: 1.e 2.b 3.f 4.c 5.g 6.d 7.a
Übung 52: 1. tornava, Korrektur: tornò 2. Bussava, Korrektur: Bussò 3. apriva, Korrektur: aprì 4. Si allungava, Korrektur: Si allungò 5. appoggiava, Korrektur: appoggiò 6. rifletteva, Korrektur: rifletté
Übung 53: 1. parlare su qualcuno 2. credere su qualcuno 3. ringraziare su qualcosa

4. felicitarsi con qualcosa 5. chiedere qualcuno

Übung 54: 1. Che sciocco a non fermare il ladro! 2. Beato te! 3. Che peccato! 4. Che vergogna! 5. Che cosa hai combinato? 6. Che donna! 7. Che coraggio! 8. Che bello!

Übung 55: 1. 2. 3. 5.

Übung 56: 1.e 2.f 3.b 4.d 5.g 6.a 7.c

Übung 57: 1. di 2. in 3. su 4. con 5. di 6. con 7. da

Übung 58: 2x: potesse, fosse

Übung 59: Korrekturen: 4. blu scuro 5. giallo chiaro 7. grigio cupo

Übung 60: 2. Verrò a trovarLa oggi pomeriggio. 3. Eccolo che arriva! 4. Eccovi i biglietti per l'opera! 5. Dobbiamo restituirle il libro entro una settimana. 6. Vedendoci si è stupito molto.

Übung 61: 1. Vi abbiamo aspettati mezz'ora! 2. Per azionare il campanello premere il pulsante. 3. La segretaria sfogliò uno schedario e trovò il nome del cliente. 4. L'ho seguito fino alla fine della strada. 5. Stammi bene a sentire! 6. Ho qualche domanda da farLe.

Übung 62: insistette, ripose, disse, ho cercato, abbiamo concluso, ha voluto, è ritornato, lanciò, ha tenuto, continuò, rifletté, rispose, pensò, aveva avuto, puntò, pensò, si presentò, aveva

Übung 63: 1. vada 2. lavora 3. aiuti 4. si scusino 5. eri 6. esca 7. sia 8. sia

Übung 64: 1. mentre si alzava in piedi/alzandosi in piedi 2. quando ha sentito/sentendo

Übung 65: 1.c 2.a 3.g 4.b 5.f 6.e 7.d

Übung 66: 1. vada 2. lasci 3. ho incontrato 4. mettiamo 5. vada

Übung 67: 1. Rosa chiese se conosceva/conoscesse bene Anna Giannini. 2. Stefano rispose che faceva colazione lì tutti i giorni. 3. Stefano chiese se era/fosse un'amica di Anna Giannini. 4. Rosa rispose che era soltanto una sua cliente

Übung 68: indicando, dando, avvicinandosi

Übung 69: 1. dieci virgola ottantasette 2. uno virgola trentotto 3. tre per cento 4. mezzo litro 5. dodici per dieci 6. quindici diviso tre

Übung 70: 2. con la quale 3. alla quale 4. nella quale 5. del quale 6. dal quale

Übung 71: 1. su 2. di 3. da 4. di 5. di 6. di 7. a

Übung 72: 1. falsch (comprato) 2. richtig 3. richtig 4. falsch (mangiato) 5. richtig 6. falsch (raccontato) 7. richtig 8. falsch (dimenticato) 9. richtig

Übung 73: 1. odiare 2. nemico 3. sbigottito 4. indignato 5. distruggere 6. pretendere 7. adorare 8. disperato 9. caos

Übung 74: sarebbe, sarebbe, Avrebbe dovuto

Übung 75: 1. corso 2. avremmo 3. andrei 4. partendo 5. letto 6. viaggerei, Lösungswort: canale

Übung 76: 1. Se non puoi venire telefona. 2. Se partissi ti seguirei. 3. Non dire niente a tua madre se la incontri! 4. Se avesse avuto ancora fame l'avrebbe sicuramente detto. 5. Se scopre un errore lo corregga. 6. Se dovesse avere altre domande ci telefoni! 7. Se non ti avessi chiamato saresti stato in pericolo. 8. Se fossi venuto a Venezia sarebbe stato splendido.

Übung 77: 1. Se vado avanti di questo passo 2. Se lo interroghiamo 3. Mentre andavo a casa 4. Poiché avevo l'orologio rotto 5. Dato che non aveva più soldi 6. e sorrideva

Übung 78: 1.d 2.b 3.c 4.f 5.e 6.a

Übung 79: 1. smaglianti 2. fifone 3. bicipite 4. fare una brutta figura 5. tifose 6. omicidio

Übung 80: 1. Fosse terribile, Korrektur: Sarebbe terribile 2. sopporti, Korrektur: sopporta 3. cucinava, Korrektur: ha cucinato 4. fui a lavorare, Korrektur: sono stato a lavorare 5. si sentì, Korrektur: si sentiva

Übung 81: 1.e 2.c/d/i 3.g 4.b 5.c/d/i 6.f 7.a 8.c/d/i 9.h

Übung 82: 1. aveva trascorso 2. aveva gridato 3. aveva tentato 4. aveva gridato 5. aveva sentito 6. si era addormentato 7. Si era svegliato

Übung 83: 1. richtig 2. falsch, Korrektur: di 3. richtig 4. falsch, Korrektur: di 5. falsch, Korrektur: a 6. richtig 7. falsch, Korrektur: su 8. richtig 9. richtig 10. richtig

Übung 84: 1. verrà, troverà 2. supererai/avrai superato, comprerò 3. ritroveremo 4. Si sarà fermata 5. farai/avrai fatto, comprerà 6. andrò, mi dedicherò

Übung 85: Korrekturen: 4. le dita 5. pochi frutti

Übung 86: 1. Perché pensava che fosse l'unico modo.
2. Che l'inferriata si staccasse dalla finestra.
3. Pensò che avrebbe potuto rompersi l'osso del collo.

Übung 87: 2x: Lasciatemi, Fatemi

Übung 88: 1. Leggere 2. passeggiare 3. Studiare 4. Uscire 5. ritornare 6. Comportarsi, ignorare le

Übung 89: 1. Marco è appena uscito di casa. 2. Appena abbiamo visto la vetrina rotta, abbiamo avvertito la polizia. 3. Ho sfiorato appena il gatto randagio e quello è fuggito via. 4. La ragazza aveva appena un'ombra di trucco. 5. Il bar sotto casa ha appena aperto ma ha già molti clienti. 6. Per fortuna la macchina è stata danneggiata appena.

Übung 90: 1. in 2. con 3. in 4. in, per 5. di 6. nella, per 7. In, in, con

Übung 91: Mondolino disse che l'aveva detto soltanto per dire. E quando Rosa gli aveva chiesto se amava Franca, allora se ne era reso conto: sì l'amava. In fondo era colpa della signora Nicoletti se ora stava seduto lì, con la pistola in mano.

Übung 92: 1. stanco morto 2. ferire 3. la sconterete 4. ragionevole 5. balzò in piedi 6. perplessa 7. avanti e indietro

Übung 93: 2. gliel'ho pagato 3. te l'ho corretto 4. gliele abbiamo portate 5. glieli abbiamo comprati 6. te le ho spedite 7. gliel'abbiamo mandata

Übung 94: 2. Ti ho sentito parlare con tuo marito. 3. L'ho vista andare a scuola. 4. Luca lo ha visto nascondere qualcosa in giardino. 5. I passanti lo ascoltavano suonare sulla piazza.

Übung 95: 1.b 2.d 3.e 4.f 5.a. 6.g 7.h 8.c

Übung 96: 1. doveva redigere, Korrektur: dovette redigere 2. venivano avviate, Korrektur: vennero avviate 3. chiedeva Cortopassi, Korrektur: chiese Cortopassi 4. faceva una smorfia, Korrektur: fece una smorfia

Übung 97: 1. A 2. per 3. a 4. di 5. D' 6. verso 7. con/in

Übung 98: 1. I commenti altrui non mi interessano. 2. Non devi ridere delle disgrazie altrui. 3. Custodisce la proprietà altrui con particolare attenzione. 4. Chiara si informa sempre sui risultati altrui.

Übung 99: 1. Rosa si chiese se avesse mai avuto una giornata peggiore di quella. 2. Rosa temeva che le venisse/le sarebbe venuta l'influenza. 3. Rosa pensò che sarebbe potuta andare alla libreria di Anna Giannini. 4. Cortopassi aveva detto che l'intuito femminile di Rosa non sempre aiutava.

Übung 100: 1. abbraccerei 2. crede 3. invita 4. dormiresti 5. riuscivo 6. vedeva

Übung 101: Korrekturen: 1. a 2. a 5. di 7. a 9. a

Übung 102: 2. un uomo d'esperienza 3. un uomo d'azione 4. l'uomo del momento 5. una donna di parola 6. una donna di bell'aspetto 7. una donna di poche parole

Übung 103: interrogassi, parlasse

Übung 104: 1. qualcuno 2. Ce 3. Di 4. Mi 5. bisogno 6. di 7. in modo battagliero

Übung 105: 1. ricerca 2. aspettativa 3. sbadiglio 4. minaccia 5. sparo 6. pensiero 7. disturbo 8. raccolta 9. incrocio 10. partenza.

Übung 106: 1. Sto mangiando. 2. Lombardo sta scrivendo una lettera. 3. Stavo telefonando quando è arrivata mia moglie. 4. Sta dormendo o può essere disturbata?

Übung 107: 1. parlante 2. profumato 3. insegnante, studenti 4. partecipanti 5. invitati 6. non vedenti 7. bollente 8. supplicante 9. dirigenti

Übung 108: 1. Con un sospiro/Sospirando 2. di corsa/correndo 3. con la lettura/leggendo 6. Nel correre/Correndo 7. Con la pazienza/Pazientando

Übung 109: 1. da 2. a 3. da 4. da 5. di 6. da

Übung 110: 1. alquanto 2. molto 3. bene 4 davvero 5. invano

Übung 111: ebbe liberato.

Übung 112: Korrekturen: 1. grande 3. San Nicola 6. grande

Übung 113: 2. una dozzina di uova 3. un biennio 4. un migliaio di spettatori 5. a centinaia 6. migliaia di stelle 7. un quartetto d'archi 8. un decennio 9. una quindicina

Übung 114: 1. Che cosa hai preparato di buono? 2. Non hai niente di più interessante da raccontare? 3. Purtroppo non c'è niente di bello da vedere. 4. Con questo freddo dovresti bere qualcosa di caldo. 5. Forse può comunicarci qualcosa di nuovo.

Übung 115: 1.d 2.g 3.e 4.a. 5.c 6.b 7.h 8.f

Übung 116: 1. assaggerà 2. rimarrei 3. facente 4. potuto 5. ebbe cotto 6. raccolsi 7. avremo reso. Lösungswort: San Polo.

Übung 117: 1. capisca 2. ha 3. arrossendo 4. È stata 5. sono stata 6. È stato 7. fingendo 8. Avevo preparato

Übung 118: 1. resistere 2. sonnifero 3. carriola 4. lividi 5. confessò 6. fallire
Übung 119: falsch: 1. (rimasi) 2. (avrei avuto) 5. (corse) 7. (appoggeremo) 10. (piansi) 11. (lessero) Lösung: per amore.
Übung 120: Rosa raccontò che lei e Riccardo si incontravano da molto tempo segretamente nel magazzino. Rosa aveva paura che, nei giorni in cui teneva Davide prigioniero, Riccardo andasse al magazzino. Per questo aveva portato Davide al secondo piano, dove non andava mai nessuno.
Übung 121: 2. credere, credenza 3. ordinato, ordine 4. rassicurante, rassicurazione, 5. impallidire, pallido 6. decidere, decisione 7. marcire, marcio 8. rompere, rottura
Übung 122: 1. comunque partirò 2. hai visto mica 3. il negozio ora 4. Neanche mi ha dato 6. Ti ha forse offeso
Übung 123: 1. cuore grande 2. grande tribuna 3. grande momento 4. l'intera famiglia Mondolino
Übung 124: 1. avanti, indietro 2. davanti 3. in avanti 4. indietro 5. Avanti 6. dietro 7. dietro 8. avanti
Übung 125: 1. Mancano solo tre ore al decollo. 2. Non ci mancava che questo! 3. Chi è mancato all'ultima lezione? 4. È passato col rosso. Mancava poco e causava un incidente. 5. Mancano ancora tre giorni a Natale. 6. È mancata la corrente.
Übung 126: 1. che 2. cui 3. Chi 4. cui 5. chi 6. che 7. chi
Übung 127: 1. Se mia sorella non mi avesse rapito, avrei forse tenuto nascosto il mio amore per Franca. 2. Se lo dice lei... 3. Se un giorno dovessimo annoiarci, non abbiamo che da fondare una famiglia.

Lösungen Abschlusstest

Übung 1: 1. gli abiti bianchi 2. i negozi aperti 3. le moto blu 4. le gonne lunghe 5. i numeri dispari 6. gli zaini verde chiaro 7. le mogli simpatiche 8. i medici esperti
Übung 2: 1. grandissimo/massimo 2. lunghissimo 3. buonissimo/ottimo 4. cattivissimo/pessimo 5. simpaticissimo 6. piccolissimo/minimo
Übung 3: 1. più bella che 2. del 3. di 4. che 5. della
Übung 4: Korrekturen: 1. Mia madre 3. di mio fratello 5. i suoi nonni 6. la tua
Übung 5: Korrekturen: 3. studentessa 5. direttrice
Übung 6: 1. pazientemente 2. più accuratamente 3. sensibilmente 4. molto probabilmente
Übung 7: 1. è andato 2. ha suonato 3. si erano meravigliati 4. siamo usciti 5. è/ha nevicato, è cambiato 6. è iniziato
Übung 8: 1. pensate 2. pensai 3. penseranno 4. avremo pensato 5. hai pensato 6. pensando
Übung 9: 1. d 2. g 3. e 4. b 5. f 6. h 7. c 8. a
Übung 10: 1. Quando li hai visti? 2. Glieli hai regalati tu? 3. Vi ho comprato un ombrello. 4. Sei già andato a vederla? 5. Luca non vedeva l'ora di riabbracciarlo.
Übung 11: 1. esageri 2. potessimo 3. venga 4. sarebbe andata 5. partirà 6. guardando 7. daresti

La maschera del terrore

Übung 1: l.c 2.d 3.g 4.b 5.a 6.h 7.f 8.e
Übung 2: l.d 2.f 3.h 4.b 5.c 6.g 7.a 8.e
Übung 3: 1. 8:10/20:10 2. 2:58/14:58 3. 12:00 4. 2:45/14:45 5. 5:30/17:30 6. 6:45/18:45 7. 21:00/9:00
Übung 4: 1.c 2.b 3.b 4.b 5.a 6.c 7.c 8.b
Übung 5: 1.b 2.a 3.a 4.a 5.c
Übung 6: 1. Davanti 2. riflessi 3. trattava 4. leggere 5. sapeva 6. secolo 7. prigione
Übung 7: 1.b 2.h 3.g 4.e 5.f 6.d 7.a 8.c
Übung 8: 1. Purtroppo non ho letto il giallo. 2. Mi sento a disagio qui. 3. Niente affatto! Io non ho rubato i gioielli! 4. Non aveva intenzione di lasciare il museo. 5. Il direttore del museo era orgoglioso/fiero del suo guardiano notturno. 6. La polizia continua a cercare l'assassino. 7. L'anno scorso non sono stato/a al cinema nemmeno/neanche una volta.
Übung 9: 1.b 2.e 3.f 4.g 5.a 6.c 7.d
Übung 10: 1. Da anni trascorreva le vacanze estive al mare. 2. Preferibilmente a Rimini. 3. Le mele del fruttivendolo all'angolo non erano buone. 4. Decise di comprare dei mobili nuovi. 5. Il giornalista telefonò alla sorella.
Übung 11: 1. gondola 2. aeroplano 3. treno 4. moto 5. elicottero 6. bicicletta
Übung 12: 1. anticha (antica) 2. riccoperta (ricoperta) 3. ciamata (chiamata) 4. faccata (facciata) 5. matino (mattino) 6. arcitettura (architettura) 7. faticha (fatica) 8. polizziotto (2x, poliziotto) 9. Qui (Qui)
Übung 13: 1.c 2.c 3.c 4.b 5.a 6.b 7.c
Übung 14: 1.r 2.r 3.r 4.f 5.f 6.r 7.r
Übung 15: 1. gatto 2. cavallo 3. leone 4. cane 5. giraffa 6. formica 7. elefante Lösungswort: allarme
Übung 16:1. agitato 2. riconosciuto 3. una calza 4. capo 5. pensò 6. iniziato 7. appunto 8. insolito
Übung 17: 1.a 2.a 3.a 4.b 5.b 6.b
Übung 18: 1. Un paio di giorni. 2. Nel pavimento di legno. 3. C'è la pallottola. 4. Hanno una forma allungata.
Übung 19: 1.b 2.d 3.g 4.e 5.a 6.c 7.h 8.f 9.i
Übung 20: 1.c 2.f 3.g 4.a 5.e 6.h 7.d 8.b
Übung 21: 1.c 2.b 3.c 4.a 5.b 6.a 7.c
Übung 22: 1. asciugacapelli 2. condizionatore d'aria/ventilatore 3. aspirapolvere 4. lavastoviglie 5. televisore 6. congelatore 7. lavatrice
Übung 23: 1. in 2. alle 3. del 4. con 5. con 6. nella 7. ad 8. al
Übung 24: 1. domande 2. sedia 3. caffettiera 4. versò 5. testa 6. sorridere 7. affare 8. industria 9. serratura

Übung 25: 1. latte 2. tè 3. spumante 4. vino 5. acqua 6. succo d'arancia
Übung 26: 1. Non vedeva l'ora di mangiare un cornetto. 2. Mi piace suonare il pianoforte. 3. La padrona di casa suonò alla porta. 4. Se solo avessi tempo di andare al cinema, pensò. 5. Andò nell'ingresso e si tolse il cappotto.
Übung 27: 1. chiacchiere 2. moderni 3. vista 4. vecchio 5. risultati 6. esempio 7. ridere
Übung 28: 1.a 2.b 3.c 4.b 5.c 6.b 7.b 8.a
Übung 29: 1. sale 2. pepe 3. salvia 4. aglio 5. funghi 6. prezzemolo 7. tonno 8. aceto 9. olio Lösungswort: spaghetti
Übung 30: 1.a 2.b 3.b 4.b 5.a 6.b 7.a
Übung 31: 1.d 2.e 3.g 4.b 5.c 6.f 7.a
Übung 32: 1.d 2.e 3.a 4.b 5.c
Übung 33: 1.g 2.a 3.c 4.f 5.b 6.d 7.e
Übung 34: 1.g 2.h 3.f 4.i 5.b 6.e 7.c 8.a 9.d 10.l
Übung 35: 1. stanchezza 2. aria 3. passo 4. spaventata 5. bordo 6. una profondità 7. distratta
Übung 36: 1.g 2.c 3.e 4.a 5.d 6.f 7.b
Übung 37: 1.c 2.a 3.g 4.h 5.b 6.e 7.f 8.d
Übung 38: 1. Posso presentarti/Ti posso presentare la mia amica Silvia? 2. Quando mi fai conoscere i tuoi genitori? 3. Diamoci del tu! 4. "Come stai?" "Così così, grazie". 5. Salutami tanto tua moglie! 6. Non Si disturbi! 7. Sei molto gentile.
Übung 39: 1. Erano soldi veri, il vecchio non era stato un sogno. 2. Il dottor Lombardo si spaventò quando suonarono alla porta. 3. O i suoi eredi che chiedevano la restituzione del denaro. 4. Si trovò davanti una donna attraente. 5. Lombardo ebbe bisogno di un paio di secondi prima di riconoscerla.
Übung 40: 1. insicuro 2. incoraggiante 3. imbarazzato 4. curiosa
Übung 41: 1.b 2.c 3.c 4.b 5.a 6.c
Übung 42: 1. accadeva 2. attraente 3. mostrando 4. scettica 5. inzuppata 6. eccellente 7. attese
Übung 43: 1. barista 2. insegnante 3. bagnino 4. avvocato 5. pilota 6. cameriere 7. medico 8. autista 9. commesso 10. segretario 11. farmacista
Übung 44: 1.a 2.a 3.b 4.b 5.b
Übung 45: 1.a 2.g 3.c 4.d 5.f 6.b 7.e
Übung 46: 1. piedi 2. braccio 3. schiena 4. tallone 5. orecchio 6. collo 7. bocca Lösungswort: pistola
Übung 47: 1. contrario 2. esca 3. protezione 4. mente 5. una possibilità 6. scappò 7. pensare
Übung 48: 1.g 2.d 3.b 4.a 5.f 6.e 7.c
Übung 49: 1.f 2.c 3.a 4.b 5.e 6.d 7.g
Übung 50: 1.r 2.f 3.r 4.f 5.r 6.r 7.r 8.r

Übung 51: 1.f 2.d 3.b 4.e 5.a 6.c 7.g
Übung 52: 1. si strinse nelle spalle 2. scientifico 3. si guardò intorno 4. nella libreria all'angolo 5. migliaia, centinaia di migliaia
Übung 53: 2. 3. 5. 6. 8.
Übung 54: 1.b 2.g 3.a 4.f 5.c 6.d 7.e
Übung 55: 1.c 2.a 3.b 4.c 5.b 6.b 7.a
Übung 56: 1.d 2.a 3.b 4.e 5.c
Übung 57: 1. firma 2. indirizzo 3. francobollo 4. calligrafia 5. mittente
Übung 58: 1. bar 2. cinema 3. piscina 4. stadio 5. stazione 6. farmacia 7. pronto soccorso 8. fermata 9. discoteca
Übung 59: 1. Parola per parola 2. evitare/impedire 3. deciso 4. investigatore 5. mestieri 6. enigma 7. soluzione
Übung 60: 2. di persona 3. con affetto 4. all'improvviso 5. in silenzio 6. d'istinto 7. in genere 8. con attenzione
Übung 61: 1.f 2.g 3.b 4.a 5.c 6.h 7.i 8.d 9.e
Übung 62: 1. furtivamente 2. pallida 3. risplendeva 4. affascinante 5. impacciato 6. approfondire 7. attraccò 8. grida 9. molo
Übung 63: 1. Una donna in un sontuoso costume bianco e nero offrì a Lombardo una bottiglia di prosecco. 2. Ne vuole un sorso? 3. Vuol dire che ha già bevuto! 4. Con queste parole tornò a rivolgersi al suo gruppo.
Übung 64: 1.r 2.f 3.f 4.f 5.f
Übung 65: 1. "Mi scusi, per favore! Non conosco affatto Venezia. Dove posso prendere il vaporetto per San Polo?" 2. "Vede quel molo laggiù? Là può prendere la linea C. Faccia attenzione, però, e non salga nel vaporetto D. Quello va direttamente a San Giorgio!" 3. "Devo timbrare il biglietto a bordo?" 4. "No, sul molo, prima che attracchi il vaporetto. Buon viaggio!"
Übung 66: 2. piazzetta 3. stradina 4. casetta 5. abitino 6. bicchierino 7. armadietto 8. porticina 9. valigetta
Übung 67: 1. successe 2. esitante 3. assistente 4. delitto 5. traccia 6. caso 7. edificio
Übung 68: 1. guance 2. ginocchio 3. polmoni 4. labbra 5. cuore 6. cervello
Übung 69: 1.c 2.g 3.i 4.f 5.h 6.e 7.b 8.d 9.l 10.a
Übung 70: 1.r 2.r 3.f 4.r 5.r 6.f 7.r 8.r
Übung 71: 1. Vorrei un litro d'acqua e un chilo di pane! 2. La cornice misura 12 centimetri per 10. 3. Ho comprato mezzo chilo di formaggio. 4. Il distributore più vicino è a cinque chilometri di distanza. 5. La siepe è alta un metro e mezzo. 6. Per il dolce mi servono 50 grammi di uvetta. 7. Il parco ha una superficie di dodici chilometri quadrati.
Übung 72: 1. portacenere 2. salvagente 3. guardaroba 4. attaccapanni 5. sottopassaggio 6. portaombrelli 7. cassaforte 8. videocassetta 9. madrelingua
Übung 73: 1.c 2.b 3.a 4.b 5.c 6.a

Übung 74: 1.b 2.d 3.f 4.e 5.a 6.g 7.c
Übung 75: 1. Il meccanico 2. all'officina 3. dal sarto 4. Il muratore 5. il carro attrezzi 6. dal calzolaio 7. un pezzo di ricambio
Übung 76: 1. È ora di partire. 2. Ci vediamo domani alla stessa ora. 3. Non vedo l'ora di venirti a trovare. 4. È proprio ora (passata) che se ne vada. 5. Cerco sempre di evitare l'ora di punta. 6. Marco guadagna 30 € l'ora 7. Marisa lavora a ore.
Übung 77: 1. attaccò (attraccò) 2. portofogli (portafoglio) 3. euri (euro) 4. euri (euro) 5. strinze (strinse) 6. prezi (prezzi) 7. un offerta (un'offerta) 8. euri (euro)
Übung 78: 1.f 2.r 3.r 4.f 5.f 6.f
Übung 79: 1.a 2.f 3.e 4.g 5.d 6.b 7.c
Übung 80: 1.d 2.e 3.a 4.f 5.g 6.b 7.c
Übung 81: 1. Dov'è la cabina telefonica più vicina? 2. Il numero è occupato. 3. Ha una carta/scheda telefonica da 15 euro? 4. Mi dispiace. Ha sbagliato numero.
Übung 82: 1.a 2.c 3.d 4.b 5.e
Übung 83: 1. Sapeva quello che stava facendo il gondoliere. 2. Una mosca si mise a ronzare. 3. Le veniva da urlare. 4. Eppure non stava piovendo.
Übung 84: 1.b 2.a 3.b
Übung 85: 1.c 2.f 3.h 4.a 5.d 6.b 7.g 8.e
Übung 86: 1. le mance 2. c'entra 3. tradizione 4. dei biglietti 5. Secoli 6. desideri 7. speranza 8. chiamato 9. senso 10. palmo
Übung 87: 1.a 2.e 3.f 4.h 5.c 6.b 7.g 8.d
Übung 88: 1.f 2.f 3.f 4.f 5.r 6.f 7.f
Übung 89: 1. lupo 2. buona 3. acqua 4. asciutta 5. aperta
Übung 90: 1.d 2.e 3.b 4.a 5.g 6.c 7.f
Übung 91: 1.c 2.a 3.c 4.b 5.b 6.c 7.a 8.a
Übung 92: 1. licenza 2. rigide 3. passare 4. sotto di lei 5. profonda 6. staccò 7. cinturino 8. illuminare
Übung 93: 1.b 2.f 3.d 4.e 5.g 6.a 7.h 8.c
Übung 94: 1. Perché ha la pila tra i denti. 2. Muove la testa. 3. Con la mano sinistra. 4. Sì. 5. Il sacchetto è marrone. 6. No, Lombardo è sconvolto.
Übung 95: 1.f 2.d 3.e 4.g 5.a 6.b 7.c 8.h
Übung 96: 2. 5. 6.
Übung 97: 1. sicuramente 2. impertinente 3. stupita 4. ripescata 5. furente 6. delinquente 7. sogghignò 8. la sua premura 9. imbarcazione
Übung 98: 1.c 2.a 3.f 4.b 5.g 6.h 7.d 8.e
Übung 99: 1.l 2.b 3.f 4.a 5.i 6.e 7.d 8.g 9.c 10.h
Übung 100: 1. vero 2. remo 3. mancia 4. fucile 5. palazzo 6. elica 7. ali
Lösungswort: Venezia
Übung 101: 1. Mi è sempre sembrato disabitato. 2. Quel pazzo sembra vivere nel

passato 3. legato ad un piccolo molo c'era il motoscafo del delinquente. 4. Spero non abbia intenzione di entrare. 5. Ora che sappiamo dove è nascosto, l'uomo mascherato non ci sfuggirà.

Übung 102: 1. simpatica 2. noiosi 3. magre 4. interessante 5. arrossati 6. antichissimo

Übung 103: 1. 2. 3. 4. 6. 10. 11. 12

Übung 104: 1.a 2.b 3.a

Übung 105: 1.d 2.f 3.a 4.h 5.b 6.c 7.e 8.g

Übung 106: 1.c 2.b 3.a 4.c 5.c 6.b

Übung 107: 1. sicura 2. pazzo 3. delitti 4. pianificati 5. una pacca 6. metterLa in ansia 7. vicoletto 8. principali

Übung 108: 1.f 2.f 3.f 4.r 5.f 6.f 7.f

Übung 109: 1. fondo 2. illuminò 3. di 4. figura 5. l'impressione 6. loro 7. sollievo 8. armadio 9. una coperta bianca

Übung 110: 1. cimitero 2. ragione 3. tomba 4. abbandonato 5. pista 6. mormorò 7. diversamente 8. pavimento 9. sguardo 10. marmo 11. La polvere

Übung 111: 1. scivolare 2. dita 3. segreta 4. parole 5. decifrarle 6. latino 7. traduzione 8. osservarono 9. lastra

Übung 112: 1.c 2.d 3.a 4.e 5.b

Übung 113: 1.c 2.h 3.a 4.f 5.d 6.b 7.g 8.e

Übung 114: 1. soffitto 2. muffa 3. gradini 4. fiaccole

Übung 115: 1.d 2.f 3.g 4.h 5.c 6.b 7.a 8.e

Übung 116: 1.b 2.b 3.a 4.c 5.b

Übung 117: 1. ridere 2. sul serio 3. Alzi 4. A fatica 5. bene 6. notturno 7. rapidamente 8. stupida 9. denso

Übung 118: 1. lacrimavano 2. terribile 3. scomparve/sparì 4. tossi 5. meccanismi 6. Pezzi di pietra 7. pressione 8. corrente

Übung 119: 1.b 2.e 3.f 4.a 5.d 6.c

Übung 120: 1. È vietato calpestare il prato. 2. L'acqua ha inondato i campi. 3. Dobbiamo sbrigarci se non vogliamo perdere l'autobus.

Übung 121: 1.b 2.d 3.g 4.a 5.f 6.e 7.c

Übung 122: 1. mettere in gioco 2. giocare a carte scoperte 3. giocare a calcio 4. il gioco d'azzardo 5. giocano a nascondino

Übung 123: 1. ramo 2. scivolosi 3. alle loro spalle 4. vita 5. al pianterreno 6. simile 7. i polmoni 8. in piedi 9. una massa

Übung 124: 1.c 2.b 3.a 4.c 5.c 6.b 7.a

Übung 125: 1. istinto 2. riusciti 3. angolo 4. mantello 5. vento 6. rumore 7. distanza

Übung 126: 1. folla 2. l'occasione 3. Darsi per vinti 4. coraggio 5. dozzine 6. abiti medievali 7. dal fuggitivo

Übung 127: 1.g 2.h 3.f 4.b 5.d 6.c 7.e 8.a

Übung 128: 1.f 2.i 3.g 4.a 5.b 6.d 7.c 8.e 9.h
Übung 129: 1. Temo 2. un esito 3. Farabutto 4. aveva il coltello dalla parte del manico 5. riflettere 6. d'occhio 7. gentilmente
Übung 130: 1. Perché tanto Nicoletti e Lombardo non possono più riferire niente a nessuno. 2. È il conte Cagliostro. 3. Il Cagliostro medievale è un antenato dell'uomo mascherato. 4. Sì, ha una pistola. 5. Ci ha impiegato anni.
Übung 131: 1.f 2.f 3.f 4.r 5.f 6.r 7.f
Übung 132: 1. commesso 2. fissare 3. sopravvivere 4. prevenuto 5. partecipato 6. impedire 7. constatato
Übung 133: 1.b 2.c 3.a 4.a 5.b 6.c 7.b
Übung 134: 4. 13.

Lösungen Abschlusstest

Übung 1: 1.d 2.i 3.f 4.h 5.b 6.e 7.l 8.a 9.g 10.c
Übung 2: 1. ospedale 2. cinema 3. aeroporto 4. ufficio 5. museo 6. cimitero 7. prigione 8. biblioteca
Übung 3: 1.c 2.a 3.b 4.b 5.b 6.c 7.b 8.a 9.b
Übung 4: 1. Non ce la faccio più! 2. Faccio sul serio! 3. Il lavoro è stato un gioco da ragazzi. 4. Hai qualcosa in contrario? 5. Mio figlio trema di freddo. 6. Non ho la minima idea di dove possa essere la chiave. 7. Non ho intenzione di incontrarlo.
Übung 5: 1. compilare 2. fissare 3. timbrare 4. spegnere 5. sparito 6. brontola
Übung 6: 1.r 2.r 3.r 4.f 5.f 6.r 7.f
Übung 7: 2. paura 3. fretta 4. tardi 5. coraggio 6. fiasco 7. impressione
Übung 8: 1.d 2.f 3.a 4.g 5.h 6.c 7.b 8.e
Übung 9: 1. guanti 2. impermeabile 3. mantello 4. cappello 5. cappotto 6. pantaloni 7. costume, occhiali
Übung 10: 1.c 2.b 3.a 4.b 5.b 6.c 7.b
Übung 11: 1.a 2.b 3.a

Pericolo sul Ponte Vecchio

Übung 1: 1. Viene da Venezia. 2. Ludovico 3. È commissario di polizia. 4. È chiusa per sciopero.
Übung 2: 1. tempo 2. giardino 3. pane 4. tavolo 5. domani 6. vicino 7. picnic 8. monumento 9. permesso
Übung 3: 1. c 2. e 3. a 4. f 5. b 6. d 7. g
Übung 4: 1. c 2. g 3. f 4. j 5. i 6. d 7. b 8. e 9. a 10. h
Übung 5: 1. Puoi mostrarmi/Mi puoi mostrare un paio di/qualche foto? 2. Lisa e Mario sono una bella coppia. 3. Ieri ho comprato un paio di scarpe. 4. Quanti anni ha Marco? Ha un paio d'anni/qualche anno più di me. 5. L'ho visto un paio di volte in televisione. 6. Rita ha invitato una coppia di amici.
Übung 6: 1. finestre 2. acqua 3. piscina 4. fiori 5. bicchieri 6. marito
Übung 7: 1. nostri 2. Sua 3. Sua 4. mia 5. sue 6. Suo
Übung 8: 1. cellulare 3. cameriere 6. passaporto 7. guance 9. occhiali da sole
Übung 9: 1. tra 2. Da, a 3. In 4. a, in 5. dal 6. sulla 7. Con 8. A 9. Di 10. Dalla
Übung 10: 1. furto 2. giardino 3. stanza 4. momento 5. cassetti 6. pavimento 7. tappeto
Übung 11: 1. modella 2. cena 3. fidanzata 4. moglie 5. storia
Übung 12: 1. sì 2. Roma 3. Napoli 4. modella 5. orologio 6. ruote 7. Medici 8. Nello 9. colazione 10. ospite Lösung: San Lorenzo
Übung 13: di, nella, del, dei, di, a, dalla, a
Übung 14: 1. buono 2. scuro 3. lungo 4. difficile 5. imperfetto 6. sbagliato 7. inutile 8. freddo
Übung 15: 1. falsch (Pietro è più grande di Guido.) 2. richtig 3. richtig 4. richtig 5. richtig 6. falsch (Questa poltrona è più comoda del divano.) 7. richtig 8. falsch (Massimo è il più simpatico della classe.)
Übung 16: 1. dito 2. solo 3. tempo 4. cane 5. piano 6. acqua
Übung 17: 1. f 2. e 3. c 4. g 5. h 6. i 7. b 8. a 9. j 10. d
Übung 18: 1. conoscere 2. geniale 3. portafoglio 4. assicurazione 5. osservare 6. alzare 7. ascoltare 8. lente 9. leggere
Übung 19: 1. idea 2. indagini 3. novità 4. Firenze 5. regole 6. sospiro 7. strada
Übung 20: 1. incontrerà 2. sarà 3. accompagnava 4. ho 5. Volevo, è partita 6. hai avuto
Übung 21: 1. Quanto costa il biglietto per Milano? 2. Posso pagare con la carta di credito? 3. Se paga in contanti riceve il cinque per cento di sconto. 4. Devo lasciare un acconto? 5. Devo pagare la bolletta del telefono. 6. Pago 600 € d'affitto per il mio appartamento. 7. Posso aprire un conto corrente? 8. Firenze è una città cara.
Übung 22: 1. richtig 2. richtig 3. falsch (È un caffè con liquore.) 4. richtig 5. falsch

(È un caffè meno forte, con più acqua.) 6. richtig 7. falsch (È un caffè senza aggiunte.)

Übung 23: 1. libro 2. biblioteca 3. braccia 4. dappertutto 5. finestra 6. pavimento 7. bravo 8. frigorifero

Übung 24: 1. pagine 2. sporca 3. chiese 4. famiglie 5. corrente elettrica 6. aiuto 7. opere d'arte 8. mondo

Übung 25: 1. j 2. f 3. g 4. c 5. h 6. b 7. d 8. a 9. i 10. e

Übung 26: 1. Che ora è?/Che ore sono? Sono le tre in punto. 2. È l'una meno un quarto. 3. Il treno parte alle quattro e dieci. 4. Ci incontriamo alle sette e mezzo. 5. A mezzanotte non era ancora a casa. 6. È ora di andare. 7. Non ti preoccupare, c'è tempo! 8. Ieri sera sono tornato a casa alle dieci.

Übung 27: 1. Sandro gli ha mandato un'e-mail. 2. Hai la segreteria telefonica? 3. Può fotocopiarmi il foglio/Mi può fotocopiare il foglio, per favore? 4. Mia figlia naviga per ore su internet. 5. Dove hai comprato il CD? 6. Ha già ricevuto il file?

Übung 28: 1. nella 2. di 3. a 4. per 5. a 6. Alla 7. in 8. nelle 9. con

Übung 29: 1. e 2. c 3. f 4. g 5. b 6. h 7. d 8. a

Übung 30: 1. recente 2. possiede 3. immobili 4. bisogno 5. famoso 6. adesso 7. sicuramente

Übung 31: 1. insegnante 2. medico 3. architetto 4. operaio 5. attrice 6. postino 7. cassiera 8. pittore 9. parrucchiere 10. autista 11. commissario 12. professore

Übung 32: 1. ad 2. in 3. da 4. da 5. A 6. a 7. Da 8. al

Übung 33: 1. I romani. 2. Ci sono solo gioiellerie. 3. Perché sporcavano meno degli altri artigiani.

Übung 34: 1. Esci!/Vai fuori! 2. Non ti addormentare!/Non addormentarti! 3. Stai calmo! 4. Dammi il libro! 5. Telefoni domani! 6. Vai a casa! 7. Non ti allontanare!/Non allontanarti!

Übung 35: 3. celeste (celesti) 5. chiara (chiaro) 6. marroni (castani)

Übung 36: 1. Nel retro della gioielleria il signor Storti ritrova la sua sicurezza. 2. Ma la vista è unica! 3. Si tratta del proprietario di questo negozio. 4. Vuole vedere bene come reagisce alla notizia. 5. Io sono stato da lui sabato sera a cena!

Übung 37: 1. Il suo ragazzo/amico 2. figli 3. I miei nonni 4. sua suocera 5. I tuoi parenti 6. tua zia 7. tuo fratello 8. Mio zio 9. i nostri nipoti 10. I miei fratelli 11. i miei genitori

Übung 38: 1. j 2. e 3. c 4. g 5. h 6. b 7. i 8. f 9. d 10. a

Übung 39: Ancora, poi, Come, non, come, sempre, forse, Non, forse, bene, sempre

Übung 40: 1. f 2. g 3. h 4. c 5. j 6. a 7. d 8. b 9. e 10. i

Übung 41: 1. l'ho visto 2. sono uscito con lui 3. è più alta di lei 4. non le hanno ancora fatte 5. non la voglio 6. gli piace 7. non li abbiamo incontrati

Übung 42: 1. comodo 2. goloso 3. eccentrico 4. permaloso 5. geloso 6. prezioso 7. elegante 8. accogliente
Übung 43: 1. tempo 2. probabile 3. aspettare 4. consiglio 5. vita 6. marito 7. telefonata
Übung 44: 1. richtig 2. richtig 3. falsch 4. richtig 5. falsch 6. richtig
Übung 45: 1. gatto 2. olio 3. traffico 4. mancare 5. sorpresa 6. braccio 7. luna 8. nuotare 9. mangiare 10. isola Lösung: Via Tornabuoni
Übung 46: 1. a 2. b 3. a 4. b 5. b
Übung 47: 1. accese 2. davanti 3. entrata/ingresso 4. libero 5. pieno 6. allegra/felice
Übung 48: 1. j 2. f 3. g 4. h 5. a 6. c 7. d 8. e 9. i 10. b
Übung 49: 1. Huhn 2. Schwein 3. Ente 4. Kalb 5. Kaninchen 6. Fisch 7. Rind
Übung 50: 1. a 2. a 3. con 4. per 5. da
Übung 51: 1. Oggigiorno 2. affreschi 3. battaglie 4. cultura 5. monete 6. tesori
Übung 52: 1. È andato con i suoi colleghi. 2. Gli affreschi sono del Vasari. 3. Collezionava un po' di tutto.
Übung 53: 1. autostrada 2. andare 3. compagno 4. indagini 5. lavoro 6. critiche
Übung 54: 1. falsch 2. falsch 3. richtig 4. richtig 5. falsch 6. falsch
Übung 55: 1. cappello 2. costume 3. gonna 4. calze 5. cappotto 6. sciarpa 7. impermeabile
Übung 56: 1. bambino 2. pavimento 3. occhi 4. capelli 5. quadri 6. calendario 7. scrivania
Übung 57: 1. gentilmente 2. altamente 3. fortemente 4. veramente 5. leggermente 6. stancamente 7. inutilmente
Übung 58: 1. seduto (seduta) 2. domande (domanda) 3. fargli (farLe) 4. per strano (di strano) 5. è otto (ha otto)
Übung 59: 1. richtig 2. richtig 3. richtig 4. falsch (perdere di vista) 5. richtig 6. richtig
Übung 60: 1. Germania 2. Francia 3. Inghilterra 4. Spagna 5. Grecia 6. Polonia 7. Portogallo 8. Romania 9. Danimarca 10. Svezia
Übung 61: 1. A 2. da 3. in 4. in, in 5. in/con la 6. per 7. a 8. Di 9. Con 10. per
Übung 62: 1. Se continuate così, perderò la pazienza. 2. Sbrigati! Hai già perso molto tempo! 3. Sono arrivato in ritardo perché ho perso l'autobus. 4. La nostra squadra ha perso la partita. 5. Ilaria ha perso il passaporto. 6. Provaci, non hai niente da perdere!
Übung 63: 1. al 2. Con 3. sul 4. di 5. in 6. in
Übung 64: 1. Rosa esita un secondo. 2. Sono in servizio per un caso urgente. 3. Ludovico fa un sospiro di sollievo. 4. Il poliziotto si porta la mano alla fronte.
Übung 65: 1. falsch (Tua sorella sa sciare meglio di te.) 2. richtig 3. richtig 4. falsch (Andare in autobus è più comodo che andare a piedi.) 5. richtig

6. falsch (È meglio prendere il treno.) 7. richtig 8. richtig 9. richtig 10. falsch (Il calcio è più popolare del golf.)
Übung 66: 1. e 2. h 3. d 4. b 5. f 6. i 7. g 8. c 9. a 10. j
Übung 67: 1. ha sentito 2. ma 3. Qualche volta 4. bloccano 5. gridano 6. faccia 7. sussurra
Übung 68: 1. b 2. a 3. b 4. d 5. e 6. f 7. e 8. c
Übung 69: 1. Una donna bionda apre la grande porta del palazzo. 2. Sul Ponte Vecchio una voce rompe il silenzio. 3. Rosa dà un'occhiata alla sveglia. 4. La moglie di Vannini è più nervosa che preoccupata. 5. Lombardo esce dalla camera da letto.
Übung 70: 1. a 2. b 3. a 4. b
Übung 71: 4. 7.
Übung 72: 1. problema 2. smorfia 3. parcheggio 4. gente 5. criminali 6. soldi 7. respiro 8. ritmo
Übung 73: 1. d 2. a 3. e 4. f 5. h 6. i 7. b 8. g 9. j 10. c
Übung 74: 1. zebra 2. gatto 3. pecora 4. cavallo 5. mucca 6. formica 7. zanzara 8. serpente 9. ape
Übung 75: 1. con 2. di 3. in 4. di 5. in 6. in 7. di 8. con 9. in
Übung 76: 1. Niente paura! Sei in buone mani! 2. Il vaso è fatto a mano. 3. Siamo venuti a mani vuote. 4. L'auto andava contromano. 5. La madre tiene il bambino per mano. 6. Ha arredato casa con mobili di seconda mano. 7. Mani in alto!
Übung 77: 1. attenzione 2. esattamente 3. valore 4. palazzo 5. racconti 6. mente
Übung 78: 1. Guido Storti e Paolo Duca. 2. Una bugia non necessaria. 3. Nel soggiorno della villa, dietro al camino.
Übung 79: 1. oscurità 2. leggerezza 3. simpatia 4. pericolo 5. bellezza 6. cattiveria 7. eleganza 8. intelligenza
Übung 80: 1. falsch 2. falsch 3. falsch 4. richtig 5. richtig 6. richtig
Übung 81: 1. 2. 3. 5. 7.
Übung 82: 1. responsabilità, vita 2. vantaggio 3. occasione, quartiere 4. estero 5. insistenza 6. forza
Übung 83: 2. 6. 9. 11.
Übung 84: 1. Per la macedonia ho bisogno di/mi servono ciliegie, pesche e pere. 2. Per dolce ci sono le fragole con la panna montata. 3. La sua specialità è la torta di mele. 4. Vorrei mezzo chilo d'uva e tre limoni. 5. Preferisci gli spinaci o i finocchi? 6. Ha un mazzetto di prezzemolo? 7. Ho comprato un etto di prosciutto.
Übung 85: 1. motorino 2. autobus 3. bicicletta 4. treno 5. aereo, nave 6. traghetto 7. metropolitana 8. camion
Übung 86: 1. e 2. i 3. f 4. g 5. h 6. b 7. d 8. a 9. c

Übung 87: "Signorina Dani," comincia Nicoletti, "Lei conosce il motivo della mia visita, suppongo. Sabato scorso Lei è stata a cena dal signor Vannini. Può dirmi che cosa ha fatto dalle undici in poi?"
Übung 88: chiede, Vuol, dire, ho fatto, È andata, sono, sia, si fanno
Übung 89: 1. falsch 2. falsch 3. falsch 4. falsch 5. richtig 6. falsch 7. richtig
Übung 90: 1. d 2. f 3. e 4. c 5. g 6. h 7. a 8. b
Übung 91: 1. si trattava 2. passione 3. risparmi 4. vincere 5. aumentano 6. si è accorto 7. si è arrabbiato
Übung 92: 1. richtig 2. richtig 3. richtig 4. falsch 5. richtig 6. falsch 7. richtig 8. falsch
Übung 93: 1. Vuol dire che il signor Storti non era contento? 2. Vedo che ho toccato un punto difficile. 3. Guido allora era rimasto senza una lira. 4. A Guido non piace ubbidire.
Übung 94: 1. sognare 2. incidente 3. restituire 4. partire 5. avvertire 6. esigere
Übung 95: 1. problema 2. lettera 3. modulo 4. appuntamento 5. film 6. bolletta 7. pianoforte 8. fotografia 9. biglietto 10. scherzo
Übung 96: 1. orecchio 2. schiena 3. naso 4. polso 5. piedi 6. polmoni 7. gomiti 8. mani 9. occhi 10. stomaco 11. bocca
Übung 97: 1. mentre 2. che 3. se 4. perché 5. benché 6. affinché 7. mentre
Übung 98: 1. Chianti 2. ponte 3. Elba 4. alluvione 5. Uffizi 6. San Frediano 7. Pisa Lösung: Cellini
Übung 99: 1. direzione 2. centimetri 3. vetrina 4. spalle 5. strada 6. sorpreso 7. attimo 8. pistola
Übung 100: La verità è che non ha voglia di partire. Per fortuna ha ritrovato la chiave. Non rinuncia a conoscere il risultato della partita.
Übung 101: 1. h 2. e 3. g 4. d 5. c 6. f 7. a 8. b 9. j 10. i
Übung 102: 1. Pagare, prego! (Il conto, per favore!) 3. Un cacao, per favore! (Una cioccolata calda, per favore!) 5. Un espresso, prego! (Un caffè, per favore!)
Übung 103: 1. dipendenti 2. segretarie 3. direttore 4. annuncio 5. quotidiani 6. candidati 7. viaggi 8. padronanza
Übung 104: 1. d 2. g 3. f 4. e 5. h 6. i 7. b 8. a 9. c 10. k 11. j
Übung 105: 1. così 2. ovunque 3. nemmeno 4. Fuori, qui 5. accanto 6. tardi, mai 7. troppo 8. persino 9. quasi 10. appena 11. già, troppo, tardi
Übung 106: 1. confessa/ammette 2. coraggio 3. assassinio/omicidio 4. davvero 5. rinunciare 6. parcheggio 7. fare pace 8. idiota

Lösungen Abschlusstest

Übung 1: 1. lavoro 2. lana 3. esperienza 4. cellulare 5. favore 6. affitti 7. vetrina 8. riscatto 9. incidente
Übung 2: 1. strada 2. insalata 3. cancello 4. lago 5. finestra 6. aglio 7. furto 8. biglietto 9. fabbrica 10. proprietario
Übung 3: 1. f 2. e 3. g 4. d 5. c 6. h 7. b 8. a
Übung 4: 1. A 2. per 3. tra/fra, del 4. sulle 5. Nel 6. in 7. Da 8. dei 9. in, a, da 10. al, al
Übung 5: 1. cinema 2. imbroglio 3. occasione 4. chiave 5. pelle 6. sportello 7. artigiano 8. melanzana 9. gioco 10. benzina 11. riscaldamento 12. deluso
Lösung: Michelangelo
Übung 6: 1. d 2. f 3. g 4. b 5. j 6. a 7. e 8. i 9. c 10. h
Übung 7: 1. scattato 2. a posto 3. fissare 4. per colpa 5. vacanze 6. compilare 7. avvertire 8. tipo
Übung 8: 1. sono stato 2. ho preso 3. sono arrivato 4. È 5. Avevo prenotato 6. ho preso 7. aver lasciato 8. sono andato 9. interessava 10. avevo sentito
Übung 9: 1. commessa 2. operai 3. medici 4. animatrice 5. impiegato 6. autisti 7. insegnante
Übung 10: 1. b 2. b 3. a 4. a 5. b 6. a

Lösungen gemeinsamer Abschlusstest

Übung 1: 1. maschera 2. gondola 3. canale 4. commissario 5. omicidio 6. ispettore 7. cadavere 8. assassino
Übung 2: 1. a 2. li 3. possa 4. della 5. sopracciglia 6. alla 7. sa
Übung 3: 1. pagalo 2. portalo 3. raccontala 4. leggilo 5. la apra 6. lo mangi 7. lo faccia 8. compratelo 9. chiamatela 10. apritela
Übung 4: 1. f 2. m 3. m 4. m 5. f 6. m 7. f 8.m
Übung 5: 1. in 2. a 3. con, al 4. sul 5. in 6. a/per 7. per 8. di
Übung 6: 1. le braccia 2. le uova 3. le università 4. gli aranci 5. i caffè 6. i formaggi 7. i problemi 8. le banche
Übung 7: 1. c 2. a 3. j 4. b 5. d 6. I 7. e 8. g 9. h 10. f
Übung 8: 1. piedi 2. ragazzi 3. nuovo, occhi 4. vista, personale 5. umiliazioni 6. bassa voce 7. troppo, altre città
Übung 9: 1. d 2. c 3. a 4. g 5. f 6. e 7. b
Übung 10: 1. Penso che stasera arrivi più tardi. 2. Penso che il dottor Lombardo trovi il secondo volume del libro. 3. Penso che Rosa Nicoletti sia stanca. 4. Penso che il dottor Lombardo sia innamorato in Rosa. 5. Penso che Davide Mondolino vinca la Regata storica di Venezia. 6. Penso che il gatto Giuseppe dorma quando torna Rosa. 7. Penso che questa sia la pallottola con la quale è stato ucciso Ernesto Vannini. 8. Penso che Ernesto Vannini sia morto.
Übung 11: 1. L'anno prossimo il dottor Lombardo cercherà un nuovo lavoro. 2. Quanti anni avrà Cagliostro? 3. Domenica il commissario Nicoletti forse andrà a Roma. 4. Cagliostro lancerà la bottiglietta contro il vecchio. 5. Il professore farà una faccia cattiva. 6. Domani continueremo a camminare per i vicoli di San Marco.

Glossar

f	feminin
fam	umgangssprachlich
fig	bildlich
irr	unregelmäßig
m	maskulin
pl	Plural
v	Verb

a bruciapelo *fig*	unvermittelt
a carico di	zu Lasten von
a dire *v irr* **il vero**	um die Wahrheit zu sagen, eigentlich
a galla	an die (Wasser)Oberfläche
a quattr'occhi	unter vier Augen
a stento	*hier:* kaum
a tentoni	tastend
a volta	gewölbt
abbaiare *v*	bellen
abbigliamento *m*	(Be)Kleidung
abbronzato	gebräunt
accadere *v irr*	geschehen
accarezzare *v*	streicheln
accelerare *v*	Gas geben; beschleunigen
accessibile	*hier:* erschwinglich
acchiappare *v fam*	schnappen
Accidenti! *fam*	Verflixt!, Mist! *fam*
acciuffare *v*	schnappen, fassen
accomiatarsi *v* **da qu.**	sich von jmd. verabschieden
accontentarsi *v*	sich begnügen
acconto *m*	Anzahlung
accorgersi *v irr* **di**	(be)merken
accostare *v*	nähern
addossato	angelehnt
affacciarsi *v*	aus dem Fenster schauen; sich am Fenster zeigen
affannosamente	keuchend
affare *m*	Geschäft; Angelegenheit
afferrare *v*	(er)greifen, packen; begreifen
affetto *m*	Zuneigung
affidare *v* **a**	anvertrauen, geben

affilato	scharf, spitz
affitto *m*	Miete
affollare *v*	(mit Menschen) füllen
aggiungere *v irr*	hinzufügen; dazutun
aggrapparsi *v* **(a)**	sich festhalten (an)
agitare *v*	schwenken, schütteln
alambicco *m*, **alambicchi** *pl*	Destillierkolben
alato	geflügelt
allargare *v*	*hier:* ausbreiten; erweitern
all'improvviso	plötzlich
alla cieca	blindlings
alla pari	*hier*: gleich (stark); Au-pair
allenarsi *v*	trainieren
allinearsi *v*	sich aneinanderreihen
allungare *v*	strecken
allungarsi *v*	sich strecken; sich hinlegen
alluvione *f*	Überschwemmung
altalena *f*	*hier:* Wippe; Schaukel
alzare *v* **il gomito** *fig*	zu tief ins Glas schauen
ammansire *v*	*hier:* besänftigen
ammazzare *v*	umbringen, töten
ammettere *v irr*	*hier:* zugeben; zulassen; annehmen
ammucchiare *v*	anhäufen
ancorare *v*	verankern
andando avanti di questo passo *fig*	Wenn es so weitergeht, ...
andare *v irr* **d'accordo**	sich vertragen, sich verstehen
andare *v irr* **di moda**	(in) Mode sein
andare *v irr* **di traverso**	sich (an etw.) verschlucken
anello *m*	Ring
angolo *m*	Ecke; Winkel
annebbiarsi *v*	sich trüben
annegare *v*	ertrinken
annoiare *v*	langweilen
annuire *v*	(zustimmend) nicken
annusare *v*	(be)schnuppern
ansimante	atemlos, keuchend
ansimare *v*	keuchen
ansioso	ängstlich, besorgt
anta *f*	*hier:* Türflügel
antenato/a *m/f*	Vorfahr(in)
apparecchiatura *f*	Apparatur, Vorrichtung

apparire *v irr*	erscheinen; scheinen
apparizione *f*	Erscheinung
appartenere *v irr* **(a)**	gehören (zu)
appiattirsi *v*	sich platt machen
appiglio *m,* **appigli** *pl*	Halt
approfittare *v*	(aus)nutzen; missbrauchen
appropriato	angemessen
appunto	genau; eben
appunto *m*	Notiz
arenato	gestrandet
arma *f,* **armi** *pl*	Waffe
armadio *m*, **armadi** *pl*	Schrank
arrabbiato	böse, wütend
arrampicarsi *v*	klettern
arredamento *m*	Einrichtung
arrendersi *v irr*	sich ergeben; aufgeben
arrossire *v*	erröten
artigiano/a *m/f*	Handwerker(in)
ascella *f*	Achsel
ascensore *m*	Aufzug
asciugarsi *v*	sich (ab)trocknen
assalire *v*	überfallen
assassino/a *m/f*	Mörder(in)
asse *f*	Brett; Achse
assenso *m*	Zustimmung
assentire *v*	zustimmen
assenza *f*	*hier:* Abwesenheit; Mangel
asserire *v*	behaupten, versichern
assorbire *v*	aufsaugen
assumere *v irr*	anstellen; annehmen; übernehmen
attore *m*, **attrice** *f*	Schauspieler(in)
attraccare *v*	anlegen
attrezzo *m*	Werkzeug
attutire *v*	dämpfen
avanzare *v*	vorwärtskommen
avere *v irr* **il coltello dalla parte del manico** *fig*	am längeren Hebel sitzen
avere *v irr* **in mente**	vorhaben, im Sinn haben
avere *v irr* **la tremarella** *fam*	Bammel haben
avventato	voreilig, unüberlegt
avventura *f*	Abenteuer
avvolgere *v irr*	einwickeln, einhüllen; aufrollen

azzittire *v*	zum Schweigen bringen
bagliore *m*	Schimmer
balbettare *v*	stottern
balenare *v*	aufleuchten; aufblitzen
balzare *v*	springen
banco *m*, **banchi** *pl*	Theke, Ladentisch
barile *m*	Fass
bastone *m* **da passeggio**	Spazierstock
bavero *m*	Kragen
bearsi *v* **di qc.**	sich an etw. berauschen
bendato	verbunden
biasimo *m*	Rüge, Tadel
biglia *f*	Murmel
bigoli *m pl*	Nudeln, die sehr dicken Spaghetti gleichen
bilancia *f*	Waage
binario *m*, **binari** *pl*	Gleis
biscotto *m*	Keks
bistecca *f*, **bistecche** *pl*	Steak
bolletta *f*	Rechnung
bollicina *f*	Bläschen
borbottare *v*	brummen
borbottio *m*	Gebrumme
bracciata *f*	Schwimmzug
bracciolo *m*	Armlehne
branco *m*, **branchi** *pl*	*hier:* Haufen, Schar
brillare *v*	glänzen
brivido *m*	Schauer
brontolare *v*	murren
brontolio *m*	Gemurre
bugia *f*, **bugie** *pl*	Lüge
buonumore *m*	gute Laune
burbero	mürrisch
bussare *v*	anklopfen
busta *f*	Umschlag; Tüte
busto *m*	Oberkörper
cacciarsi *v* **nei guai** *fig, fam*	sich in Schwierigkeiten bringen
cacciarsi *v fam*	bleiben, stecken
cacciavite *m*	Schraubenzieher
calcio *m*, **calci** *pl*	Fußtritt(e); Fußball
calpestare *v*	(zer)treten
calpestio *m*	Getrampel
calzolaio *m*, **calzolai** *pl*	Schuster

cambiare *v* **discorso**	(das) Gesprächsthema wechseln
camomilla *f*	*hier:* Kamillentee; Kamille
campo *m*	Feld; Gebiet, Bereich; Platz
cancello *m*	Gittertor
canna *f*	(Gewehr)Lauf
cantiere *m*	*hier:* Werft; Baustelle
capanna *f*	Hütte
capannone *m*	*hier:* Halle; Schuppen
carciofo *m*	Artischocke
cardine *m*	*hier:* Angel
carino	*hier:* nett; hübsch
Carmelitano *m*	Karmeliter
carriola *f*	Schubkarre
carrozza *f*	Kutsche
carta *f*	Papier; Karte
casa *f* **di riposo**	Altersheim
casalinga *f*, **casalinghe** *pl*	Hausfrau
cascarci *v fam*	hereinfallen
cassettiera *f*	Kommode
catena *f*	Kette
cattura *f*	*hier:* Festnahme; Fang
cautela *f*	Vorsicht
cauto	vorsichtig
cedere *v*	nachgeben; einstürzen; überlassen
celeste	hellblau, himmelblau
cellulare *m*	Handy
cerchio *m*, **cerchi** *pl*	Kreis
cerotto *m*	Pflaster
cespuglio *m*, **cespugli** *pl*	Busch
cessare *v*	aufhören
chiacchiera *f*	Plauderei; Geschwätz
chiarire *v*	*hier:* (auf)klären, erklären
chinarsi *v*	sich beugen
chino	gebeugt
chissà *fam*	wer weiß
cieco	blind
cigolare *v*	knarren
cigolio *m*	Knarren
ciocca *f*, **ciocche** *pl*	Strähne
clamore *m*	Rummel
coccio *m*, **cocci** *pl*	*hier:* Scherbe; Steingut
coda *f*	Schwanz; Reihe, Schlange

cogliere *v irr*	*hier:* erfassen; pflücken
collana *f*	Kette
collezionista *m, f*	Sammler(in)
colpo *m*	Schlag, Stoß; Schuss; Treffer
colto	gebildet
combinare *v* **qc.** *fam*	*hier:* etw. anrichten, etw. anstellen
commettere *v irr*	begehen
commuovere *v irr*	rühren, bewegen
comò *m*, **comò** *pl*	Kommode
comodino *m*	Nachttisch
compagno/a *m/f*	*hier:* Lebensgefährte, Lebensgefährtin; Gefährte, Gefährtin; Kamerad(in)
compassione *f*	Mitleid
compenso *m*	Vergütung
compilare *v*	ausfüllen
compito *m*	Aufgabe; Hausaufgabe
comportarsi *v*	sich benehmen
con aria assorta	in Gedanken versunken
con fare spaurito	mit angstvoller Miene
condiscendenza *f*	Nachsicht; Kulanz
confermare *v*	bestätigen
confessare *v*	gestehen; beichten
congiungere *v irr* **le mani**	die Hände falten
constatazione *f*	Feststellung
contabilità *f*	Buchführung, Buchhaltung
controvoglia	widerwillig, ungern
coraggio *m*	Mut
corridoio *m*, **corridoi** *pl*	Flur
corrugare *v*	runzeln
corteo *m*	Umzug
coscienza *f*	*hier:* Gewissen; Bewusstsein
costernato	bestürzt
costola *f*	Rippe
costruire *v*	bauen
credulone	leichtgläubig
crescere *v irr*	(auf)wachsen
cretino/a *m, f, fam*	Dummkopf
cuoco/a *m/f*, **cuochi/e** *pl*	Koch, Köchin
cupamente	düster
curare *v*	*hier:* pflegen; behandeln
custode *m, f*	Pförtner(in)
dare *v irr* **del tu**	duzen

dare *v irr* **nell'occhio**	auffallen, ins Auge fallen
dare *v irr* **qc. in prestito**	etw. (aus)leihen
dare *v irr* **una mano**	zur Hand gehen, helfen
darsi *v irr* **delle arie** *fig*	sich aufplustern *fig*
darsi *v irr* **per vinto**	sich geschlagen geben
davanzale *m*	Fensterbrett, Fensterbank
dea *f*	Göttin
debito *m*	Schuld; Pflicht
debole	schwach
decifrare *v*	entziffern
dedito a	beschäftigt mit
deglutire *v*	(hinunter)schlucken
delinquente *m/f*	Verbrecher(in)
deludere *v irr*	enttäuschen
deluso	enttäuscht
denso	*hier:* dicht; dickflüssig
denunciare *v*	anzeigen
derubare *v*	berauben
destino *m*	Schicksal
di colpo	plötzlich, auf einmal
di nascosto	heimlich
di per sé	an und für sich
di rado	selten
di scatto	plötzlich, ruckartig
di sfuggita	flüchtig
dichiarazione *f*	*hier:* Aussage; Erklärung
difendersi *v irr*	sich verteidigen, sich schützen
diffidente	misstrauisch
dipendente *f, m*	Angestellte(r)
dipingere *v irr*	malen
diradarsi *v*	sich auflösen
dirigere *v irr*	*hier:* richten; leiten
dirigersi *v irr* **verso qc./qu.**	sich etw./jmd. zuwenden
discendente *m/f*	Nachkomme
disprezzo *m*	Missachtung; Verachtung
dissipare *v*	*hier:* vertreiben
dissolversi *v irr*	sich auflösen
distratto	zerstreut, unaufmerksam
distrazione *f*	*hier:* Unaufmerksamkeit; Ablenkung
distributore *m* **di benzina**	Tankstelle
disturbare *v*	stören
dito *m*, **dita** *f, pl*	Finger

ditta *f*	Firma
diurno	tagsüber
divellere *v irr*	ausreißen
divertirsi *v*	sich amüsieren
divincolarsi *v*	sich (ent)winden
divorziare *v*	sich scheiden lassen
divorzio *m*, **divorzi** *pl*	Scheidung(en)
dolore *m*	Schmerz
dondolare *v*	schaukeln
dubbio *m*, **dubbi** *pl*	Zweifel
echeggiare *v*	widerhallen
edera *f*	Efeu
educazione *f*	Erziehung; (gutes) Benehmen
elencare *v*	auflisten, verzeichnen
elenco *m* **telefonico, elenchi telefonici** *pl*	Telefonbuch
elevarsi *v*	ragen
emettere *v irr*	von sich geben
entrarci *v*	mit etw. zu tun haben
equilibrio *m*	Gleichgewicht
eretto	aufrecht
erigersi *v irr*	sich erheben, emporragen
esagerare *v*	übertreiben
esattezza *f*	Genauigkeit
esaurito	ermattet
esca *f*, **esche** *pl*	Köder
esitante	zögernd
esitare *v*	zögern
esitazione *f*	Zögern
esito *m*	*hier:* Ausgang, Ende
esortare *v*	ermahnen
essere *v irr* **a corto di soldi**	knapp bei Kasse sein
essere *v irr* **a disagio**	sich unbehaglich fühlen
essere *v irr* **a posto**	in Ordnung sein
essere *v irr* **abituato**	gewohnt sein
essere *v irr* **al corrente di qc.**	über etw. informiert sein; auf dem Laufenden sein
essere *v irr* **convinto**	überzeugt sein
essere *v irr* **esausto**	erschöpft sein
essere *v irr* **in gamba** *fig*	auf Zack sein
essere *v irr* **pratico di qc.** *fam*	sich gut auskennen in/mit
essere *v irr* **sulle spine** *fig*	(wie) auf (glühenden) Kohlen sitzen

essere *v irr* **un osso duro** *fig*	eine harte Nuss sein
estasiato	hingerissen
estero *m*	Ausland
estrarre *v irr*	*hier:* herausziehen
esultare *v*	jubeln
eterno	ewig
evitare *v*	vermeiden
facciata *f*	Fassade
falce *f* **di luna**	Mondsichel
fallire *v*	Konkurs machen
fango *m*	Schlamm, Dreck
fantasma *m*, **fantasmi** *pl*	Gespenst
farabutto *m*	Halunke, Schurke
farcela *v irr*	es schaffen
fare *v irr* **cenno a qu.**	jmd. winken
fare *v irr* **cenno di no**	den Kopf schütteln
fare *v irr* **centro** *fig*	ins Schwarze treffen
fare *v irr* **finta di**	so tun, als ob
fare *v irr* **i conti con qu.** *fig*	es mit jdm. zu tun bekommen
fare *v irr* **irruzione**	eindringen, einbrechen
fare *v irr* **l'eroe**	den Helden spielen
fare *v irr* **le fusa**	schnurren
fare *v irr* **l'occhiolino a qu.**	jmd. zuzwinkern
fare *v irr* **pace**	*hier:* sich versöhnen; Frieden schließen
farsi *v irr* **vivo** *fam*	sich melden
fazzolettino *m* **di carta**	Papiertaschentuch
felpa *f*	Sweatshirt
fessura *f*	Spalt, Ritze
festeggiare *v*	feiern
fiaccola *f*	Fackel
fianco *m*, **fianchi** *pl*	Hüfte
fiato *m*	Atem
fidarsi *v*	vertrauen
fiero	stolz
fievolmente	schwach
fifone *m, fam*	Angsthase *fam*
filo *m* **di voce**	dünne Stimme
fingere *v irr*	vortäuschen
fischio *m*, **fischi** *pl*	Pfiff, Pfeifen
fissare *v*	*hier:* anstarren; festmachen; vereinbaren
fitto	dicht
foglio *m*, **fogli** *pl*	Blatt

folla *f*	Menge
follia *f*	Wahnsinn
fondina *f*	Pistolentasche
forza *f*	Kraft; Gewalt
Forza!	Los!
fosso *m*	Graben
frastornato	verwirrt
frenare *v*	bremsen
frequentare *v*	verkehren mit; besuchen
fronte *f*	Stirn
fruttivendolo/a *m/f*	Obsthändler(in), Gemüsehändler(in)
fuga *f*, **fughe** *pl*	Flucht
fuggire *v*	fliehen
funzionario/a *m/f*, **funzionari** *m pl*	Beamter, Beamtin
furente	wütend
furibondo	wütend, rasend vor Wut
furtivo	verstohlen
furto *m*	Diebstahl
galleggiare *v*	(obenauf) schwimmen
gancio *m*, **ganci** *pl*	Haken
geloso	eifersüchtig
generoso	großzügig
gettare *v*	werfen
ghigno *m*	Grinsen
giallo *m*	Krimi
ginocchio *m*, **ginocchia** *f pl*	Knie
gioco *m*, **giochi** *pl* **d'azzardo**	Glücksspiel
gioco *m*, **giochi** *pl* **da ragazzi**	Kinderspiel
gioielleria *f*	Juweliergeschäft
gioiello *m*	Juwel, Schmuck
giro *m*	Kreis; Runde; Bummel
giudicare *v*	(be)urteilen; verurteilen
giudice *m, f*	Richter(in)
giurare *v*	schwören
godersi *v*	genießen
gola *f*	Kehle; Hals
governo *m*	Regierung
graffiare *v*	(zer)kratzen
graffio *m*	Kratzer
granduca *m*, **granduchi** *pl*	Großherzog
granello *m*	Körnchen

grata *f*	Gitter
grido *m*, **grida** *f, pl*	Schrei
grilletto *m*	Abzug
grinta *f*	Kampfgeist
guadagnare *v*	verdienen
guadagnare *v* **tempo**	Zeit gewinnen
Guai!	Wehe!
guaio *m*, **guai** *pl*	*hier:* Ärger; Unheil
guancia *f*, **guance** *pl*	Wange(n)
guanto *m*	Handschuh
guardare *v* **di sottecchi**	jmd. verstohlen anschauen
guastafeste *m/f*	Spielverderber(in)
guastare *v*	schaden
guidare *v*	fahren; führen
gusto *m*	Geschmack
illustrare *v*	*hier:* beschreiben
imbarazzato	verlegen
imbarazzo *m*	Verlegenheit; Verwirrung
imboccare *v*	*hier:* einbiegen in; füttern
imbrogliare *v*	*hier:* betrügen; durcheinander bringen
imbroglio *m*, **imbrogli** *pl*	*hier:* Betrug; Verwicklung(en)
imbroglione/a *m/f*	Betrüger(in), Schwindler(in)
immergere *v irr*	(ein)tauchen
immortalità *f*	Unsterblichkeit
impalcatura *f*	(Bau)Gerüst
impallidire *v*	bleich werden
impedire *v*	(ver)hindern; versperren
impertinente	ungehörig, frech
impeto *m*	*hier:* Schwung
impianto *m*	Anlage, Einrichtung
impianto *m* **antifurto**	Einbruchssicherung, Alarmanlage
impiegato/a *m/f*	Angestellte(r)
impietosito	mitleidig
importare *v*	*hier:* interessieren; nötig sein
imprecare *v*	schimpfen, fluchen
impronta *f*	*hier:* Spur; Abdruck
impronta *f* **digitale**	Fingerabdruck
imprudenza *f*	Leichtsinn
in compenso	zum Ausgleich, dafür
in comune	gemeinsam
in disparte	abseits, beiseite
in disuso	außer Betrieb, außer Gebrauch

in eterno	ewig
in frantumi	in Scherben
in fretta	in Eile
in gamba *fam*	tüchtig, patent
in proposito	diesbezüglich
in secca	ausgetrocknet; an Land gezogen
in vantaggio	im Vorteil, in Führung
incalzare *v*	drängen
incantare *v*	verzaubern; bezaubern
incarico *m,* **incarichi** *pl*	Auftrag
incartamento *m*	Akte
incassare *v*	kassieren
incastonato	eingebaut
inciampare *v*	stolpern
incidente *m*	Unfall; Zwischenfall
inclinato	schief, schräg
inconfondibile	unverwechselbar, unverkennbar
incoraggiante	ermutigend
incorniciare *v*	einrahmen
incredulo	ungläubig
incuriosirsi *v*	neugierig werden
indagare *v*	ermitteln
indagine *f*	*hier:* Ermittlung; Untersuchung
indebolire *v*	schwächen
indice *m*	Verzeichnis; Zeigefinger
indifferente	gleichgültig
indignato	empört
indossare *v*	tragen, anhaben
inestimabile	unschätzbar
inferriata *f*	Eisengitter
infilare *v*	stecken; einfädeln; schlüpfen in; einschlagen
infiltrarsi *v*	einsickern, eindringen
ingenua *f*	naive Frau
inghiottire *v*	schlucken
inghiottito	verschluckt
innocente	unschuldig
inondare *v*	überfluten, überschwemmen
inorridito	entsetzt
inseguimento *m*	Verfolgung(sjagd)
inseguitore *m,* **inseguitrice** *f*	Verfolger(in)
insistenza *f*	Beharrlichkeit
insospettire *v*	argwöhnisch machen

intarsio *m*, **intarsi** *pl*	Intarsie(n)
intendere *v irr*	meinen
intercettare *v*	abhören
interrogatorio *m*, **interrogatori** *pl*	Verhör(e)
interruttore *m*	(Licht)Schalter
intestazione *f*	*hier:* Briefkopf
intimidire *v*	einschüchtern
intorpidirsi *v*	gefühllos werden
intrappolare *v*	in einer Falle fangen, hereinlegen
intravedere *v irr*	erblicken
intromettersi *v irr*	*hier:* dazwischentreten; sich einmischen
invadere *v irr*	*hier:* überfluten, überschwemmen
investigatore *m*, **investigatrice** *f*	Detektiv(in)
invidia *f*	Neid
invidioso	neidisch
inzuppato	durchnässt
irrigidirsi *v*	erstarren, steif werden
irrompere *v irr*	*hier:* stürmen
iscrizione *f*	Inschrift; Einschreibung
ladro/a *m/f*	Dieb(in)
lana *f*	Wolle
lanciare *v*	werfen
lasciare *v irr* **qu. a bocca aperta** *fig*	jmd. verblüffen
lastra *f*	Platte, Scheibe; Röntgenaufnahme
lato *m*	Seite
lavello *m*	Spülbecken
legno *m*	Holz
leone *m*	Löwe
licenziare *v*	entlassen
limpido	klar; rein
lite *f*	Streit
litigare *v*	(sich) streiten
livello *m*	Niveau, Ebene
livido *m*	blauer Fleck
locatore *m*, **locatrice** *f*	Vermieter(in)
lotta *f*	Kampf
lottare *v*	kämpfen
lucido	glänzend; klar
lungarno *m*	Straße entlang des Flusses Arno
Macché! *fam*	Ach, was!
macchina *f* **da cucire**	Nähmaschine

macchina *f* **da presa**	Filmkamera
macellaio/a *m/f,* **macellai** *m, pl*	Metzger(in)
mal *m* **di mare**	Seekrankheit
mal *m* **di testa**	Kopfschmerzen
maledetto	verflucht
maledizione *f*	Fluch
malfermo	unsicher, schwankend
malinteso *m*	Missverständnis
malleolo *m*	Knöchel
mandato *m* **di perquisizione**	Durchsuchungsbefehl
maniglia *f* **della porta**	Türklinke
marciapiede *m*	Bürgersteig, Gehweg
marcio *m*	Fäule
marcire *v*	verfaulen
margine *m*	Rand
martello *m*	Hammer
mascalzone *m*	Schurke
masticare *v*	kauen
matrimonio *m* **di convenienza**	Vernunftehe
mattone *m*	Ziegelstein
Medioevo *m*	Mittelalter
mentire *v*	lügen
menzionare *v*	erwähnen
merce *f*	Ware
mercoledì *m* **delle ceneri**	Aschermittwoch
merito *m*	Verdienst
mettere *v irr* **a posto**	in Ordnung bringen
mettere *v irr* **alle strette** *fig*	in die Enge treiben
mettere *v irr* **di mezzo** *fig*	ins Spiel bringen
mettere *v irr* **qu. a disagio**	jmd. unbehaglich fühlen lassen
mettere *v irr* **qu. in ansia**	jmd. beunruhigen
mettersi *v irr* **in proprio**	sich selbstständig machen
mezzo *m* **pubblico**	öffentliches Verkehrsmittel
Mi viene l'acquolina in bocca! *fig*	Mir läuft das Wasser im Mund zusammen!
minacciare *v*	drohen
miracolo *m*	Wunder
modesto	bescheiden
moeche col pien	typisch venezianisches Meeresfrüchtegericht
mollare *v*	loslassen
mordicchiare *v*	nagen, (an)knabbern
mormorare *v*	murmeln

mortificante	demütigend
mossa *f*	*hier:* Zug; Bewegung
motoscafo *m*	Motorboot
mugugnare *v*	brummen
municipio *m*, **municipi** *pl*	Rathaus, Rathäuser; Stadtverwaltung(en)
muratore *m*	Maurer
nascondere *v irr*	verstecken; verheimlichen
nascondiglio *m*, **nascondigli** *pl*	Versteck(e)
nastrino *m*	Bändchen
nemico *m*, **nemici** *pl*	Feind(e)
non è il suo forte	das ist nicht seine Stärke
non ... mica	doch wohl nicht
non avere *v irr* **tutti i venerdì** *fig*	eine Schraube locker haben
non vedere *v irr* **l'ora di**	nicht erwarten können
nonostante	*hier:* trotz; obwohl
nuca *f*, **nuche** *pl*	Genick, Nacken
occasione *f*	Gelegenheit
occhiata *f*	Blick
occuparsi *v*	sich beschäftigen, sich kümmern
odore *m*	Geruch
offendersi *v irr*	beleidigt sein
officina *f*	Werkstatt
oleoso	ölig
omicidio *m*, **omicidi** *pl*	Mord(e)
omonimo	gleichnamig
ondeggiare *v*	schaukeln
opaco	undurchsichtig; matt; getrübt
operaio/a *m/f* **operai** *m, pl*	Arbeiter(in), Arbeiter
opprimente	bedrückend, beklemmend
orafo/a *m/f*	Goldschmied(in)
ordine *m*	Ordnung; Befehl; Bestellung; Orden
orecchino *m*	Ohrring
oreficeria *f*	Juweliergeschäft; Goldschmiedekunst
origine *f*	Ursprung
origliare *v*	lauschen
ornare *v*	schmücken, verzieren
osare *v*	wagen
oscillare *v*	schwanken
ospite *m, f*	Gast; Gastgeber
ostacolare *v*	behindern
pacca *f*, **pacche** *f, pl*	Schlag, Klaps
pace *f*	Frieden

padrone/a *m, f* — Hausherr, Eigentümer(in); Herrchen; Chef
pallido — blass
pallottola *f* — Kugel
palmo *m* — Handfläche
palpebra *f* — Augenlid
panchina *f* — Sitzbank
parapetto *m* — Brüstung
parecchio — ziemlich viel
parete *f* — Wand
passaggio *m* **segreto, passaggi** *pl* **segreti** — Geheimgang
passione *f* — Leidenschaft; Schmerz
passo *m* — Schritt
patente *f* — *hier:* Führerschein; Genehmigung
patrimonio *m*, **patrimoni** *pl* — Vermögen
paura *f* — Angst
pavimento *m* — (Fuß)Boden
pazzo — verrückt
pecora *f* — Schaf
pedinare *v* — beschatten
pelle *f* — Haut; Leder
pelle *f* **d'oca** — Gänsehaut
pentirsi *v* **di qc.** — etw. bereuen
per colpa di — wegen
per fortuna — zum Glück
per un pelo *fam* — um ein Haar
perdere *v irr* **d'occhio** — aus den Augen verlieren
pericolo *m* — Gefahr
perlustrare *v* — durchsuchen
permettersi *v irr* **di** — sich leisten; sich erlauben
peso *m* — Gewicht
pettegolo/a *m/f* — Klatschmaul *fam*, Klatschtante *fam*
petto *m* — Brust
pianterreno *m* — Erdgeschoss
piantina *f* — Stadtplan
piccione *m* — Taube
piegare *v* — biegen, beugen; (zusammen)falten
pietra *f* — Stein
pietra *f* **dura** — Schmuckstein
pietra *f* **filosofale** — Stein der Weisen
pigramente — faul
pila *f* — Stapel; Taschenlampe

piombare *v*	*hier:* stürzen
piombo *m*	Blei
pista *f fig*	*hier:* Spur
pistola *f* **mitragliatrice**	Maschinengewehr
poltrona *f*	Sessel
pomo *m*	Knauf
pontile *m*	Bootssteg
porgere *v irr*	reichen
porre *v irr*	*hier:* annehmen
posta *f* **in gioco**	(Spiel)Einsatz
pozzanghera *f*	Pfütze
prato *m*	Rasen; Wiese
precedere *v*	vorausgehen; zuvorkommen
precipitare *v*	(hinab)stürzen
precipitarsi *v*	sich stürzen
preda *f*	Beute
pregustare *v*	*hier:* sich freuen auf
premere *v*	drücken
premura *f*	*hier:* Zuvorkommenheit
prendere *v irr* **d'assalto** *fig*	stürmen
prendere *v irr* **qc. in prestito**	sich etw. (aus)leihen
prenotare *v*	reservieren; buchen
preoccuparsi *v*	sich Sorgen machen
presentimento *m*	Vorahnung
prestito *m*	Darlehen; Ausleihe
prete *m*	Priester
prigione *f*	Gefängnis
prigionia *f*	Gefangenschaft
principiante *m, f*	Anfänger(in)
procedere *v*	*hier:* vorangehen
procurarsi *v* **qc.**	sich etw. besorgen
profondo	tief
promettere *v irr*	versprechen
proprietario/a *m, f,* **proprietari** *m, pl*	Eigentümer(in), Besitzer(in)
provetta *f*	Reagenzglas
prua *f*	Bug
prudente	vorsichtig
prudenza *f*	Vorsicht
pugno *m*	Faust
pulito	sauber
pulizia *f*	*hier:* Reinigung; Sauberkeit

pulsante *m*	Druckknopf
punta *f*	Spitze; Hauch
puntare *v*	zielen; richten; stützen
quadro *m*	*hier:* Bild; Viereck
quiete *f* **pubblica**	öffentliche Ruhe
rabbrividire *v*	schaudern
raccoglitore *m*	Ordner
raddrizzarsi *v*	sich aufrichten
raffinare *v*	verfeinern
raggio *m,* **raggi** *pl*	(Licht)Strahl
raggiungere *v irr*	erreichen
ragnatela *f*	Spinnennetz
ragno *m*	Spinne
ramificarsi *v*	abzweigen
rapimento *m*	Entführung; Verzückung
rapina *f*	Raubüberfall
rapinare *v*	(be)rauben
rapire *v*	entführen
rapitore *m*	Entführer
rapporto *m*	Bericht; Beziehung; Bezug
raschiarsi *v* **la gola**	sich räuspern
realizzare *v*	hier: verwirklichen; begreifen
recarsi *v*	sich begeben, gehen
redigere *v irr*	*hier:* erstellen
reggere *v irr*	halten; tragen
regnare *v*	herrschen
reintrodurre *v irr*	wieder einführen
remare *v*	rudern
rendersi *v irr* **conto di**	sich über etw. im Klaren sein; sich bewusst werden
retro *m*	Rückseite, Rückteil; Hinterzimmer
rettificare *v*	berichtigen
riattaccare *v*	auflegen
ribattere *v*	*hier:* erwidern
ribollire *v* **dalla rabbia** *fig*	vor Wut kochen
ricattatorio	erpresserisch
ricevitore *m*	Hörer
ridicolo	lächerlich
riemergere *v irr*	wieder auftauchen
riferire *v*	berichten, erzählen
rifiuto *m*	*hier:* Abfall; Ablehnung
riflettere *v*	nachdenken; widerspiegeln

riga *f*, **righe** *pl*	*hier:* Streifen, Linie; Zeile
rimpiangere *v irr*	nachtrauern; bedauern
rimprovero *m*	Vorwurf; Tadel
rincorsa *f*	Anlauf
ringhiare *v*	knurren
rintracciare *v*	ausfindig machen
rinunciare *v*	verzichten
riscaldamento *m*	Heizung; Erwärmung
riscatto *m*	Lösegeld
rischio *m*, **rischi** *pl*	Risiko
riscuotere *v irr*	*hier:* aufrütteln
risparmiare *v*	sparen; verschonen
risuonare *v*	widerhallen; ertönen
ritemprato	gestärkt
ritrarre *v irr*	zurückziehen; abbilden
rivolgere *v irr*	*hier:* richten; wenden
rivolgersi *v irr*	sich wenden
roco	rau, heiser
rovinare *v*	beschädigen; ruinieren
rovistare *v*	durchsuchen, wühlen
rozzo	grob
ruga *f*, **rughe** *pl*	Falte
russare *v*	schnarchen
sacerdote *m*	Priester
saggiare *v*	prüfen
sagoma *f*	Silhouette
saldamente	fest
salto *m*	Sprung
salute *f*	Gesundheit
sangue *m*	Blut
sbadatamente	unachtsam
sbadigliare *v*	gähnen
sbarra *f*	Stange
sbarrare *v*	absperren, versperren
sbornia *f*	Rausch
sbrigare *v*	erledigen
sbrigarsi *v*	sich beeilen
sbucare *v*	herauskommen
scaffale *m*	Regal
scappare *v*	entschlüpfen; weglaufen
scardinare *v*	aus den Angeln heben
scarmigliato	zerzaust

scartare v	auspacken
scassinare *v*	aufbrechen
scatola *f*	Schachtel
scatto *m*	*hier:* Schnellen
scelta *f*	(Aus)Wahl
schedario *m,* **schedari** *pl*	Kartei
schermirsi *v*	*hier:* ausweichen
scherzo *m*	Scherz; Streich
schiacciarsi *v*	sich pressen
schiarirsi *v* **la voce**	sich räuspern
schiena *f*	Rücken
scia *f*	Spur
scienza *f*	Wissenschaft
scienziato/a *m/f*	Wissenschaftler(in)
scintillare *v*	glitzern
sciocchezza *f*	Blödsinn, Dummheit
sciocco	albern
sciopero *m*	Streik
scivolare *v*	(aus)rutschen; gleiten
scivoloso	rutschig, glitschig
scommettere *v irr* **su qu.**	Wetten; auf jmd. setzen
scomparire *v irr*	verschwinden
sconvolto	bestürzt, erschüttert
scoprire *v irr*	entdecken, enthüllen, aufdecken
scostarsi *v*	*hier:* (aus dem Gesicht) streichen
scottare *v*	brennen, verbrennen
scovare *v*	aufstöbern, ausfindig machen
scricchiolio *m*	Geknirsche
scrutare *v*	(abschätzig) beobachten
scudo *m*	*(*Schutz*)*Schild
scuotere *v irr*	*hier:* schütteln; erschüttern
secco	trocken; schroff; herb
segreto	geheim, heimlich
segreto *m*	Geheimnis
sensato	sinnvoll
sentirsi *v* **in colpa**	sich schuldig fühlen
sentirsi *v* **lusingato**	sich geschmeichelt fühlen
sequestro *m* **di persona**	Freiheitsberaubung
serratura *f*	(Tür)Schloss
severo	streng; ernst
sfida *f*	Herausforderung; Provokation
sfiorare *v*	streifen

sfogliare *v*	(durch)blättern
sfortunato/a *m/f*	*hier:* Pechvogel
sfregarsi *v*	sich reiben
sgarbatamente	grob, unhöflich
sguardo *m*	Blick
sibilare *v*	zischen
siero *m*	Serum
sindaco *m,* **sindaci** *pl*	Bürgermeister
singhiozzare *v*	schluchzen
singhiozzo *m*	Schluchzer
slanciarsi *v*	sich schwingen, sich stürzen
slancio *m*, **slanci** *pl*	Schwung; Elan
slargo *m*, **slarghi** *pl*	Straßenverbreiterung
smagliante	strahlend
smaltire *v* **la sbornia**	den Rausch ausschlafen
smorfia *f*	Grimasse
snodarsi *v*	sich winden
sobrio	nüchtern
società *f*	Gesellschaft
soffitto *m*	Decke
soffocare *v*	ersticken
soffrire *v irr*	leiden
sogghignare *v*	grinsen
soglia *f*	(Tür)Schwelle
sogno *m*	Traum
sollevare *v*	heben
sollevarsi *v*	aufsteigen; sich emporheben
sollievo *m*	Erleichterung
sonnifero *m*	Schlafmittel
sontuoso	prunkvoll
sopportare *v*	aushalten; ausstehen; tragen
sopracciglio *m*, **sopracciglia** *f, pl*	Augenbraue
sordo	schwerhörig, taub
sorgere *v irr*	aufgehen
sorpresa *f*	Überraschung; Erstaunen
sorreggere *v irr*	halten, stützen
sorriso *m*	Lächeln
sorseggiare *v*	schlürfen
sorso *m*	Schluck
sospettare *v*	verdächtigen; vermuten
sospirare *v*	seufzen
sospiro *m*	Seufzer

sostanza *f*	Substanz; Kern
sostegno *m*	Unterstützung
sostenere *v irr*	*hier:* behaupten; stützen, tragen
sotterraneo	unterirdisch
sotterraneo *m*	Keller
spacciarsi *v* **per qu.**	sich als jmd. ausgeben
spada *f*	Schwert
spalancare *v*	aufreißen
spalla *f*	Schulter
spandersi *v irr*	sich ausbreiten
sparare *v*	schießen
sparire *v*	verschwinden
sparso	verstreut
spaventato	erschreckt, erschrocken
spazientirsi *v*	ungeduldig werden
spegnere *v irr*	ausschalten; löschen
spettacolo *m*	Vorstellung; Anblick
spettare *v* **a qu.**	Zustehen
spettegolare *v*	tratschen
spiegare *v*	erklären; ausbreiten; auseinander falten
spingere *v irr*	schubsen; drücken; stoßen; schieben
spinta *f*	Stoß, Schub
spintone *m*	Stoß
spiraglio *m* **di luce**, **spiragli** *pl* **di luce**	Lichtstrahl
sporgersi *v irr*	sich hinauslehnen; sich vorlehnen
sportello *m*	*hier:* Autotür; Schalter
sposare *v*	heiraten
sprecarsi *v* **per qc./qu.**	sich verausgaben für jmd./etw.
sputare *v*	spucken
squittio *m*	Piepsen, Quiecken
squittire *v*	piepsen, quieken
staccare *v*	*hier:* wegnehmen
stare *v irr* **accoccolato**	kauern
stelo *m*	Stängel
stemma *m*, **stemmi** *pl*	Wappen
stimare *v*	schätzen
stipendio *m*, **stipendi** *pl*	Gehalt
stipite *m*	(Tür)Pfosten
stiracchiarsi *v*	sich strecken
straccio *m*, **stracci** *pl*	Lumpen, Lappen
strappare *v*	ausreißen; zerreißen

strappo *m*	Ruck
strega *f,* **streghe** *pl*	Hexe
stringere *v irr*	drücken; fest halten; schließen
stringersi *v irr* **nelle spalle**	mit den Achseln zucken
strizzare *v*	*hier:* zusammenkneifen
stucco *m*, **stucchi** *pl*	Stuck
successo *m*	Erfolg
suicidarsi *v*	sich umbringen
superfluo	überflüssig
supplichevole	flehend
supporre *v irr*	annehmen, vermuten
supposizione *f*	Vermutung
sussurrare *f*	flüstern
sveglia *f*	Wecker; Wecken
svelto	rasch, schnell
svergognato/a *m/f*	unverschämter Mensch
svoltare *v*	abbiegen
tacere *v irr*	schweigen
tagliare *v* **corto** *fig*	unterbrechen
tanto per cambiare	zur Abwechslung
tappeto *m*	Teppich
targhetta *f*	Namensschild
team *m* **affiatato**	gut eingespieltes Team
telo *m*	Tuch
temere *v*	fürchten
temporale *m*	Gewitter
tendere *v irr*	ausstrecken
tenere *v irr* **a bada**	hinhalten
tenere *v irr* **conto di qc.**	etw. berücksichtigen
tenere *v irr* **d'occhio**	im Auge behalten
tentare *v* **il tutto per tutto**	alles aufs Spiel setzen
tentazione *f*	Versuchung
teso	(an)gespannt
tessera *f*	Ausweis
testardo	dickköpfig
testimone *m, f*	Zeuge, Zeugin
tintinnare *v*	klingeln
tocca a te	du bist dran
tonno *m*	Thunfisch
torcia *f*	Taschenlampe
tornare *v* **a posto**	wieder in Ordnung sein
tossire *v*	husten

tovaglia *f*	Tischdecke
traboccare *v*	übervoll sein
traccia *f,* **tracce** *pl*	Spur
tradire *v*	verraten; betrügen
traffico *m*, **traffici** *pl*	Verkehr; illegaler Handel
traguardo *m*	Ziel(linie)
tramezzino *m*	Sandwich
trappola *f*	Falle
trarre *v irr* **un sospiro**	einen Seufzer ausstoßen
trasalire *v irr*	zusammenzucken
trascinare *v*	schleppen
trascurare *v*	vernachlässigen
trasognato	*hier:* verträumt
trasudare *v*	ausschwitzen
trattarsi *v* **di**	sich handeln um
trattenere *v irr*	zurückhalten; anhalten
tremare *v*	zittern
tremolare *v*	flackern, flimmern
trucco *m,* **trucchi** *pl*	Trick; Schminke
tubo *m* **dell'aerazione**	Lüftungsrohr
tuffarsi *v*	springen
ubbidire *v*	gehorchen
ubriaco	betrunken
uccidere *v irr*	töten, umbringen
umiliazione *f*	Erniedrigung
un sacco di *fam*	ein Haufen von, viel
unto	fettig
urtare *v* **i nervi a qu.**	jmd. auf die Nerven fallen
usuraio *m,* **usurai** *pl*	Wucherer
uvetta *f*	Rosinen
vale a dire *v irr*	das heißt
valere *v irr* **la pena**	sich lohnen
valore *m*	Wert; Fähigkeit
vanitoso	eitel
vantaggioso	vorteilhaft, günstig
vedere *v irr* **di buon occhio** *fig*	*hier:* gerne sehen
veloce come un lampo *fig*	blitzschnell
venire *v irr* **al dunque**	zur Sache kommen
venire *v irr* **in mente**	einfallen
(far) venire *v irr* **(a qu.) l'acquolina in bocca** *fig*	jmd. läuft das Wasser im Mund zusammen
vento *m*	Wind

vergognarsi *v*	sich schämen
verificarsi *v*	eintreten, sich ereignen
vernice *f*	Lack
vincere *v irr*	gewinnen, besiegen; überwinden
violare *v* **la legge**	gegen das Gesetz verstoßen
vistoso	auffällig; beachtlich
vita *f*	*hier:* Taille; Leben
vittima *f*	Opfer
vivace	lebhaft; grell
viziato	verwöhnt, verzogen
voler *v irr* **andare a parare** *fam*	auf etw. hinauswollen
volersi *v irr* **bene**	sich gern haben, mögen
voltare *v* **le spalle**	den Rücken kehren
volto *m*	Gesicht
volume *m*	Band; Lautstärke
zoppicare *v*	humpeln
zuppo	durchnässt